Communicative
Czech

Ivana Rešková
Magdalena Pintarová

Učebnice je možné objednat na adrese:

PhDr. Ivana Rešková
Rohlenka 241
664 05 Tvarožná u Brna
tel.: +420 544 243 372
fax: +420 544 243 610
e-mail: i.reskova@czechstudy.cz
www.czechstudy.cz

Vydala: PhDr. Ivana Rešková
© Ivana Rešková, Magdalena Pintarová, 2006
Recenze: PhDr. Helena Confortiová, CSc.
3. vydání, 2006
AA 11,17
Obrázky a ilustrace: CorelDRAW Library, Jiří Franta

ISBN 80-239-6575-1

Obsah

Předmluva

Učebnice **Communicative Czech (Elementary Czech)** je první částí kompletu učebnic, které mají studenty dovést k pokročilé úrovni znalostí jazyka. Je určena úplným či tzv. falešným začátečníkům. Je psána na základě angličtiny. Mohou ji však používat i zájemci bez znalostí anglického jazyka, neboť instrukce ke cvičením jsou také v češtině. Pokračováním **Elementary Czech** je učebnice **Intermediate Czech** (Ivana Rešková – Magdalena Pintarová, Praha 2002).

Hlavním cílem učebnice je, aby studenti zvládli **autentickou, komunikativní** češtinu.

Učebnice obsahuje úvodní lekci a 12 lekcí, z nichž poslední je opakovací. Úvodní lekce je věnována informacím z fonetiky a fonologie. Ostatní lekce jsou strukturovány tak, že textová část spojuje souvislý text s dialogy vycházejícími z reálného prostředí. V textech i dialozích se důsledně objevují nové gramatické jevy, aby tak bylo ilustrováno jejich konkrétní použití.

Do učebnice jsou zařazeny různé typy cvičení:
- drily upevňující novou gramatiku;
- substituční cvičení a jednostranné dialogy ověřující porozumění danému tématu;
- stylistická cvičení motivující studenty k tvůrčí práci s jazykem;
- lexikální cvičení sloužící k upevnění a rozšíření slovní zásoby;
- komunikativní cvičení a roleplay umožňující aktivní použití jazykových kompetencí, které jsou prezentovány v úvodních dialozích a textech.

Lekce mají jednotnou strukturu. Na začátku každé lekce je *textová část*, po ní následují úkoly ověřující porozumění a vyžadující samostatný jazykový projev. *Gramatika* je prezentována v tabulkách a stručných přehledech. *Cvičení* se vztahují k příslušné gramatické sekci (A až D, podle počtu probíraných gramatických jevů). *Doplňující aktivity* v závěru lekce mají studentům umožnit tvořivou aplikaci znalostí a komunikativních dovedností, které získali v příslušné lekci. Většina lekcí obsahuje část označenou *Čtení*, rozvíjející schopnost práce s textem. V druhé části učebnice jsou častěji zařazovány slohové úkoly (popis, vyprávění, dopis), upevňující písemný projev. V závěrečné sekci *Poslech* jsou uvedeny úkoly k magnetofonovým nahrávkám. Jsou psány zásadně v češtině. Nahrávky obsahují i neznámé lexikum a dosud neprobrané gramatické jevy, neboť se jedná o **výběrovou** aktivitu, jejíž pomocí mají být studenti seznamováni s autentickým jazykem. Každá lekce je zakončena česko-anglickým slovníkem.

Součástí učebnice **Elementary Czech** jsou dále:

- anglicky psaný *Přehled české gramatiky* (Grammar notes), obsahující detailnější informace o jednotlivých gramatických jevech (funkce pádů, systém českých sloves atd.)
- *Souhrnný slovník* (Glossary)
- *Klíč ke cvičením* (Key to exercises)
- *Přehled české deklinace* (Reference tables)
- *Libreto k audionahrávce* (Tapescript), obsahující přepis doplňkových textů a dialogů. Nahrané texty z lekcí jsou označeny symbolem.

K učebnici **Elementary Czech** je vydána kazeta s texty a dialogy z lekcí a doplňkovými materiály. K výběrovému použití je určen **Pracovní sešit** (Ivana Rešková, **Workbook.** Karolinum, Praha 2004).

Závěrem bychom chtěly poděkovat PhDr. Heleně Confortiové, CSc. z Ústavu jazykové a odborné přípravy Univerzity Karlovy za její připomínky. Děkujeme také Monice Diles, PhD. a Bradovi Kirkpatrickovi za korekturu anglických částí.

Zvláštní poděkování patří našemu příteli Ing. Petru Humlovi ze studia Formata v. o. s. za to, jak učebnici zpracoval a graficky upravil.

PhDr. Ivana Rešková
PhDr. Magdalena Pintarová

Praha, březen 2004

Preface

Communicative Czech (Elementary Czech) is the part of book set intended to enable the students to reach an advanced level in spoken and written Czech. It is intended for students with no prior knowledge of Czech or for false beginners. **Elementary Czech** uses English as a common language but English is not prerequisite to the use of this textbook, as instructions are given in Czech as well. The next textbook in the series is **Intermediate Czech**, by Ivana Rešková and Magdalena Pintarová (Praha 2002). The goal of these textbooks is to learn authentic, communicative Czech.

This textbook contains introductory lesson and twelve lessons, the last being a review lesson. The texts and dialogues are realistic, and new gramatical points are introduced in these texts to illustrate their usage in a concrete situation.

The following types of various exercises will be found in **Elementary Czech**:

- Drills: to practise and firmly implant new grammar.
- Substitutions and open dialogues: to check comprehension.
- Stylistic exercises: to give students a view into the creative side of Czech.
- Vocabulary: to increase word choice.
- Communication and roleplay: to give students practice with the communication skills covered at various points.

Each lesson is structured similarly. A text is introduced at the beginning of every lesson, followed by some exercises which aid and check comprehension and which call for the student to speak independently, without relying on the original text. New grammar is then presented in a chart or a concise outline. Exercises are linked by letter (A,B,C,D; number of letters varying in accordance with the number of new points) to the corresponding grammatical point which it drills. At the end of every lesson are supplementary exercises which give students a chance to practice and apply the communicative skills they acquired in the preceding lesson. Most lessons have a reading section which help students to understand and work with a text, and in the second part of the textbook composition assignments (simple narrations, descriptions, letters) are included more often to develop writing skills. Each unit ends with a vocabulary list.

In addition, Elementary Czech contains:

- Grammar notes in Englich which explain in more detail the usage and form of the Czech language (uses of cases, conjugations, tenses. etc.)
- Glossary
- Key to Exercises
- Reference Tables
- Tapescript containing supplementary texts and dialogues. Recorded texts are marked.

Elementary Czech is accompanied by an audiocassette. Also a **Workbook** is available for the students who want to do some extra language practice.

PhDr. Ivana Rešková
PhDr. Magdalena Pintarová

Praha, March 2004

Zkratky (Abbreviations used)

acc	accusative (akuzativ)
adj	adjective (adjektivum)
adv	adverb (adverbium)
coll.	colloquial (hovorový výraz)
comp	comparative (komparativ)
conj	conjunction (spojka)
dat	dative (dativ)
dim.	diminutive (deminutivum)
e.g.	for example (například)
etc.	and so one (a tak dále)
F	feminine (femininum)
gen	genitive (genitiv)
inf	infinitive (infinitiv)
imp	imperative (imperativ)
impf	imperfective (imperfektivní)
instr	instrumental (instrumentál)
loc	locative (lokál)
M	masculine (maskulinum)
Ma	masculine animate (maskulinum životné)
Mi	masculine inanimate (maskulinum neživotné)
N	neuter (neutrum)
nom	nominative (nominativ)
pf	perfective (perfektivní)
pl	plural (plurál)
prep	preposition (prepozice)
pron	pronoun (zájmeno)
sg	singular (singulár)

Fonetika

České hlásky
Výslovnost
Přízvuk

Czech sounds
Pronunciation and Spelling
Stress

Elementary Czech

CZECH SOUNDS (ČESKÉ HLÁSKY)

1 Vowels (samohlásky)

Czech has five short vowels

a, e, i/y, o, u

and five long ones

á, é, í/ý, ó, ú/ů.

2 Diphtongs (dvouhlásky)

There are only three diphtongs in Czech,

ou, au, eu.

3 Consonants (souhlásky)

There are twenty five consonants in Czech. Consonants are divided into two groups: hard and soft.

Hard consonants:

h, ch, k, r, d, t, n.

Soft consonants:

ž, š, č, ř, ď, ť, ň, c, j.

The rest are ambiguous consonants:

b, f, l, m, p, s, v, z.

They can be either hard or soft, according to situation. In words of Czech origin hard consonants may be followed only by **-y** and never by **-i**. If the ending **-i** is obligatory, then hard consonants must soften: h/g - z/ž, ch - š, k - c(č), r - ř, d - ď, t - ť, n - ň.

For example: *knihy, chytrý, tužky, hory, tady, chaty, nyní*
Compare: *ty pány - ti páni*
            bratry - bratři etc.
Compare the words of foreign origin:
historie, kilometr, riskovat, diplomat, Tizian, technika, Richard, riviéra

The soft consonants must be always followed by **-i** and never by **-y**.
For example: *život, Šimon, číslo, řidič, divadlo, tisíc, nikdo, cizinec, jídlo* (but *cyklus, cynický, cyrilice, Cyrano* ...)

The ambiguous consonants may be followed either by **-i** or by **-y** according to special rules.
Observe:

byt	*babička*
fyzika	*fialový*
lyže	*litr*
mýt	*maminka*
pyramida	*papír*
sýr	*silnice*
vybrat	*vila*
brzy	*zítra*

The groups of hard and soft consonants are necessary and essential for the Czech declension.

PRONUNCIATION AND SPELLING
(VÝSLOVNOST

1 Czech Alphabet (Česká abeceda)

A a	**Á** á	*krátké a, dlouhé a*		**O** o	**Ó** ó	*krátké o, dlouhé o*
B b		*bé*		**P** p		*pé*
C c		*cé*		**Q** q		*kvé*
Č č		*čé*		**R** r		*er*
D d		*dé*		**Ř** ř		*eř*
Ď ď		*dě*		**S** s		*es*
E e	**É** é	*krátké e, dlouhé e*		**Š** š		*eš*
F f		*ef*		**T** t		*té*
G g		*gé*		**Ť** t		*tě*
H h		*há*		**U** u	**Ú** ú	*krátké u, dlouhé u*
Ch ch		*chá*		**V** v		*vé*
I i	**Í** í	*krátké i, dlouhé i*		**W** w		*dvojité vé*
J j		*jé*		**X** x		*iks*
K k		*ká*		**Y** y	**Ý** ý	*krátké tvrdé i, dlouhé tvrdé i*
L l		*el*		**Z** z		*zet*
M m		*em*		**Ž** ž		*žet*
N n		*en*				
Ň ň		*eň*				

2 The sounds „ď, ť, ň"

1. ď, ť, ň + <u>i</u> = **di, ti, ni**
   <u>di</u>vadlo, cí<u>ti</u>t, mě<u>ni</u>t
   ď, ť, ň + <u>í</u> = **dí, tí, ní**
   <u>dí</u>tě, ta<u>tí</u>nek, ny<u>ní</u>
   Preceding the vowels i or í, there is no hook over the consonants.

2. ď, ť, ň + <u>e</u> = **dě, tě, ně**
   <u>dě</u>deček, <u>tě</u>ší mě, <u>ně</u>co
   Preceding the vowel <u>e</u>, the hook is written over the letter <u>e</u> instead of the co
   sonant.

3. ď, ť, ň + a, o, u
   ď, ť, ň in the end of a word
   Ma<u>ď</u>arsko, <u>Ď</u>umbier
   odpově<u>ď</u>, chu<u>ť</u>, skří<u>ň</u>
   In these contexts the hook is written over the consonants.

3 The sound „ě" after „b, p, v, f, m"

o ryb<u>ě</u>, b<u>ě</u>h
na Kamp<u>ě</u>, p<u>ě</u>t
na Morav<u>ě</u>, člov<u>ě</u>k
o alf<u>ě</u>
na reklam<u>ě</u>, m<u>ě</u>sto
Notice the spelling of consonants groups preceding the vowel <u>ě</u>:
bj, pj, vj, fj, mně.

4 Voiced and voiceless consonants

voiced

b v d ď z g h r l m n ň j ř

voiceless

p f t ť s k ch - - - - - - c č

The voiced members of consonant pairs change into corresponding voiceless consonants at the end of a word, for example:

b /p/   Cheb /chep/
v /f/   název /na:zef/
d /t/   hrad /hrat/
ď /ť/   odpověď /odpověť/
z /s/   obraz /obras/
ž /š/   muž /muš/
g /k/   ekolog /ekolok/

In groups of two or more consonants all members assimilate to the last consonant, for example:
obchod /opchot/, vstávat /fsta:vat/, otázka /ota:ska/, lehký /lechki:/.

In front of voiced consonants some voiceless consonants become voiced. For example:

kd - /gd/   kdo /gdo/
              kde /gde/
              kdy /gdi/
              někdo /ňegdo/
              nikde /ňigde/

STRESS
(PŘÍZVUK)

If the word is stressed it is always in the <u>first</u> syllable.
<u>re</u>publika <u>po</u>čítač <u>ná</u>městí

The one syllabic prepositions in the prepositional phrases are stressed:
<u>ve</u> městě <u>na</u> poště <u>nad</u> městem

Notice that the prepositional phrase with <u>v</u> or <u>na</u> is pronounced as one word:
v autě, na koncert
v Praze, na náměstí
ve vlaku
ve Francii

Some words (enclitics) are unstressed:
1) some forms of pronouns: **mi, tě, ho, se, si, ...**
2) the verb být in the past tense: **jsem, jsi, ...** and in the conditional: **bych, bys, by, ...**
The enclitics have the second place in sentence, after the first accented word or phrase:
Znám <u>ho</u> pět let. Jak <u>se</u> máš? Líbí <u>se</u> mi tady. Včera <u>jsem se</u> učil. Chtěl <u>bys</u> kávu?

Lekce

1

První den

Elementary Czech

GRAMATIKA
(GRAMMAR SECTION)
A

Pozorujte (Observe):

student - studenti, studentka - studentky

1 **Osobní zájmena a sloveso být** (Personal pronouns and the verb to be)

sg			
1.	**já**	jsem	nejsem
2.	**ty**	jsi	nejsi
3.	**on**	je	není
	ona	je	není
	ono	je	není

pl			
1.	**my**	jsme	nejsme
2.	**vy**	jste	nejste
3.	**oni**	jsou	nejsou
	ony	jsou	nejsou
	ona	jsou	nejsou

The personal pronouns are normally omitted. There are used only if the person is emphasized. The 2nd person singular forms **ty** and **jsi** are used informally, among friends, relatives, children etc. The 2nd person plural **vy** and **jste** are used also in singular, in polite, respectful address.

Pozdravy a základní fráze
(Greetings and basic social phrases)

Dobré ráno!	Good morning.
Dobrý den!	Good morning. Good afternoon.
Dobrý večer!	Good evening.
Na shledanou!	See you. Bye bye.
Dobrou noc!	Good night.
Ahoj!	Hello. Bye.
Čau!	Hello. Bye.
Děkuju/Děkuji.	Thank you.
Prosím.	Please. You are welcome.
Není zač.	You are welcome. Not at all.
Bohužel.	I am sorry. Unfortunately.
Promiňte.	Excuse me.
Nerozumím.	I do not understand.

Důležité fráze používané ve třídě
(Important phrases for students in the classroom)

Opakujte, prosím.	Repeat, please.
Čtěte.	Read.
Nevím.	I do not know.
Mám otázku.	I have a question.
Mluvte pomalu, prosím.	Slower, please.
Mluvte nahlas, prosím.	Louder, please.
Co znamená ....?	What does .... mean?
Jak se řekne česky ....?	How do you say .... in Czech?

2 Kdo je to? Co je to?

To je ...

student

kamarád

kluk

muž

učitel

dům

slovník

obraz

sešit

stůl

pokoj

studentka

kamarádka

holka

žena

učitelka

škola

pošta

lampa

učebnice

skříň

třída

kniha

televize

židle

Rody v češtině (Czech genders)

	hard	soft
Masculine animate (Ma)	student	muž
		učitel
Masculine inanimate (Mi)	sešit	pokoj
Feminine	žena	židle
		skříň
		místnost
Neuter	město	moře
		náměstí

GRAMMAR NOTES page 233

CVIČENÍ (EXERCISE) **A**

1 Rozdělte následující substantiva podle rodů (Divide the following nouns according to genders):

a) nádraží, kluk, muž, třída, moře, učebnice, sešit, kniha, pero, žena, náměstí, učitel, holka, židle, slunce, slovník, rádio, pošta, dům, pokoj, škola, televize, auto, student, skříň, stůl, studentka, město, lampa, učitelka

b) hotel, restaurace, mapa, obchod, kamarádka, divadlo, park, kavárna, kino, fax, banka, ulice, pivo, kamarád, telefon

M: ....

F: ....

N: ....

GRAMATIKA
(GRAMMAR SECTION)

B

1 Adjektiva (Adjectives)

	hard adjective		soft adjective	
M	**velký**	dům	**televizní**	program
F	**nová**	kniha	**moderní**	škola
N	**černé**	pero	**cizí**	město

Jaký? Jaká? Jaké?

Jaký je dům?	Dům je **velký**.
Jaký je **ten** dům?	**Ten** dům je **malý**.
Jaká je kniha?	Kniha je **nová**.
Jaká je **ta** kniha?	**Ta** kniha je **stará**.
Jaké je pero?	Pero je **černé**.
Jaké je **to** pero?	**To** pero je **bílé**.

2 Demonstrativní zájmena (Demonstrative pronouns)

M   ten   dům
F   ta   kniha
N   to   pero

GRAMMAR NOTES page 233

3 Číslovka jeden, jedna, jedno (Numeral 1)

M   To je   jeden   dům
F   To je   jedna   kniha.
N   To je   jedno   pero.

CVIČENÍ
(EXERCISE)

B

1 Doplňte formu slovesa **být** (Fill in the correct form of the verb být):

Helena ..... studentka. Helena je studentka.

1. Pavel .... student. 2. Jana a Helena .... studentky. 3. Ty .... taky student? 4. Hana .... studentka, ... učitelka. 5. Já .... učitel. 6. Vy .... studenti? Ne, ... 7. .... učitelka? Ano, ... 8. To .... učebnice, to .... slovník.

2 Ptejte se a odpovídejte, používejte obrázky
(Ask and answer using the pictures):

Jaký je dům? Dům je velký.

velký

malý

starý	nový	černý	bílý
drahý	levný	český	cizí
starý	mladý	hezký	ošklivý

3 a) Doplňte adjektiva k obrázkům (Fill in the adjectives):

velký, moderní, hezký, mladý, drahý, starý ....

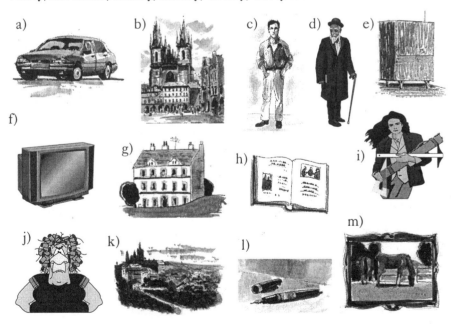

a) b) c) d) e) f) g) h) i) j) k) l) m)

b) Ptejte se na obrázky pomocí **jaký, jaká, jaké**
(Form questions with jaký, jaká, jaké).

c) Ptejte se a odpovídejte pomocí demonstrativního zájmena **ten**, používejte obrázky (Ask and answer using demonstrative pronoun ten):

Jaký je dům? *Ten dům je velký*.

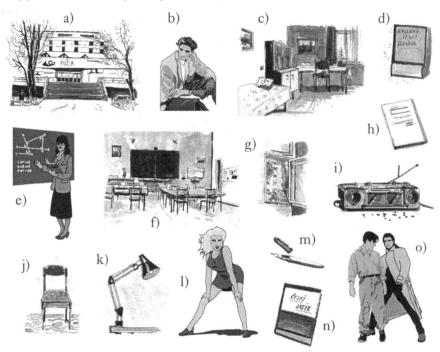

4 Doplňte **jeden, jedna, jedno** (Fill in jeden, jedna, jedno):

dům: *To je jeden dům*.

To je ....

nádraží, obraz, učebnice, učitel, holka, židle, třída, sešit, rádio, skříň, pero, židle, kluk, televize, slovník, studentka, banka, pokoj, náměstí, auto, žena

5 Doplňte slova ze seznamu do vět (Complete the following sentences using the words from the list):

~~jsem~~, není, ošklivý, mladý, nová, ta, jeden, ten, je, televizní, jedna, to, jedno, stará

.... *student*. *Jsem student*.

1. Ta banka je ....
2. Je ten učitel .... ?
3. .... malý dům je hezký.
4. To je .... moderní židle.
5. Jaké je .... město?
6. Ta kniha .... nová, je ....
7. Jaká .... Praha?
8. To je .... černé pero.
9. .... škola je moderní.
10. To je .... program.
11. To je .... český slovník.
12. Ten obraz je ....

GRAMATIKA
(GRAMMAR SECTION)

C

Adverbia místa (Averbs of Place)

Kde je ...? Co je ...?

vpředu	vzadu	(in front of, behind/back)
nahoře	dole	(up, down)
vpravo (napravo)	vlevo (nalevo)	(on the right, on the left)
tady	tam	(here, there)

CVIČENÍ
(EXERCISE)

C

1 Odpovězte (Answer):

a) *Kde je pokoj?* *Pokoj je tady.*
Kde je stůl? Kde je okno? Kde je televize? Kde je židle? Kde je koberec?
Kde je skříň? Kde je lampa?

b) *Co je tady?* *Tady je pokoj.*
Co je vzadu? Co je nahoře? Co je napravo? Co je dole? Co je vpředu? Co
je nalevo? Co je tam?

2 Odpovězte, použijte opozitum (Answer and use opposite):

Je pokoj tam? *Ne, pokoj není tam, je tady.*
Je stůl vzadu? Je lampa dole? Je okno vpředu? Je skříň napravo? Je kobe-
rec nahoře? Je televize nalevo? Je židle tam?

GRAMATIKA
(GRAMMAR SECTION)

D

Posesivní zájmena (Possessive pronouns)

Čí je ...?

sg	1. já	To je slovník.	To je **můj** slovník. (M)
		To je kniha.	To je **moje/má** kniha. (F)
		To je auto.	To je **moje/mé** auto. (N)
	2. ty	To je pokoj.	To je **tvůj** pokoj.
		To je učebnice.	To je **tvoje/tvá** učebnice.
		To je pero.	To je **tvoje/tvé** pero.
	3. on	To je slovník.	To je **jeho** slovník.
		To je kamarádka.	To je **jeho** kamarádka.
		To je rádio.	To je **jeho** rádio.
	ona	To je obraz.	To je **její** obraz.
		To je lampa.	To je **její** lampa.
		To je okno.	To je **její** okno.
pl	1. my	To je učitel.	To je **náš** učitel.
		To je učitelka.	To je **naše** učitelka.
		To je auto.	To je **naše** auto.
	2. vy	To je student.	To je **váš** student.
		To je studentka.	To je **vaše** studentka.
		To je město.	To je **vaše** město.
	3. oni, ony	To je dům.	To je **jejich** dům.
		To je škola.	To je **jejich** škola.
		To je auto.	To je **jejich** auto.

GRAMMAR NOTES page 234

CVIČENÍ
(EXERCISE)
D

1 Odpovězte (Answer):

Čí je ten slovník? (já) Ten slovník je můj.
1. Čí je to auto? (my)
2. Čí je ta kniha? (on)
3. Čí je ten dům? (vy)
4. Čí je ten kamarád? (ona)
5. Čí je ta židle? (já)
6. Čí je ten učitel? (oni)

2 Odpovězte (Answer using appropriate forms of possessive pronouns):

Je to tvůj sešit? (ne, on)
Ne, to není můj sešit. To je jeho sešit./Ne, není. To je jeho sešit.

1. Je to jeho učebnice? (ne, já)
2. Je to jejich učitel? (ne, my)
3. Je to tvůj kamarád? (ne, ona)
4. Je to vaše pero? (ne, on)
5. Je to můj slovník? (ne, oni)
6. Je to jejich televize? (ne, on)
7. Je to moje kniha? (ne, my)
8. Je to její pokoj? (ne, vy)
9. Je to jeho učitelka? (ne, já)
10. Je to její sešit? (ne, ty)

ČTENÍ
(READING)

Dialog 1
Dobrý den. Kdo jste?
Jsem váš nový učitel. Jmenuju se Tomáš Vlasák.

Dialog 2
Ahoj! Kdo jsi?
Jsem nový student. Jmenuju se Erik. A ty?
Jsem taky studentka. Jmenuju se Helena.

Dialog 3
Dobrý den. Já jsem Marcela.
Těší mě. Já jsem Carol. **Odkud jste?**
Jsem z **České republiky.** A vy?
Jsem z **Ameriky.**

Dialog 4
Ahoj. Já jsem Jana.
Těší mě. Já jsem Charles. **Odkud jsi?**
Jsem z České republiky. A **ty?**
Jsem z Ameriky.

Dialog 5
Dobrý den. **Jak se máte?**
Docela dobře. A vy?
Děkuju, dobře.

Dialog 6
Ahoj. **Jak se máš?**
Dobře. A ty?
Ujde to.

Dialog 7

Jste cizinec?
Ano, jsem z Ameriky.
Jak se vám tady líbí?
Líbí se mi tady.

Dialog 8

Jsi cizinka?
Ano, jsem z Ameriky.
Jak se ti tady líbí?
Líbí se mi tady.

Čtěte dialogy ještě jednou a udělejte podobné.
(Read the dialogues once again and make up similar ones.)

DOPLŇUJÍCÍ AKTIVITY

1 Spojte věty (Match the sentences):

1. Děkuju.	A) Jsem z Ameriky.
2. Jak se to řekne česky?	B) Dobrou noc.
3. Dobrý den.	C) Na shledanou.
4. Jak se máš?	D) Nevím.
5. Jsem George.	E) Ujde to.
6. Dobrou noc.	F) Dobrý den.
7. Na shledanou.	G) Těší mě.
8. Odkud jste?	H) Není zač.

2 Tvořte otázky (Make questions):

1. ....? To je <u>učebnice</u>.

2. ....? To je <u>náš učitel</u>.

3. ....? To je <u>jejich</u> dům.

4. ....? Pošta je <u>napravo</u>.

5. ....? Tady je <u>stůl</u>.

6. ....? Ten slovník je <u>starý</u>.

7. ....? To pero je <u>moje</u>.

8. ....? Ta kniha je <u>česká</u>.

9. ....? Škola je <u>vzadu</u>.

10. ....? Tam je <u>nový student</u>.

NOVÁ SLOVA
(VOCABULARY)

auto N *car*
banka F *bank*
bílý adj *white*
být, jsem *to be*
cizí adj *foreign*
cizinec M *foreigner*
cizinka F *foreigner*
co pron *what*
černý adj *black*
český adj *Czech*
čí pron *whose*
divadlo N *theatre*
docela adv *quite*
drahý adj *expensive*
dům M *house*
hezký adj *pretty, handsome*
holka F *girl*
jaký, -á, -é pron *what ... like*
kamarád M *friend*
kamarádka F *friend*
kavárna F *café*
kde adv *where*
kdo pron *who*
kino N *cinema*
kluk M *boy*
kniha F *book*
koberec M *carpet*
levný adj *cheap*
líbit se, -ím impf *to like*
malý adj *small*
mladý adj *young*
moderní adj *modern*
moře N *see*
muž M *man*
nádraží N *station*
nalevo, vlevo adv *on the left*

náměstí N *square*
napravo, vpravo adv *on the right*
odkud adv *where from*
ošklivý adj *ugly*
park M *park*
pero N *pen*
pivo N *beer*
pokoj M *room*
pošta F *post office*
rádio N *radio*
sešit M *notebook*
skříň F *wardrobe*
slovník M *dictionary*
slunce N *sun*
starý adj *old*
student M *student*
studentka F *student*
škola F *school*
tady adv *here*
taky adv *also*
tam adv *there*
televize F *TV set*
ten, ta, to pron *the, this*
třída F *classroom*
učebnice F *textbook*
učitel M *teacher*
učitelka F *teacher*
ulice F *street*
velký adj *big*
vpředu adv *in front of*
vzadu adv *behind, back*
z/ze prep *from*
žena F *woman*
židle F *chair*

Seznámení

Elementary Czech

TEXTY
(TEXTS)

1 David, Tomáš

T: Ahoj! Jak se máš?
D: Ujde to. A ty?
T: Docela dobře. **Na koho** čekáš?
D: **Na Alenu.** Jdeme spolu **na oběd.**

2 Lektor, student

S: Dobrý den, pane Carroll.
L: Dobrý den! Jak se máte, Adame?
S: Děkuju, dobře. A vy?
L: Taky dobře. Mám **pro vás tu anglickou učebnici.**
S: Děkuju mockrát.

3 Jana a Alena jsou na party. Vidí Davida a mluví spolu.

J: Aleno, to je můj kamarád. Davide, to je Alena.
D: Těší mě.
A: Těší mě.
J: David není Čech, je Kanaďan. Ale rozumí česky.
A: Davide, co tady děláš?
D: Studuju **češtinu** a pracuju v knihkupectví.
A: A líbí se ti tady?
D: Ano, moc. A ty jsi Češka?
A: Ne, Slovenka. Pracuju v nemocnici.

Zjistěte (Find out):

1. Kdo pracuje v knihkupectví?
2. Kdo pracuje v nemocnici?
3. Odkud je David (Alena)?
4. Co dělá David (Alena)?

4 Alena, Eva

A: Evo, znáš **Adama?**
E: Ano, vím, kdo to je. Je to Američan. Žije tady jenom měsíc, ale už umí trochu česky.
A: Kde se učí česky?
E: Na univerzitě. Znám **Adama** ze školy. Jsem jeho učitelka.

Pozorujte (Observe):

pane Caroll, Adame, Aleno, Evo - the vocative case, more in lesson 4

Zjistěte (Find out):

1. Kdo pracuje ve škole?
2. Kdo pracuje na univerzitě?
3. Odkud je Adam (Eva)?
4. Co dělá Adam (Eva)?

OPAKOVÁNÍ
(REVIEW)

1 Vytvořte substantiva v ženském rodě (Make feminine nouns):

kamarád	-	Švéd	- ....
učitel	-	ředitel	- ....
Američan	-	pan Novák	- ....
lektor	-	inženýr	- ....
Francouz	-	pan Černý	- ....
doktor	-	Kanaďan	- ....
prodavač	-	pan Kudrna	- ....

Pozorujte (Observe):

Němec - Němka	úředník - úřednice	Slovák - Slovenka
přítel - přítelkyně	Čech - Češka	cizinec - cizinka

2 Vyber pro každé substantivum vhodné adjektivum, udělej větu (Construct sentences using one word from each column):

mladý	*kamarád*	starý	*studentka*	čistý	*moře*
velký	*oběd*	moderní	*rádio*	špinavý	*cizinec*
dobrý	*kniha*	malý	*dům*	smutný	*pošta*
nový	*náměstí*	levný	*město*	hodný	*restaurace*
český	*sklenice*	ošklivý	*škola*	zajímavý	*hotel*
hezký	*auto*	drahý	*slovník*	anglický	*skříň*

3 Doplňte chybějící výrazy (Fill in the blank):

Vzor: Michal je z Ameriky. Je .... Mluví ....
       Je Američan. Mluví anglicky.

1. Monika je z Německa. Je .... Mluví ....
2. Alena je z .... Je Ruska. Mluví ....
3. Tomáš je z Kanady. Je .... Mluví ....
4. Denisa je ze .... Je .... Mluví slovensky.
5. Edit je z Francie. Je .... Mluví ....
6. Mario je z .... Je Ital. Mluví ....
7. Pablo je ze Španělska. Je .... Mluví ....
8. Kurt je z .... Je Rakušan. Mluví ....
9. Václav je z České republiky. Je .... Mluví ....
10. Kathy je z Velké Británie. Je .... Mluví ....

4 Ptejte se a odpovídejte (Ask and answer):

a) <u>Odkud je Ben? Ben je z Ameriky.</u>

Ben, Amerika	Pierre, Francie	Charlotte, Dánsko
John, Velká Británie	Marija, Bulharsko	Robert, Kanada
Thomas, Německo	Ornella, Itálie	Jessica, Rakousko

b) <u>Je Ben z Francie? Ne, je z Ameriky.</u>

c) Zjisti, odkud jsou tví spolužáci a řekni to učiteli (Find out where your schoolmates are from and refer to your teacher).

5 Doplňte chybějící údaje (Fill in the blank):

 Pozoruj (Observe):
Argentina - z Argentiny, Albánie - z Albánie, Dánsko - z Dánska

ZEMĚ	NÁRODNOST	ODKUD?	JAKÝ?	JAK?
USA	Američan Američanka	z Ameriky	americký	anglicky
Belgie	....	z Belgie	....	vlámsky
Francie	.... Francouzka	z	francouzský	....
....	Kanaďan	z	kanadský	....
Itálie	....	z	italský	....
Maďarsko	....	z	....	maďarsky
....	Polák Polka	z	polský	....
Rakousko	Rakušan Rakušanka	z	....	....
Rusko	....	z	....	rusky
....	Slovák Slovenka	ze	slovenský	....
Španělsko	....	ze Španělska	....	španělsky
....	Švéd Švédka	ze	švédský	....
Švýcarsko	....	ze Švýcarska	švýcarský	....
Velká Británie	Angličan Angličanka	z Velké Británie	....	....

GRAMATIKA
(GRAMMAR SECTION)

A

 1 **Prézens českých sloves** (Present tense of Czech verbs)

1st group	2nd group	3rd group
infinitiv -AT	-IT, -ET/-ĚT	- OVAT, nepravidelná slovesa (irregular verbs)

	dělat		mluvit		studovat	
sg	dělám	-ám	mluvím	-ím	studuju/i	-u/-i
	děláš	-áš	mluvíš	-íš	studuješ	-eš
	dělá	-á	mluví	-í	studuje	-e
pl	děláme	áme	mluvíme	-íme	studujeme	-eme
	děláte	-áte	mluvíte	-íte	studujete	-ete
	dělají	-ají	mluví	-í	studujou/í	-ou/í

mít (mám)	prosit (prosím)	pracovat (pracuju)
znát (znám)	myslet (myslím)	potřebovat (potřebuju)
čekat (čekám)	vidět (vidím)	děkovat (děkuju)
	rozumět (rozumím)	
	oni rozumějí/rozumí	číst (čtu)
	umět (umím)	psát (píšu)
	oni umějí/umí	jít (jdu)
	vědět (vím)	jet (jedu)
	oni vědí	

Negative form: **ne**dělám, **ne**děláš, **ne**dělá ...

 Pamatujte (Remember):

číst		psát		jít		jet	
čtu	čteme	píšu	píšeme	jdu	jdeme	jedu	jedeme
čteš	čtete	píšeš	píšete	jdeš	jdete	jedeš	jedete
čte	čtou	píše	píšou	jde	jdou	jede	jedou

Remember the following infinitives:

psát - píšu	(write)	**žít** - žiju	(live)
číst - čtu	(read)	**brát** - beru	(take)
jít - jdu	(go)	**nést** - nesu	(carry)
jet - jedu	(go)	**mýt** - myju	(wash)
spát - spím	(sleep)	**vědět** - vím	(know)
jíst - jím, *oni jedí*	(eat)	**stát** - stojím	(stand)
pít - piju	(drink)		

2 Akuzativ singuláru (The Accusative singular)

Pozorujte (Observe):

mám anglickou učebnici, studuju češtinu, znám Adama, ...

Otázka (Question):

Koho? Co?

Mi, N the accusative sg = the nominative sg

Zájmena, číslovka 1, adjektiva (Pronouns, the numeral „one", adjectives)

Ma

ten	**TOHO**	jeden	**JEDNOHO**	můj	**MÉHO**	český	**ČESKÉHO**
				tvůj	**TVÉHO**	moderní	**MODERNÍHO**
				jeho	**JEHO**		
				její	**JEJÍHO**		
				náš	**NAŠEHO**		
				váš	**VAŠEHO**		
				jejich	**JEJICH**		

F

ta	**TU**	jedna	**JEDNU**	má, moje	**MOU, MOJI**	česká	**ČESKOU**
				tvá, tvoje	**TVOU, TVOJI**	moderní	**MODERNÍ**
				jeho	**JEHO**		
				její	**JEJÍ**		
				naše	**NAŠI**		
				vaše	**VAŠI**		
				jejich	**JEJICH**		

GRAMMAR NOTES page 235

Substantiva (Nouns)

Ma

| student | **STUDENTA** | -A |
| muž | **MUŽE** | -E |

F

žena	**ŽENU**	-U
židle	**ŽIDLI**	-I
skříň	**SKŘÍŇ**	

Pozorujte (Observe):

tatín<u>ek</u> - vidím <u>tatínka</u>
ot<u>ec</u> - vidím <u>otce</u>
Hav<u>el</u> - vidím <u>Havla</u>

CVIČENÍ
(EXERCISE)
A

1 a) Dejte substantiva do správných forem
(Put the nouns into the correct form):

Mám - slovník, auto, dům, obraz, byt, pero, pokoj, rádio, sešit

b) Spojte substantiva s adjektivy (Complete the nouns above with the following adjectives):

nový, moderní, velký, starý, hezký, černý, malý, levný, modrý

2 a) Dejte substantiva do správných forem
(Put the nouns into the correct form):

Znám - kamarád, učitel, student, Francouz, doktor, muž, lektor, přítel, kluk, prodavač, Američan

b) Spojte substantiva s adjektivy (Complete the nouns above with the following adjectives):

dobrý, hodný, inteligentní, milý, nový, starý, anglický, německý, hezký, špatný, mladý

3 a) Dejte substantiva do správných forem
(Put the nouns into the correct form):

Těším se na, dívám se na - Praha, učitelka, kamarádka, televize, opera, banka, přítelkyně, restaurace, holka

b) Spojte substantiva s adjektivy (Complete the nouns above with the following adjectives):

starý, mladý, maďarský, český, ruský, moderní, hezký, italský, chytrý

4 Ptejte se a odpovídejte (Ask and answer):

těšit se na - Irena: <u>A: Těšíš se na Irenu? B: Ano, těším se na Irenu.</u>

a) čekat na - Jana
    dívat se na - česká kniha
    těšit se na - čeština
    jít na - káva
    potřebovat - nová televize
    mít - milá kamarádka
    vidět - náš učitel
    studovat - gramatika
    myslet na - dobrý kamarád
    číst - hezký dopis
    psát - domácí úkol
    mít - staré auto
    poslouchat - česká hudba
    zajímat se o - čeština

b) rozumět česky
    být - Belgičan
    pracovat tady
    mluvit francouzsky
    být - lektorka
    rozumět německy

5 Dokončete dialogy
(Complete the dialogues):

a) *A: Co tady děláš?*
   B: Studuju a pracuju.

1. A: Co tady dělají Mirek a Hana?
   B: .... a ....

2. A: Co tady .... Marek?
   B: .... a ....

3. A: Co tady .... ?
   B: Studujeme a ....

4. A: Co tady .... Jana?
   B: .... a ....

b) 1. A: Co děláš?
   B: .... knihu.
   A: Jakou .... ?
   B: .... knihu.

2. A: Co dělají Libor a Milena?
   B: .... dopis.
   A: .... ?
   B: Dlouhý ....

3. A: Co děláte?
   B: ....
   A: .... ?
   B: ....

6 Dejte infinitivy do správných forem v přítomném čase
(Put the infinitives into the present tense):

Co (ty - vidět)? <u>*Co vidíš?*</u>

1. Ráno (já - pít) kávu. ....

2. (oni - studovat) každý den. ....

3. (my - jíst) v restauraci. ....

4. (ty - číst) českou knihu? ....

5. Adam tady (žít) jeden měsíc. ....

6. (vy - umět) španělsky? ....

7. (my - potřebovat) dobrý slovník. ....

8. (ty - znát) novou lektorku? ....

9. Petr a Irena (jít) na party. ....

10. Na koho (ty - myslet)? ....

11. (já - kupovat) dárek pro kamaráda. ....

12. Alena (psát) domácí úkol. ....

13. Oni to (nevědět). ....

14. (vy - jet) na hory? ....

15. (já - opakovat) novou gramatiku. ....

16. V sobotu (my - spát) dlouho. ....

17. Ráno se (já - mýt). ....

18. Pavel (nést) dopis na poštu. ....

19. Tomáš (stát) vzadu. ....

20. (ty - vědět), kde je škola? ....

7 Doplňte vhodné sloveso (Supply a suitable verb):

Alena .... Davida. Alena zná Davida.

1. David .... tady. 2. .... česky. 3. .... novou knihu. 4. Jana ....
dopis. 5. .... slovník? 6. Student .... anglicky. 7. Co .... ? 8. David
.... češtinu. 9. Na co .... ? 10. Koho .... ? 11. Kde .... televize?

8 Tvořte věty s posesivními zájmeny
(Make sentences with possessive pronouns):

Mám dobrého kamaráda. To je .... To je můj kamarád.

Máš novou knihu. To je ....

Máme staré auto. To je ....

Mají velký dům. To je ....

Máte mladou učitelku. To je ....

Helena má hezké pero. To je ....

Pavel má malý slovník. To je ....

Alena a Tomáš mají českého učitele. To je ....

Máš anglický slovník. To je ....

Mám novou učebnici. To je ....

Máte moderní pokoj. To je ....

Mám španělskou kytaru. To je ....

Máme německého kamaráda. To je ....

9 Tvořte posesivní zájmena ve správné formě a doplňujte věty
(Use possessive pronouns in the correct form to complete the sentences):

To je žena. (já) To je ..... žena. Znáš ...... ? To je moje žena. Znáš moji ženu?

1. To je kamarád. (ty) To je ..... kamarád. Neznám ....

2. To je učitelka. (my) To je ...... učitelka. Zná ....

3. To je doktor. (on) To je ..... doktor. Neznáme ....

4. To je kamarádka. (vy) To je ..... kamarádka. Znám ....

5. To je učitel. (oni) To je ...... učitel. Neznám ....

6. To je doktorka. (já) To je ..... doktorka. Znají ....

7. To je muž. (ona) To je ...... muž. Znám ....

10 Tvořte věty (Make sentences):

(já) vidět - malé dítě: Vidím malé dítě.

1. (oni) dívat se na - hezká žena: ....

2. (ona) čekat na - mladý muž: ....

3. (ty) mít - jedna anglická kniha: ....

4. (já) těšit se na - nová televize: ....

5. (vy) znát - můj nový učitel: ....

6. (on) vidět - tvůj kamarád: ....

7. (my) myslet na - vaše milá kamarádka: ....

11 Řekněte, co dělají (Say what they do):

a)   b)   c)   d)

e)   f)   g)

GRAMATIKA
(GRAMMAR SECTION)
B

Slovesa **znát, vědět, umět** (The verbs znát, vědět, umět)

a) **znát**
Znám Prahu.
Neznám tvou manželku.
Alena zná dobře novou učitelku.

b) **vědět**
Vím, kdo je David.
Vím, kde je Národní divadlo.
Vím, že Petr mluví anglicky.

c) **umět**
Umím francouzsky, německy a trochu česky.
Alena umí dobře vařit.
Umím hrát na kytaru.

GRAMMAR NOTES page 234

CVIČENÍ
(EXERCISE)
B

1 Doplňte slovesa **znát, vědět, umět**
(Fill in the blanks using verbs znát, vědět, umět):

1. .... dobře Prahu.

2. ...., kde je pošta?

3. .... trochu francouzsky.

4. .... číst?

5. David .... nového učitele.

6. ...., kdo tady mluví německy?

7. ...., co je tam vzadu?

8. Jano, ... tohle město?

2 Odpovězte podle vzoru (Answer following the model):

Umíš lyžovat?
Ano, umím./Ano, docela dobře./Ano, ale ne moc dobře./Ne, neumím.

Umíš hrát golf?	Umíš hrát tenis?
Umíš francouzsky?	Umíš hrát na piano?
Umíš hrát na kytaru?	Umíš hrát košíkovou?
Umíš vařit?	Umíš španělsky?
Umíš plavat?	

ČTENÍ
(READING)

Adam čeká na Irenu. Jdou spolu na náměstí. Potřebujou dárek pro Davida, protože David má narozeniny. Kupujou českou knihu. Potom jdou na procházku. Dívají se na řeku a myslí na večer. Adam zná hezkou restauraci. Jdou tam na večeři. Už se těší na pizzu a na červené víno.

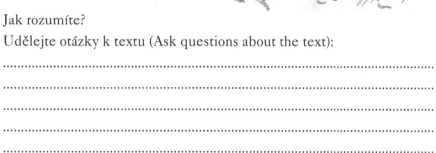

Jak rozumíte?

Udělejte otázky k textu (Ask questions about the text):

....

....

....

....

....

DOPLŇUJÍCÍ
AKTIVITY
(SUPPLEMENTARY
AKTIVITIES)

1 Doplňte dialogy (In pairs, complete the dialogues):

1. A: .... den . ... jste?
   B: .... student. .... se Clark.

2. A: Ahoj! Kdo .... ?
   B: Jsem .... Jmenuju se ....

3. A: Dobrý den. ..... Cheryl.
   B: .... Jsem ..... .

4. A: Dobrý den. Jak ... .?
   B: Děkuju, dobře. A .... ?
   A: ....

5. A: Ahoj? Jak ... .?
   B: .... A ....?
   A: ....

6. A: Dobrý den. ....?
   B: Jsem z .... A vy?
   A: ....

7. A: Ahoj! Odkud ......?
   B: ...... z Ameriky. A ....?
   A: ....

2 Ptejte se ve dvojicích (In pairs ask and respond):

Koho tady vidíš? ....   Pro koho kupuješ dárek? ....

Co tady vidíš? ....   Na koho se díváš? ....

Na koho čekáš? ....   Na co se díváš? ....

Na co čekáš? ....   Na koho se těšíš? ....

Na koho myslíš? ....   Na co se těšíš? ....

Na co myslíš? ....   Koho posloucháš? ....

Koho tady znáš? ....   Co posloucháš? ....

Co tady znáš? ....   O co se zajímáš? ....

3 Doplňte otázku (Complete the questions):

1. ....? Myslím na <u>tu milou holku.</u>

2. ....? Neznám <u>vašeho učitele.</u>

3. ....? Čekám <u>na Janu.</u>

4. ....? Píšu <u>dlouhý</u> dopis.

5. ....? Čtu <u>zajímavou</u> knihu.

6. ....? Mám dárek <u>pro maminku.</u>

7. ....? Těším se <u>na víkend.</u>

8. ....? Potřebuju <u>nové auto.</u>

9. ....? Dívám se <u>na americký film.</u>

10. ....? Studuju <u>češtinu.</u>

11. ....? Kupuju <u>velký slovník.</u>

12. ....? Zajímám se <u>o českou kulturu.</u>

13. ....? To je <u>jejich</u> auto.

4 Dokončete otázky (Complete the questions):

Kdo ....?

Kde ....?

Čí ....?

Co ....?

Jaký ....?

Na koho ....?

O co ....?

Jakou ....?

Na co ....?

Jaké ....?

Pro koho ....?

Na jakou ....?

5 Spojte vhodné věty (Match the sentences):

Ahoj Jano!	Dobrou noc!
Jak se máš?	Ty taky.
Dobrou noc!	Těší mě.
Dobrý den.	Děkuju, dobře.
Dobrý večer.	Na shledanou.
Těší mě.	Nic se nestalo.
Na shledanou.	Dobrý den.
Promiňte.	Není zač.
Děkuju.	Dobrý večer.
Měj se hezky.	Čau, Davide!

ROLEPLAY

Pracujte ve skupinách po pěti. Vyberte si jednu z následujících postav (Work in groups of five. Choose to be one of these people):

David Halas, Česká republika
Helena Watkins, Velká Británie
Robert Caren, Kanada
Irena Hermann, Německo
William Lewie, USA

**a) Představte formálně sebe a ostatní svému učiteli
(Introduce yourself and the other people formally to your teacher).**

**b) Představte sebe a ostatní neformálně
(Introduce yourself and other people informally).**

POSLECH
(LISTENING)

Seznamovací večer studentů a učitelů kurzu češtiny.
Mluví John, Pavel, Kristin, učitel.

Úkoly:

Jaké slyšíte pozdravy?
Odkud je Kristin?
Odkud je Pavel?
Co tady Pavel dělá?
Koho vidí Pavel?
Kde je paní Novotná?
Kdo je tam taky?
Co tady dělá ten mladý Američan?

NOVÁ SLOVA
(VOCABULARY)

brát, beru impf *to take*
čekat, -ám impf *to wait*
číst, čtu impf *to read*
dárek M *present, gift*
dívat se, -ám impf *to look at, to watch*
drahý adj *expensive*
hezký adj *nice, pretty*
hodný adj *kind, nice*
hory pl *mountains*
chytrý adj *clever*
jet, jedu impf *to go*
jít na procházku *to go for a walk*
jít, jdu impf *to go (on foot), walk*
knihkupectví N *bookstore*
kupovat, uju impf *to buy*
lektor M *lector*
levný adj *cheap*
milý adj *nice, pleasant*
myslet, -ím impf *to think*
mýt (se, si), myju impf *to wash*
narozeniny pl *birthday*
nemocnice F *hospital*
nést, nesu impf *to carry, to bring*
opakovat, -uju impf *to repeat, to revise*
ošklivý adj *ugly*
plavat, plavu impf *to swim*

potřebovat, -uju impf *to need*
pracovat, -uju impf *to work*
psát, píšu impf *to write*
rozumět, -ím impf *to understand*
řeka F *river*
seznámení N *introduce*
smutný adj *sad*
spát, spím impf *to sleep*
těšit se, -ím impf *to look forward to*
učebnice F *textbook*
učit, -ím *to teach*
učit se, - ím *to learn*
umět, -ím *to know how*
univerzita F *university*
v knihkupectví *in bookstore*
v nemocnici *in hospital*
vařit, -ím impf *to cook*
vědět, vím impf *to know*
vidět, -ím impf *to see*
volný adj *free*
zajímat se, -ám impf *to be interested*
zajímavý adj *interesting*
ze školy *from school*
znát, -ám impf *to know*
žít, žiju impf *to live*

ZEMĚ
A NÁRODNOSTI
(COUNTRIES AND NATIONALITIES)

Belgie F *Belgium*
Belgičan M, Belgičanka F *Belgian*
Česká republika F *Czech Republic*
Čech M, Češka F *Czech*
Francie F *France*
Francouz M, Francouzka F
Frenchman, Frenchwoman
Itálie, F *Italy*
Ital M, Italka F *Italian*
Kanada F *Canada*
Kanaďan M, Kanaďanka F *Canadian*
Maďarsko N *Hungary*
Maďar M, Maďarka F *Hungarian*
Německo N *Germany*
Němec M, Němka F *German*
Polsko N *Poland*
Polák M, Polka F *Pole*
Rakousko N *Austria*
Rakušan M, Rakušanka F *Austrian*
Rusko N *Russia*
Rus M, Ruska F *Russian*
Řecko N *Greece*
Řek M, Řekyně F *Greek*
Slovensko N *Slovakia*

Slovák M, Slovenka F *Slovakian*
Španělsko N *Spain*
Španěl M, Španělka F *Spaniard*
Švédsko N *Sweden*
Švéd M, Švédka F *Swede*
Švýcarsko N *Switzerland*
Švýcar M, Švýcarka F *Swiss*
Spojené státy americké pl (USA)
The United States of America
Američan M, Američanka F *American*
Velká Británie F *Great Britain*
Angličan M, Angličanka F *Englishman,
Englishwoman*

Nakupování

Elementary Czech

TEXTY

1 V knihkupectví

Prodavač, Petr

A: Dobrý den. Co si přejete?

B: Chtěl bych dobrý česko-anglický slovník.

A: Máme dva. Jeden je kapesní, tam jsou i fráze. Druhý je velký.

B: Vezmu si ten kapesní. Kolik stojí?

A: 60 korun. Ještě něco?

B: Máte <u>nějaké anglické knihy</u>?

A: Ano, ale jsou dost drahé.

B: To nevadí. Chtěl bych nějaký román.

A: Potřebujete české nebo anglické autory?

B: Které české máte?

A: Máme tady Hrabala, Kunderu a Klímu.

B: Chtěl bych Kunderu.

A: Je tady „Žert" a „Směšné lásky".

B: „Žert" znám dobře. Chtěl bych <u>ho</u> jako dárek pro kamarádku.

A: Je docela levný. Stojí jenom 150 korun.

B: Vezmu si ho.

Pozorujte:

1. Kundera, Klíma (Ma) - čtu Kunderu, Klímu (like F)
2. Jaké slovníky máte?   Kapesní a velké.
   Který slovník potřebujete?   Česko-anglický slovník.

Otázky k textu:

a) 1. Co kupuje Petr? 2. Jaké slovníky mají? 3. Kolik stojí kapesní slovník? 4. Prodávají levné anglické knihy? 5. Které české knihy mají? 6. Kterou knihu Petr kupuje? 7. Proč kupuje tu knihu?

b) Které knihkupectví znáte? Máte česko-anglický slovník? Je dobrý?

Čtěte. Rozumíte? (Read. Do you understand?)

Hlavní problém slovníků? *Když si lidé myslí, že jsou správné.*

(Werner Lansburgh)

2 Nakupujeme potraviny

Prodavačka, zákazník

P: Prosím.

Z: Chtěl bych <u>čtyři banány</u>.

P: Ještě něco?

Z: Máte čerstvý salát?

P: Ano. Kolik chcete?

Z: Dva. A ještě <u>tři červené papriky</u>.

P: Je to všechno?

Z: Ne. Vezmu si ještě <u>čtyři jablka</u>.

P: <u>Červená</u> nebo <u>žlutá jablka</u>?

Z: Chtěl bych <u>žlutá</u>.

P: Ještě něco?

Z: To je všechno. Kolik to stojí?

P: 47 korun.

Pozorujte:

1 koruna

2, 3, 4 koruny

5, 6, ... korun

26,50 dvacet šest korun padesát haléřů (dvacet šest padesát)

Pamatujte:

Co říkají?

Prodavač:	**Zákazník:**
Prosím.	Chtěl/a bych ....
Co si přejete?	Máte.....?
Je to všechno?	Vezmu si ....
Ještě něco?	To je všechno.
	Kolik to stojí?
	Kolik stojí ten slovník?
	ta kniha?
	to pero?

---

a) Procvičujte dialogy 1 a 2. Vyměňte si své role.
(Practice the dialogues 1 and 2. Take turns at playing the different roles.)

b) Tvořte podobné dialogy „V obchodě" s obměnami.
(Make up similar dialogues with changes.)

GRAMATIKA **A**

1 Nominativ a akuzativ plurálu Mi, F a N (Nominative and Accusative plural Mi, F and N)

Pozorujte:

máme anglické knihy, chtěl bych čtyři banány ....

Zájmena, číslovky a adjektiva

Mi, F

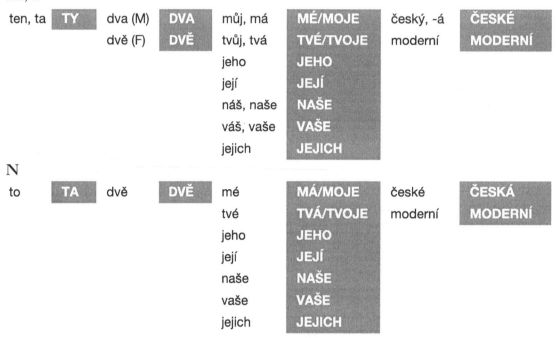

ten, ta	**TY**	dva (M)	**DVA**	můj, má	**MÉ/MOJE**	český, -á	**ČESKÉ**
		dvě (F)	**DVĚ**	tvůj, tvá	**TVÉ/TVOJE**	moderní	**MODERNÍ**
				jeho	**JEHO**		
				její	**JEJÍ**		
				náš, naše	**NAŠE**		
				váš, vaše	**VAŠE**		
				jejich	**JEJICH**		

N

to	**TA**	dvě	**DVĚ**	mé	**MÁ/MOJE**	české	**ČESKÁ**
				tvé	**TVÁ/TVOJE**	moderní	**MODERNÍ**
				jeho	**JEHO**		
				její	**JEJÍ**		
				naše	**NAŠE**		
				vaše	**VAŠE**		
				jejich	**JEJICH**		

Substantiva

Mi			**F**			**N**		
sešit	**SEŠITY**	-Y	žena	**ŽENY**	-Y	město	**MĚSTA**	-A
pokoj	**POKOJE**	-E	židle	**ŽIDLE**	-E	moře	**MOŘE**	-E
			skříň	**SKŘÍNĚ**	-Ě	náměstí	**NÁMĚSTÍ**	-Í
			kolej	**KOLEJE**	-E			
			místnost	**MÍSTNOSTI**	-I			

 Pamatujte:

dítě (N) - DĚTI (F)

2 Číslovky základní (Cardinal numerals)

0	nula

1	jeden, jedna, jedno	11	jedenáct	20	dvacet
2	dva, dvě	12	dvanáct	30	třicet
3	tři	13	třináct	40	čtyřicet
4	čtyři	14	čtrnáct	**20 - 40: -cet**	
5	pět	15	patnáct	50	padesát
6	šest	16	šestnáct	60	šedesát
7	sedm	17	sedmnáct	70	sedmdesát
8	osm	18	osmnáct	80	osmdesát
9	devět	19	devatenáct	90	devadesát
10	deset	**11 - 19: -náct**		**50 - 90: -desát**	

100	sto (N)	1 000	tisíc (M)	1 000 000	milion (M)
200	dvě stě	2 000	dva tisíce	2 000 000	dva miliony etc.
300	tři sta	3 000	tři tisíce	5 000 000	pět milionů etc.
400	čtyři sta	4 000	čtyři tisíce		
500	pět set	5 000	pět tisíc		
600	šest set etc.	6 000	šest tisíc etc.		

CVIČENÍ A

1 a) Dejte substantiva do správných forem v plurálu
(Put the nouns into the correct form in plural):

V mlékárně kupuju　　　　　　(2) šlehačka, (4) vejce, (3) mléko,
Chtěl/a bych　　　　　　　　(2) jogurt, (2) máslo, (4) sýr

b) Spojte substantiva s číslovkami a adjektivy
(Complete the nouns with the following numerals and adjectives):

2 pařížský, 4 čerstvý, 3 plnotučný, 2 ovocný, 2 malý, 4 tavený

2 a) Dejte substantiva do správných forem v plurálu
(Put the nouns into the correct form in plural):

V ovoci a zelenině kupuju　　banán, pomeranč, okurka, jablko,
Chtěl/a bych　　　　　　　salát, paprika, rajče, citron, meruň-
　　　　　　　　　　　　　ka, broskev

b) Spojte substantiva s číslovkami a adjektivy
(Complete the nouns above with the following numerals and adjectives):

3 žlutý, 2 sladký, 4 malý, 4 červený, 2 čerstvý, 4 zelený, 3 velký, 2 žlutý,
3 měkký, 2 italský

3 a) Dejte substantiva do správných forem v plurálu (Put the nouns into the correct form in plural):

V knihkupectví a papírnictví kupuju   mapa, kniha, slovník, román, učeb-
Chtěl/a bych   nice, pero, tužka, papír, pohlednice, kalendář

b) Spojte substantiva s číslovkami a adjektivy (Complete the nouns with the following numerals and adjectives):

2 velký, 3 francouzský, 2 kapesní, 4 americký, 3 dobrý, 4 modrý, 4 hnědý, 2 dopisní, 3 hezký, 2 malý

4 a) Dejte substantiva do správných forem v plurálu (Put the nouns into the correct form in plural):

V drogerii kupuju   mýdlo, krém, papír, rtěnka, šam-
Chtěl/a bych   pon, parfém, pasta, hřeben

b) Spojte substantiva s číslovkami a adjektivy (Complete the nouns with the following numerals and adjectives):

3 malý, 2 drahý, 4 toaletní, 2 růžový, 3 velký, 2 francouzský, 4 zubní, 2 černý

5 Dejte do akuzativu plurálu (Put into the accusative plural):

John kupuje (čerstvý rohlík). John kupuje čerstvé rohlíky.

1. Potřebuju (velká houska). ....
2. Dívají se na (česká kniha a anglický slovník). ....
3. V pokoji máme (velké okno). ....
4. Vidíte (ta hezká budova)? ....
5. Máte (čerstvá ryba)? ....
6. Chtěl bych (ovocný koláč). ....
7. Chtěla bych (velký sešit a nové pero). ....
8. Marta kupuje (pomerančový džus). ....
9. Znám (tvoje nová kamarádka). ....
10. Těším se na (váš dopis). ....
11. Znáte (staré české město)? ....
12. Tomáš studuje (cizí jazyk). ....
13. Čtu (český román). ....

6 Tvořte věty podle vzoru
(Construct sentences following the given model):

dívat se na - drahý parfém (ony): Dívají se na drahé parfémy.

1. (my) jít na - dlouhá procházka: ....
2. (já) těšit se na - nový český film: ....

3. (ty) studovat - těžké cizí slovo: ....

4. (vy) přát si - žluté nebo zelené jablko: ....?

5. (ona) potřebovat - dobrá rtěnka, růžový lak a drahý šampon:

....

6. (oni) myslet na - dlouhý domácí úkol: ....

7 Doplňte prepozice **na, pro, za, v, o**
(Complete with the prepositions na, pro, za, v, o):

Kupuju román ...... 150 korun. .... sobotu jedeme .... hory. Mám dárek .... kamarádku. Jdu .... koncert. Těším se .... tvůj dopis. To je časopis .... učitele. .... poledne jdu .... oběd. Potřebuje šampon .... vlasy a lak ...... nehty. Mají pomeranče .... 20 korun. Jdu .... chleba a kávu. Dívám se .... obrazy. Nemyslí .... něho. Nezajímají se ...... politiku.

8 Čtěte telefonní čísla (Read these phone numbers):
1180, 150, 544 243 372, 567 310 422, 603 443 992, 737 434 497, 0043 2712 41856, 224 921 015, 266 311 708, 0044 121 303 0114

ČTENÍ

Nakupujeme dárky

Jsou Vánoce. Eva a její kamarádka Milena chtějí nakupovat. Eva čeká na svou kamarádku na náměstí. Jdou do obchodního domu. Milena potřebuje dárek pro svého bratra Jindru. Její bratr má rád moderní hudbu. Kupuje pro **něho** kazetu. Eva myslí na svého nového přítele a kupuje český kalendář.

Milena: Jak se jmenuje tvůj přítel? Neznám **ho**?
Eva: Myslím, že **ho** neznáš. Jmenuje se Pavel.
Milena: Nemám ještě dárek pro maminku. Chtěla bych pro **ni** koupit nějakou desku... Tamhle vzadu mají desku Rolling Stones! Vidíš **ji**?
Eva: To je dobrý nápad. Koupím si **ji** taky.
Milena: A teď mám všechno. Nevím jenom, kdy koupím dárek pro **tebe**.

Udělejte otázky k textu (Write questions about the text):

....

....

....

....

....

....

GRAMATIKA B

1 Posesivní zájmeno *svůj* (The Possessive pronoun svůj)

	Ma	Mi	F	N
sg	svůj		svá/svoje	své/svoje
pl	sví/svoji	své/svoje	své/svoje	svá/svoje

Pozorujte:

a) Já a můj bratr jdeme nakupovat.
Čekám na ~~mého~~ bratra.
Čekám na <u>svého</u> bratra.
Ale: Čekám na tvého bratra.

já + můj = svůj
já + tvůj = tvůj

b) Eva a <u>její</u> kamarádka Milena jdou nakupovat.
Eva čeká na <u>svou</u> kamarádku Milenu.

ona + její = svá

Je také (In addition):
Milena má kamarádku Hanu.
Eva čeká na <u>její</u> kamarádku Hanu.

c) To je Petr a <u>jeho</u> manželka.
Čekám na <u>jeho</u> manželku.
Ale: Petr čeká na svou manželku.

já + jeho = jeho
on + jeho = svůj

2 Akuzativ osobních zájmen (The accusative of personal pronouns)

Pozorujte:

chtěl bych ho jako dárek, koupím si ji taky, mám pro ni kazetu ...

Singular		with preposition
já	mě	na mě
ty	tě	na tebe
on, ono	ho,	na něho (Ma),
	jeho, jej	na něj (Ma, Mi, N)
ona	ji	na ni

Plural		with preposition
my	nás	na nás
vy	vás	na vás
oni, ony, ona	je	na ně

Notes

1. osoba sg. (1st person sg)
Vidíš <u>mě</u>?
Díváš se na <u>mě</u>?
<u>Mě</u> neznáte?

2. osoba sg. (2nd person sg)
Znám <u>tě</u> dobře.
Čekám na <u>tebe</u>.
<u>Tebe</u> znám.

3. osoba sg. (3rd person sg)
aa) Znám Davida. - Znám <u>ho</u> dobře.
   Těším se na <u>něho</u> (na <u>něj</u>).
   <u>Jeho</u> znám dobře.
ab) Znám Pražský hrad. - Znám <u>ho</u> dobře.
   Dívám se na <u>něj</u>.
b) Čtu knihu. - Čtu ji dlouho.
   Těším se na <u>ni</u>.
   <u>Ji</u> neznáte?
c) Potřebuju auto. - Potřebuju <u>ho</u> teď.
   Těším se na <u>něj</u>.

1. osoba pl. (1st person pl)
Neznáš <u>nás</u>.
Těšíš se na <u>nás</u>?
<u>Nás</u> ještě neznáš.

2. osoba pl. (2nd person pl)
Neznám <u>vás</u>.
Těším se na <u>vás</u>.
<u>Vás</u> ještě neznám.

3. osoba pl. (3rd person pl)
Neznám <u>je</u>.
Těším se na <u>ně</u>.
<u>Je</u> neznám.

CVIČENÍ
B

1 Doplňujte zájmeno **svůj** ve správném tvaru
(Fill in the following using svůj):

(můj slovník): Mám .... slovník. Mám svůj slovník.

1. (mé město): Mám rád .... město.

2. (jejich přítel): Mají dárek pro .... přítele.

3. (tvé auto): Můžeš mi půjčit .... auto?

4. (naše kamarádky): Čekáme na .... kamarádky.

5. (vaše oblíbené jídlo): Dáte si .... oblíbené jídlo?

6. (jeho časopis, její kniha): Pavel čte .... časopis a Iva čte .... knihu.

7. (tvůj byt): Máš tady .... byt?

8. (můj bratr): Už se těším na .... bratra.

9. (její auto): Alena potřebuje .... auto každý den.

10. (moje kazety): Poslouchám .... kazety.

2 Doplňujte posesivní zájmena nebo zájmeno **svůj**
(Using svůj or a possessive pronoun, complete the following):

To je <u>můj slovník</u>. Chceš .... slovník? Často potřebuju .... slovník.
<u>*Chceš můj slovník? Často potřebuju svůj slovník.*</u>

1. To je<u> moje kamarád</u>ka.

Znáš .... kamarádku? Čekám na .... kamarádku. .... kamarádka je
sekretářka.

2. Helena má <u>bratra</u>.

Neznám ...... bratra. Helena myslí na ...... bratra. Co dělá ...... bratr?

3. Mám <u>novou učebnici</u>.

Čtu ...... novou učebnici. Vidíte ...... novou učebnici? ...... nová učebnice je dobrá.

4. To jsou <u>moje sestry</u>.

Mám ráda ...... sestry. ...... sestry jsou hezké. Znáš ...... sestry?

5. To je <u>vaše učitelka</u>?

Vidíte ...... učitelku? Dívají se na ...... učitelku. Kde je ...... učitelka?

6. Tam stojí <u>moje auto</u>.

Potřebuju ...... auto každý den. Chceš vidět ...... auto? ...... auto mám v garáži.

7. Monika má <u>přítele</u>.

Mám dárek pro ...... přítele. Monika se těší na ...... přítele. Marta nezná ...... přítele. ...... přítel je chytrý.

8. Mám <u>zajímavou práci</u>.

...... práce je zajímavá. Mám rád ...... práci. Těším se na ...... zajímavou práci.

9. Líbí se mi <u>tvoje kazeta</u>.

Máš tady ...... novou kazetu? Poslouchám ...... kazetu. ...... kazeta je hezká.

3 Napiš, pro koho kupuješ (Write who you buy for):

rtěnka - moje dobrá kamarádka:
<u>*Kupuju rtěnku pro svoji dobrou kamarádku.*</u>

1. dobrý slovník - můj nový student

....

2. český román - moje španělská přítelkyně

....

3. čerstvá jablka - náš anglický přítel

....

4. ruská kniha - vaše česká učitelka

....

5. červené víno - jeho švýcarský kamarád

....

6. čerstvé pomeranče - můj kanadský lektor

....

7. čokoláda - její německá lektorka

....

8. dobrá káva - náš český učitel

....

4 Tvořte věty s osobními zájmeny (Make sentences using personal pronouns):

Znáš (já)? Neznám (ty). <u>*Znáš mě? Neznám tě.*</u>

1. Čekáš na (já)? Ne, čekám na (ona).

....

2. Znáš (oni)? Ne, znám (vy).

....

3. Těšíš se na (ona)? Ne, těším se na (on).

....

4. Potřebujete (my)? Ne, potřebujeme (oni).

....

5. Vidíte (on)? Ne, vidíme (ona).

....

6. Myslíš na (já)? Ano, myslím na (ty).

....

7. Myslíš na (on)? Ne, myslím na (ona).

....

8. Díváš se na (oni)? Ne, dívám se na (vy).

....

5 Doplňte osobní zájmena (Complete using personal pronouns):

To je můj přítel. Znáš ....? <u>*Znáš ho?*</u>

1. Nevíš, kde je Tomáš? Mám pro .... dopis.
2. To je moje kamarádka. Znáš ....?
3. Neznám tvoje telefonní číslo. Potřebuju ....
4. Kde jste? Čekáme na ....
5. Moje kamarádky studujou v Americe. Často na .... myslím.
6. Rád poslouchám klasickou hudbu, ale tady na .... nemám čas.
7. Ahoj, Richarde! Jsem rád, že .... vidím.
8. Kupuju kávu. Piju .... každý den.
9. Tady prodávají pomeranče. Koupíme .... ?
10. Čeština je těžká. Studuju .... každý den.
11. Už jsme tady. Čekáte na .... dlouho?
12. Tam jsou naše lektorky. Znáte .... ?

6 Pracujte ve dvojicích. Ptejte se a odpovídejte (Work in pairs. Ask and answer):

Píšeš domácí úkol? <u>*Ano, píšu ho. Ne, nepíšu ho.*</u>

a) Máš pro Petra dárek?　　Potřebuješ tu knihu?　　b) Odkud znáš Davida?
　　Díváš se na televizi?　　Myslíš na maminku?　　　　Kde vidíš učitelku?
　　Těšíš se na kamaráda?　Jdeš pro chleba?　　　　　Kde mají banány?
　　Čekáš na Janu?　　　　Čteš Kunderu?　　　　　　Kde piješ kávu?

DOPLŇUJÍCÍ AKTIVITY

Co a kde nakupujeme?

1. Mlékárna
mléko, N (milk)
šlehačka, F (whipped cream)
jogurt, M - ovocný, bílý (yoghurt - fruit, plain)
sýr, M (cheese)
máslo, N (butter)
vejce, N (egg)

2. Ovoce a zelenina (Fruit and vegetables)
pomeranč, M (orange)
citron, M (lemon)
mandarinka, F (tangerine)
banán, M (banana)
jablko, N (apple)
jahoda, F (strawbery)
meruňka, F (apricot)
broskev, F (peach)

okurka, F (cucumber)
květák, M (cauliflower)
salát (hlávkový), M (lettuce)
paprika, F (pepper)
brambor, M (potatoe)
cibule, F (onion)
česnek, M (garlic)
rajče, N, pl. rajčata (tomato)

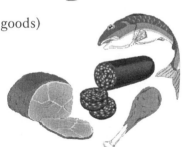

3. Maso a uzeniny (Meat and smoked goods)
hovězí, N (beaf)
vepřové, N (pork)
kuře, N (chicken)
ryba, F (fish)
salám, M (salami)
šunka, F (ham)
párek, M (sausage)

4. Pečivo (Bread)
rohlík, M (roll)
houska, F (bun)
chleba, chléb, M (bread)
koláč, M (danish, filled croissant)

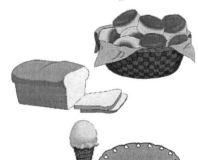

5. Cukrárna (Sweet shop)
čokoláda, F (chocolate)
bonbony, pl. (candy)
dort, M (cake)
zákusek, M (dessert)
zmrzlina, F (ice cream)
žvýkačka, F (chewing gum)

6. Nápoje (Beverages)
pivo, N (beer)
víno, N (wine)
limonáda, F (flavored soda-water)
džus, M (juice)
kola, F (coke)
minerálka, F (mineral water)
čaj, M (tea)
káva, F (coffee)

Kde nakupujeme všechno?
V samoobsluze (samoobsluha, F)
V potravinách (potraviny, pl.)

Pamatujte:

O b c h o d y

mlékárna - v mlékárně	ovoce - v ovoci
pekárna - v pekárně	drogerie - v drogerii
cukrárna - v cukrárně	pekařství - v pekařství
zelenina - v zelenině	potraviny - v potravinách
samoobsluha - v samoobsluze	

---

1 Čtěte seznam potravin a potom pracujte ve dvojicích
(After reading the list of foods, work in pairs):

a) Jeden student z dvojice tvoří otázky, druhý odpovídá, například
(Have one student pose a question and the second one
answer these questions, e.g.):
Jaké ovoce znáš? Co prodávají v mlékárně? etc.

b) Tvořte dialogy v obchodě
(Create dialogues in the supermarket using the following structures):
A: Kde máte banány? (Kde jsou banány?)
B: Tam vlevo.
A: Co je to?
B: To je hovězí maso.
A: Máte čerstvý salát?
B: Ano, máme. (Ne, nemáme.)
A: Jaký je ten jogurt?
B: Ovocný.
A: Jaký jogurt máte?
B: Jahodový a borůvkový.
A: Kolik stojí rajčata?
B: Kilo 24 korun.
A: Kolik platím? etc.

2 Doplňte dialogy (Complete the dialogue):

prodavačka, Eva

P: .... ?

E: Chtěla bych mléko a chleba.

P: .... ?

E: Máte bílý jogurt?

P: ....

E: Tak si vezmu dva jahodové.

P: .... ?

E: Ještě potřebuju sýr a vejce.

P: .... ?

E: Děkuju, to je všechno.

P: ....

ROLEPLAY

Vaše kamarádka a její bratr přijedou na návštěvu na víkend. Nakupte všechno, co potřebujete. (Your friend and her brother are going to visit you for the weekend. Buy everything that you will need).

POSLECH

1 Poslouchejte pozorně následující dialogy a napište, kde je můžete slyšet.

1. ....

2. ....

3. ....

4. ....

5. ....

6. ....

2 Poslouchejte pozorně ceny a napište je.

....

NOVÁ SLOVA

autor **M** *author, writer*
cukrárna **F** *candy store*
deska **F** *disc, record*
dost **adv** *enough*
drogerie **F** *drugstore, chemist's, pharmacy*
fráze **F** *phrase*
hřeben **M** *comb*
jazyk **M** *language, tongue*
kalendář **M** *calendar*
kapesní **adj** *pocket*
kazeta **F** *tape, cassette*
koupit, -ím **pf** *to buy*
který **pron** *which*
maso **N** *meat*
mlékárna **F** *dairy*
mýdlo **N** *soap*
nakupování **N** *shopping*
nakupovat, -uju **impf** *to shop*
nápad **M** *idea*
nápoj **M** *beverage*

nějaký **pron** *some, any*
obchodní dům **M** *department store*
ovoce **N** *fruit*
pekařství **N** *baker's, bakery*
potraviny **pl** *food-stuffs*
přát si, přeju **impf** *to wish*
ptát se, -ám **impf** *to ask*
půjčit si, -ím **pf** *to borrow*
půjčit, -ím **pf** *to lend*
román **M** *novel*
rtěnka **F** *lipstick*
samoobsluha **F** *self-service, supermarket*
Směšné lásky *Laughable loves*
uzenina **F** *smoked goods*
všechno **pron** *all, everything*
vzít si, vezmu **pf** *to take*
zelenina **F** *vegetable*
zubní pasta **F** *tooth paste*
žert **M** *joke*
To nevadí *It doesn't matter*

Lekce 4

Město

Na poště, v bance

Elementary Czech

TEXTY

1 Neformální dopis (Informal letter)

V Olomouci 20.září 1994

Milá Robyn,

   píšu Ti z Olomouce. Jsem **tady na návštěvě**. Můj kamarád Petr má **v Olomouci** <u>rodiče</u>. Mají hezký dům a zahradu.

   Olomouc je velké město **na Moravě**. Jsou **tady** velké obchody, moderní restaurace, kavárny a hezké parky. Líbí se mi hlavně orloj na náměstí a starý klášter, kde je velké muzeum. **V Olomouci** jsou taky krásné kostely. Vím, že je **tady** Moravské divadlo. Doufám, že půjdeme **na českou operu**. Chtěl bych taky vidět nějakou zajímavou výstavu.

   Petr zná <u>americké</u> a <u>britské lektory</u>. Učí angličtinu **na univerzitě**. Dneska večer je navštívíme.

   Zítra pojedeme **na výlet na jižní Moravu**. Chtěl bych vidět nějaký zámek, například Lednici. Pojedeme taky **do Strážnice**, kde má Petr <u>dobré přátele</u>. Mají **tam** prý výborné víno.

   Těším se, že příště **sem** pojedeme spolu.
   Čekám na Tvůj dopis. Myslím na Tebe.

Tvůj David

Pozorujte:

infinitive	present	future
jít	jdu	**půjdu**
jet	jedu	**pojedu**

Otázky k textu:

a) 1. Kde je teď David? 2. Koho zná David v Olomouci? 3. Jaká je Olomouc? 4. Koho navštíví David a Petr? 5. Kam pojedou na výlet? 6. Na koho myslí David?

b) Znáš Olomouc? Které velké české město znáš? Znáš ho dobře? Jaké je?

2 Ve městě

David potřebuje koupit známky a poslat dopisy. Neví, kde je pošta, a proto se ptá na cestu.

A: Prosím vás, kde je pošta?
B: Rovně a potom doprava. Pošta je ten žlutý dům nalevo.
A: Děkuju.
B: Není zač.

PODACÍ LÍSTEK

Na poště
A: Prosím vás, kolik stojí známka do USA?
B: 14 korun na dopis a 12 na pohled.
A: Chtěl bych čtyři známky na dopis.

David chce poslat dopis do Washingtonu.

A: Doporučeně a letecky, prosím.
B: Potřebujete podací lístek. Je to 59 korun.

Dopis posíláme: obyčejně, doporučeně, letecky, expres

David potřebuje telefonovat do Los Angeles.

A: Chtěl bych telefonovat do Los Angeles, číslo 785639.
B: Potřebuju zálohu 100 korun.
A: Prosím.
B: Děkuju. Kabina číslo 2.

David potřebuje ještě telefonovat do Brna. Zná adresu, ale nezná telefonní číslo.

A: Chtěl bych volat do Brna. Máte telefonní seznam?
B: Samozřejmě. Prosím.

Kamarád v Praze nemá telefon. David posílá telegram.

Vyplňte blanket na telegram.

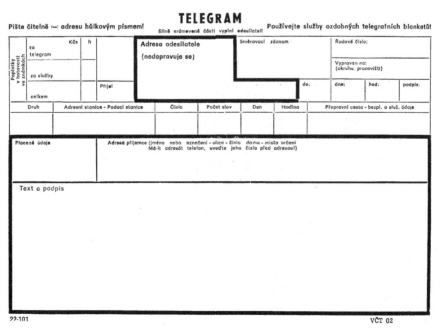

3 Ve městě

A: Promiňte, prosím vás, kde je tady banka?

B: Rovně a potom první ulicí doleva.

A: Promiňte, nerozumím. Jsem cizinec. Mluvte pomalu, prosím.

Pozorujte:

první ulicí doleva	(take the first turning to the left)	
druhou ulicí	(the second)	} instrumental singular
třetí ulicí	(the third)	
rovně	(go straight ahead)	

V bance (Ve směnárně)

A: Chtěl bych **si vyměnit** dolary za koruny.

B: Váš pas, prosím.

Srovnejte:

A: Promiňte, potřebuju drobné na telefon. Můžete mi **rozměnit** deset korun?

B: a) Samozřejmě.

  b) Bohužel, nemám drobné.

GRAMATIKA A

Akuzativ plurálu Ma (The accusative plural Ma)

Pozorujte:

zná americké a britské lektory, má dobré přátele...

Zájmena, číslovky a adjektiva

ten	**TY**	dva	**DVA**	můj	**MÉ/MOJE**	český	**ČESKÉ**
		tři	**TŘI**	tvůj	**TVÉ/TVOJE**	moderní	**MODERNÍ**
		čtyři	**ČTYŘI**	jeho	**JEHO**		
				její	**JEJÍ**		
				náš	**NAŠE**		
				váš	**VAŠE**		
				jejich	**JEJICH**		

Substantiva

student	**STUDENTY**	-Y
muž	**MUŽE**	-E
učitel	učitele	

Pamatujte:

přítel - **přátele**

člověk - **lidi**

CVIČENÍ **A**

1 a) Dejte substantiva do správných forem v plurálu
(Put the nouns into the correct forms in plural):

Potřebujeme - učitel, kamarád, lektor, prodavač, ředitel, inženýr, prezident, programátor, politik, student, přítel, herec, konzultant, ekolog

b) Spojte substantiva s adjektivy
(Complete the nouns above with the following adjectives):

nový, dobrý, anglický, milý, hodný, inteligentní, chytrý, mladý, moderní, sympatický, věrný, hezký, český, americký

2 Odpovězte, použijte plurál (Answer using plural):

1. Koho vidíš na náměstí? (mladý člověk) ....
2. Na koho se těšíš? (zajímavý profesor) ....
3. Koho nepotřebuješ? (špatný lékař) ....
4. Koho znáš ve škole? (Američan, Němec, Brit, Turek, Švéd, Vietnamec, Rakušan, Číňan, Belgičan, Maďar, Ital, Řek, Rus, Polák, Kanaďan, Skot, Francouz, Nor) ....
5. Na koho myslíš? (můj rodič) ....
6. Na koho čekáš? (náš přítel) ....

3 Řetězový dril. Dejte do plurálu a v otázce použijte osobní zájmeno
(Put into plural and use the personal pronoun in your answers):

Mám českého kamaráda.
A: *Mám české kamarády. Máš je taky?*
B: *Ano, mám taky české kamarády.*
   Mám ..... . Máš je taky?

1. Mám nového učitele.
2. Mám dobrou kamarádku.
3. Znám českého lektora.
4. Vidím cizí auto.
5. Znám hezkou holku.
6. Těším se na volný den.
7. Potřebuju čerstvý salát.
8. Koupím pražský koláč.
9. Čekám na svého přítele.
10. Myslím na toho sympatického kluka.
11. Znám to historické město.
12. Čekám na toho prodavače.
13. Znám toho anglického spisovatele.
14. Potřebuju český slovník.
15. Dívám se na nový italský film.
16. Znám dobrou restauraci.
17. Čekám na toho Belgičana a Francouze.
18. Vidím mladého cizince.
19. Znám moderní kolej.
20. Dívám se na velké náměstí.

GRAMATIKA
B

Otázky **Kde? Kam?** (The questions Kde? Kam?)

Kam jdeš?	Kde jsi?
Kam jedeš?	Kde bydlíš?
Kam telefonuješ (voláš)?	Kde studuješ?

na + accusative	na + locative
jdu, jedu	jsem
na poštu	na poště
na univerzitu	na univerzitě
na návštěvu	na návštěvě
na výstavu	na výstavě
na diskotéku	na diskotéce
na výlet	na výletě
na oběd	na obědě
na koncert	na koncertě
na nádraží	na nádraží
na náměstí	na náměstí
do + genitive	**v/ve + locative**
do školy	ve škole
do Prahy	v Praze
do kavárny	v kavárně
do České republiky	v České republice
do banky	v bance
do galerie	v galerii
do restaurace	v restauraci
do parku	v parku
do obchodu	v obchodě
do Brna	v Brně
do kina	v kině
sem, tam, ven, domů	tady, tam, venku, doma

Srovnejte:

jdu + infinitive

jdu   nakupovat, spát, obědvat, hrát

Připomeňte si z lekce 2 (Remind of lesson 2):

jdu na kávu (=jdu pít kávu do kavárny)
jdu pro kávu (=jdu koupit kávu do obchodu)

More about the genitive
and locative can be
found in lessons 5 and 8.

CVIČENÍ
B

1 Doplňte **jít, jet** v přítomném a budoucím čase
(Fill in jít, jet in the correct forms of present and future tense):

1. Pavel .... na návštěvu. 2. (vy) .... nakupovat? 3. Eva a Irena .... na výlet do Brna. 4. (já) .... na univerzitu. 5. (ty) .... na poštu? 6. (my) .... na výstavu do Prahy. 7. (vy) Kam ....? 8. (oni) Večer .... do kina. 9. (my) Dnes .... na oběd do restaurace. 10. (já) .... na procházku. 11. David .... do banky. 12. (já) .... do obchodu.

2 Doplňte infinitiv nebo prepozici a objekt
(Fill in the infinitive or the preposition with an object):

Jdeme ..... do hotelu.
Jdeme na večeři do hotelu. (nebo: Jdeme večeřet do hotelu.)

1. Jdu .... do restaurace. 2. Jedeme .... do Brna. 3. Jdeš .... do kavárny? 4. Pavel a Irena jdou do kina .... 5. Jdete ....? 6. Odpoledne jdeme .... do galerie. 7. Jdu .... tenis. 8. Potřebuju kávu a jdu .... 9. Jdu .... do drogerie. 10. Jdu .... dopis. 11. Jdu .... peníze do banky

3 Tvořte otázky s **kde** a **kam** (Make questions, use kde, kam):

1. Jedu do Prahy.
2. Jdeme pro kávu.
3. Jsem ve škole.
4. Jdu na večeři.
5. Bydlíme v Brně.
6. Jdou na poštu.
7. Studujeme na univerzitě.
8. Jdou nakupovat.
9. Obědváme v restauraci.
10. Petr jde do kavárny.
11. Večeřím doma.
12. Jedeme na výlet.
13. Bydlím v hotelu.
14. Večer jdu na návštěvu.
15. Kostel je na náměstí.
16. Jsou na obědě.
17. Helena jde do školy.
18. Koupím mléko v obchodě.

4 Doplňte prepozice **na, pro, za, v , o, do, z**
(Complete with the prepositions na, pro, za, v, o, do, z):

1. Pavel jede ..... výlet. 2. Dívám se ..... ni. 3. Jdu ..... oběd ..... restaurace. 4. Jdeme ..... kina ..... americký film. 5. Bydlím ..... Praze. 6. ..... výstavě jsou krásné obrazy. 7. Jdete .... kávu? 8. Tomáš je ..... škole. 9. Jdu ..... obchodu ..... rohlíky. 10. Jdeš odpoledne ..... poštu? 11. Teď žiju ..... České republice. 12. Mám dárek ..... kamaráda. 13. ..... koho tady čekáš? 14. ..... týden jedeme ..... hory. 15. Monika je ..... Ameriky. 16. Koupím si slovník ..... 150 korun. 17. ..... knihkupectví koupím knihu ..... kamaráda ..... Kanady. 18. Myslím ..... něho. 19. Ta nová lektorka je ..... Německa. 20. Těšíš se ..... víkend? 21. Přestávka je ..... hodinu. 22. Tomáš bydlí .... náměstí. 23. Obědvám ..... poledne. 24. ..... koho potřebuješ můj slovník? 25. ..... chvíli jdu .... nádraží. 26. Večeříš ..... restauraci nebo doma? 27. Zajímáš se ..... literaturu?

GRAMATIKA **C**

1 Neurčitá a negativní zájmena a adverbia (Indefinite and negative pronouns and adverbs)

Interrogative pronoun	Indefinite pronoun	Negative pronoun
kdo	**někdo** (somebody/anybody)	**nikdo** (nobody)
co	**něco** (something/anything)	**nic** (nothing)
jaký	**nějaký** (some/any)	**žádný** (no, none)
který	**některý** (some/any)	**žádný** (no, none)
Interrogative adverb	**Indefinite adverb**	**Negative adverb**
kde	**někde** (somewhere, anywhere)	**nikde** (nowhere)
kam	**někam** (somewhere, anywhere)	**nikam** (nowhere)
kdy	**někdy** (sometimes)	**nikdy** (never)
kolik	**několik** (several)	—

Někdo and **nikdo** are declined like kdo.
Něco and **nic** are declined like co.
Nějaký, některý and **žádný** are declined like hard adjectives.

Remember the double negation in a Czech sentence. There is a negative pronoun or adverb and a negative verb: *Nikdo tam není. Nikam nejdu. Nedělám nic.*

2 Adverbia ještě/ještě ne, už/už ne (Adverbs ještě/ještě ne, už/už ne)

Srovnejte:

Ještě něco?
(Anything else?)
Ještě jedno pivo, prosím.

Kdo **ještě** nemá učebnici?
(Who else ... ?)

Ještě jednou.
(Once more.)

1. Učitelka ještě není tady. (not yet) 3. Učitelka je ještě tady. (still)
2. Učitelka je už tady. (already)   4. Učitelka už není tady. (any more)

CVIČENÍ C

1 Tvořte negativní věty (Put into the negative form):

1. Někdo má rád studenou kávu. 2. Dívá se na nějaký zajímavý film. 3. Těší se na někoho. 4. Vědí něco. 5. Jedou někam na víkend. 6. Máme nějaké nové informace. 7. Některé slovníky jsou špatné. 8. Někdo potřebuje telefonovat. 9. Jde na nějakou výstavu. 10. Někde v Praze je irská restaurace. 11. Znají nějakého Američana. 12. Někdo volá do Brna.

2 Dokončete věty (Complete the following sentences):

Máš něco? Ne, ... Ne, nemám nic.

1. Máte nějaký slovník? Ne, ...
2. Víš už něco? Ne, ...
3. Jede Tomáš někam? Ne, ...
4. Je tady někdo? Ne, ...
5. Myslíš na někoho? Ne, ...
6. Čteš nějakou knihu? Ne, ...
7. Je tady někde moje pero? Ne, ...
8. Posloucháš někdy Beatles? Ne, ...
9. Čekáte na někoho? Ne, ...
10. Potřebuješ něco? Ne, ...

3 Doplňte **ještě /ne/, už /ne/** a sloveso **být** ve správné formě
(Fill in the adverbs ještě/ne, už/ne and the verb být in the correct form)

1. Hana .... v kavárně.   3. Hana .... v kavárně.
2. Hana .... v kavárně.   4. Hana .... v kavárně.

DOPLŇUJÍCÍ AKTIVITY

Rozlišujte:

Prosím./ Prosím tě,..../Prosím vás.

A: Děkuju.
B: **Prosím.** (You are welcome.)

A: **Prosím.** (Co si přejete? = Can I help you?)
B: Chtěl bych....

A: Můžete mi dát klíče?
B: **Prosím**, tady jsou. (Here they are.)

Prosím? (Pardon?)

Prosím tě/vás .... expresses polite questions and requests.
Prosím tě, máš teď čas?
Prosím vás, kde je banka?

1 Doplňte **prosím, prosím tě, prosím vás**
(Complete with prosím, prosím tě, prosím vás):

1. ...., kde je hlavní nádraží?

2. A: Tady máš sůl.
   B: Děkuji.
   A: ....

3. A: ....
   B: Chtěl bych dvě známky.

4. ...., můžete mi půjčit ten slovník?

5. A: Jednu kávu.
   B: ..... .

6. A: ...., máš teď čas?
   B: Mám. Co potřebuješ?

2 Doplňte chybějící slova podle textu 1
(Fill in the blanks with the words from text 1):

David jede do .... na .... Jeho kamarád .... má v Olomouci .... Mají hezký dům a .... Olomouc je velké .... na .... Na náměstí je známý .... V Olomouci je Moravské .... David chce vidět českou .... Půjde taky do galerie na .... Petr zná .... a .... lektory. .... angličtinu na .... David a Petr pojedou na jižní .... Navštíví .... Lednici a Strážnici, kde má Petr .... David se těší na moravské ....

3 a) Tvořte synonyma (Find synonyms):

| učit se | telefonovat | krásný | přítelkyně |
| kamarád | dívka | učitelka | kapesní (slovník) |

b) Tvořte opozita (Find antonyms):

| drahý | kupovat | ošklivý | nějaký |
| zajímavý | chytrý | všechno | doprava |

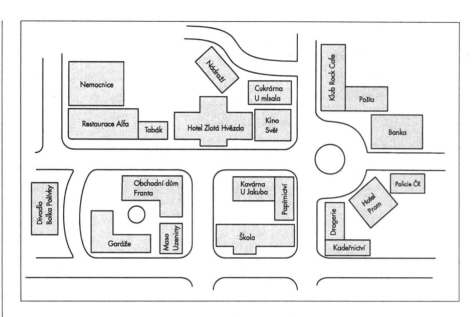

4 a) Prohlédněte si plán města. Potom pracujte ve dvojicích. Jste na náměstí. Ptejte se, kde je: pošta, banka, obchodní dům...
(Look at the map. Working in pairs. You are at the square, ask each other where is a post office, a bank, a department store...).

b) Co děláte v bance?

c) Potřebujete telefonovat. Máte jen 50 Kč. Co děláte?

 5 Napište krátký dopis příteli/přítelkyni o svém výletu.
(Write a short letter to your friend about your trip.)

....
....
....
....
....
....
....

POSLECH

Pan Lewis je Angličan. Je v Brně. Chce jít na autobusové nádraží, ale nemluví dobře česky.

Najděte ve slovníku:

autobusové nádraží, zastávka

Úkoly:

1. Umí pan Lewis německy?
2. Umí ten muž na ulici anglicky?
3. Je nádraží blízko?
4. Poslouchejte dialog ještě jednou, najděte chyby pana Lewise.

NOVÁ SLOVA

bydlet impf *to live, to reside, to stay*
divadlo N *theatre*
dnes, *dneska adv today*
doleva adv *to the left*
doporučený dopis M *registered letter*
doprava adv *to the right*
doufat impf *to hope*
drobné pl *change*
galerie F *gallery*
chytrý adj *clever*
inteligentní adj *intelligent, clever*
jižní adj *southern*
kavárna F *cafeteria, café*
kino N *cinema*
klášter M *monastery*
klub M *club*
kostel M *church*
letecky adv *air-mail*
muzeum M *museum*
nádraží N *station*
například *for example*
návštěva F *visit*
navštívit pf *to visit*
něco pron *something/anything*
někam adv *somewhere/anywhere*
někde adv *somewhere/anywhere*
někdo pron *somebody/anybody*
někdy adv *sometimes*
nic pron *nothing*
nikam adv *nowhere*
nikde adv *nowhere*
nikdo pron *nobody*
nikdy adv *never*
oběd M *lunch*
obědvat impf *to have lunch*
opera F *opera, opera-house*
orloj M *astronomical clock*
park M *park*
pas M (cestovní) *passport*
podací lístek M *certificate of mailing*
pohlednice F, coll.pohled *postcard*
posílat/poslat *to send, to mail*
poštovní poukázka F *money-order*
poštovní průvodka F *dispatch note*
prý adv *the say (that)..., he is said to*
příště adv *next time*
restaurace F *restaurant*
rodiče pl *parents*
rovně adv *straight*
rozměnit pf *to change*
směnárna F *exchange-office*

snídaně F *breakfast*
snídat impf *to have breakfast*
spisovatel M *writer, author*
sympatický adj *nice, pleasant*
telefonovat impf *to phone, to make a call*
večeře F *dinner*
večeřet impf *to have dinner*
věrný adj *faithful*
volat impf *to call, to phone*
výborný adj *excellent, delicious*
výlet M *trip*
vyměnit pf *to exchange*
zahrada F *garden*
záloha F *advance(ment), paid-on*
zámek M *castle, château*
zítra adv *tomorrow*
známka F *stamp, grade*
žádný pron *no, none*

Lekce

5

Hotel, restaurace

Modální slovesa
Vokativ
Vyjádření pocitů
Adverbia míry

Modal verbs
Vocative
Likes and dislikes
Adverbs denoting quantity

Elementary Czech

TEXTY

1 Rezervace pokoje (telefonický rozhovor)

pan Novák, recepční hotelu Evropa

R: Prosím. Tady je hotel Evropa.

N: Dobrý den. Tady je Novák. **Chtěl bych** si rezervovat pokoj na příští víkend.

R: **Chcete** jednolůžkový nebo dvoulůžkový pokoj?

N: Jednolůžkový. Má koupelnu?

R: Samozřejmě.

N: Kolik stojí jedna noc?

R: 400 korun.

N: Dobře.

R: **Můžete** opakovat vaše jméno?

N: KAREL NOVÁK.

R: Děkuju. Těším se na shledanou.

N: Na shledanou.

2 V hotelu Evropa

pan Novák, recepční

N: Dobrý večer. Mám tady objednaný pokoj.

R: Dobrý večer, **pane.** Jak se jmenujete, prosím?

N: Karel Novák.

R: Ano, pan Novák. Pokoj číslo 15. Tady máte svoje klíče.

N: Děkuju. **Musím** platit hned? Potřebuju si ještě vyměnit peníze.

R: **Nemusíte.**

N: Prosím vás, máte ještě volný jeden dvoulůžkový pokoj pro mé přátele?

R: Bohužel, ne. Ale **můžete** to zkusit naproti. Tam je nový hotel Ambassador.

N: Děkuju. Zatím na shledanou.

Čtěte formulář:

Jméno: *Karel*

Příjmení: *Novák*

Stát: *Česká republika*

Adresa: *Ječná 21, 120 00 Praha 2*

Datum: *27. 2. 1995*

Podpis: *Karel Novák*

Vyplňte tento formulář:

Jméno: ....

Příjmení: ....

Stát: ....

Adresa: ....

Datum: ....

Podpis: ....

3 V restauraci

Pavel, Lenka, číšnice, vrchní

Č: Dobrý den. Přejete si obědvat?

P: Ano. Chtěl bych jídelní lístek.

Č: Prosím, pane. Tady je.

P: Děkuju. Lenko, dáme si aperitiv?

L: **Můžeme.** Mám chuť na bílé martini.

P: Dobře. Dám si taky. Mají rajskou polévku, tu mám rád.

L: Já ji **nechci.** Mám chuť na hovězí.

P: Jíš ráda smažené kuře?

L: Ano. Dáme si kuře a hranolky.

Č: Prosím, **chcete** si už objednat?

P: Ano, jednou rajskou a jednou hovězí polévku a dvakrát smažené kuře a hranolky.

Č: Přejete si také aperitiv?

P: Dvakrát bílé martini a led.

Č: Dáte si taky salát?

L: Jaký máte?

Č: Rajčatový a okurkový.

L: Tak dvakrát okurkový.

P: Dáš si zákusek, Lenko?

L: Pavle, víš, že **nesmím. Nechci** být tlustá.

P: Ale jdi. Večer **můžeme** jít cvičit. Já si dám zmrzlinu. Mám si dát čokoládovou nebo vanilkovou?

L: Čokoládovou. Ale kávu si dáme oba.

P: Pane vrchní, platím!

V: Prosím, tady je váš účet.

Otázky k textům (Questions about the texts):

a) 1. Má pan Novák rezervovaný pokoj? 2. Jaké má číslo? 3. Co ještě potřebuje?

b) 1. Co chtějí Lenka a Pavel? 2. Pijou aperitiv? 3. Má Lenka ráda rajskou polévku? 4. Jí Pavel rád kuře? 5. Co si objednají? 6. Které saláty mají? 7. Proč Lenka nechce zákusek? 8. Je tlustá? 9. Co si dá Pavel? 10. Pijou víno? 11. Máš také rád zmrzlinu? Kterou?

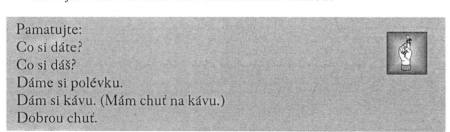

Pamatujte:

Co si dáte?

Co si dáš?

Dáme si polévku.

Dám si kávu. (Mám chuť na kávu.)

Dobrou chuť.

DOPLŇUJÍCÍ AKTIVITY

1

Jídelní lístek

Polévky	Hovězí	20,-
	Kuřecí	18,-
	Bramborová	16,-
Hlavní jídla	Vepřový řízek a brambory	95,-
	Hovězí a rýže	67,-
	Guláš a knedlíky	74,-
Minutky	Biftek a hranolky	148,-
	Kuřecí steak a americké brambory	89,-
Bezmasá jídla	Špagety se zeleninou	39,-
	Smažený sýr a brambory	65,-
	Ovocné knedlíky	45,-
Saláty	Rajčatový	18,-
	Okurkový	16,-
Zákusky	Zmrzlinový pohár	33,-
	Dort Sachr	24,-
	Palačinky s čokoládou	42,-
Nápojový lístek	Káva s mlékem	21,-
	Vídeňská káva se šlehačkou	29,-
	Horká čokoláda	32,-
	Čaj černý s citronem	12,-
	Čaj ovocný	10,-
	Džus	18,-
	Minerálka	16,-
	Víno červené (0, 2 l)	28,-
	Víno bílé (0, 2 l)	26,-
	Pivo	18,-

Pozorujte:

s/se (with): palačinky **s** čokoládou, káva **se** šlehačkou, čaj **s** citronem

1 Čtěte jídelní a nápojový lístek. Potom pracujte ve dvojicích. Ptejte se a odpovídejte. (After reading the menu, in pairs ask and answer the following):

a) A: Co si dáte?   B: Dám si kávu.
b) A: Chceš kávu nebo čaj?   B: Čaj, prosím.
c) A: Máš hlad nebo žízeň?   B: Ne, ale mám chuť na čaj.

2 Pracujte ve dvojicích s jídelním lístkem. Ptejte se na ceny různých jídel a nápojů. (Working in pairs, look at the menu and ask questions about the prices of the items. Respond.)

A: Kolik stojí řízek a brambory?   B: Stojí 95 korun. /95 korun.

3 Doplňte otázky (Find questions):

1. ....? Dvakrát kolu.
2. ....? Ano, dám si taky.
3. ....? Ne, zákusek nechci.
4. ....? Na bílé martini.
5. ....? 230 korun.
6. ....? Dám si okurkový.

GRAMATIKA A

1 **Modální slovesa** (Modal verbs)

Pozorujte: chcete si objednat, nesmím jíst ...

chtít	moct (moci)	muset	smět
chci *(I want)*	můžu/mohu *(I can)*	musím *(I must, I have to)*	smím *(I may)*
chceš	můžeš	musíš	smíš
chce	může	musí	smí
chceme	můžeme	musíme	smíme
chcete	můžete	musíte	smíte
chtějí	můžou (mohou)	musí (musejí)	smějí

Negative:

nechci *(I do not want)*	**ne**můžu *(I cannot)*	**ne**musím *(I need not, I do not have to)*	**ne**smím *(I must not)*

Pozorujte:

Zítra je sobota, **nemusím** brzy vstávat.
Nesmím jíst sladké, nechci být tlustá.

Můžu se učit česky? (Can I study Czech?)
Mám se učit česky? (Should I study Czech?)

GRAMMAR NOTES page 237

2 **Vokativ** (The vocative case)

pane Nováku, Lenko, Pavle, ...
The vocative case is used for adressing a person.

M	hard	-e	studente! pane! doktore!
		-u (after k, h, ch)	tatínku! Nováku!
		-ře (cons. + r)	Petře! bratře!
	soft	-i	muži! učiteli! Tomáši!
		-če (-ec)	otec - otče!
F	-a	-o	Lenko! Aleno!
ale:	-e	-e	Marie! Lucie!

CVIČENÍ
A

1 Pracujte ve dvojicích. Ptejte se a odpovídejte.
(Work in pairs. Ask and answer.):

A: Chceš kávu? B1: Děkuju, nechci. B2: Ano, děkuju.

Chceš -

oříšková zmrzlina, bílé víno, hovězí polévka, ovocný dort, becherovka, černé pivo, vídeňská káva, smažený sýr, rajčatový salát, bílé martini, pizza, pomerančová limonáda

2 Pracujte ve dvojicích. Ptejte se a odpovídejte.
(Work in pairs. Ask and answer.):

A: Chceš ještě kávu? B: Děkuju, už nemůžu.

Chceš -

čokoládový dort, koňak, jahodová zmrzlina, kuře, čerstvý salát, pečivo, knedlíky, brambory, rýže, koláč

3 Pracujte ve dvojicích. Ptejte se a odpovídejte.
(Work in pairs. Ask and answer.):

A: Můžu si vzít tu knihu? B1: Samozřejmě. B2: Bohužel, ne.

Můžu -

vzít si ten dort, dívat se na televizi, jít do kina, půjčit si tvoje auto, teď si číst, jít domů, dát si ještě koňak, navštívit tě v neděli, koupit si novou televizi, tady kouřit, pít červené víno

4 Řekni partnerovi, co musí dělat
(Tell your partner what he/she must do):

studovat: Musíš studovat.

Musíš -

jíst zeleninu, jít nakupovat, jít do školy, učit se česky, navštívit rodiče, ...

5 Řekni partnerovi, co nesmí dělat
(Tell your partner what he/she must not do):

pít pivo ve třídě: Nesmíš pít pivo ve třídě.

kouřit v kině, parkovat na náměstí, jíst maso, mluvit anglicky ve třídě, pít pivo ...

6 Pracujte ve dvojicích. Partner se ptá a ty mu poraď.
(Work in pairs. Your partner asks for advice. Give him/her an advice.):

A: Mám si vzít čokoládovou nebo jahodovou zmrzlinu? B: Jahodovou.

Mám -

vzít si čaj nebo kakao, jet na výlet do Brna nebo do Prahy, půjčit si noviny nebo časopis, koupit si modré nebo černé džíny, jít do kina nebo do divadla, psát poezii nebo román, jít na návštěvu nebo do restaurace

7 Co je dobře - a, b nebo c? (Multiple choice)

1. Můžeš pít víno?
- [ ] a) Nemůžu.
- [ ] b) Nesmíte.
- [ ] c) Nesmím.

2. Smíš jet na hory?
- [ ] a) Nechci.
- [ ] b) Smím.
- [ ] c) Můžeš.

3. Chcete obědvat?
- [ ] a) Nechceme.
- [ ] b) Nemusíte.
- [ ] c) Můžou.

4. Musíš jet už večer?
- [ ] a) Chceme.
- [ ] b) Můžeš.
- [ ] c) Nemusím.

5. Nechceš koupit ten román?
- [ ] a) Může.
- [ ] b) Smíme.
- [ ] c) Chci.

6. Nemůžeš mluvit anglicky?
- [ ] a) Můžu.
- [ ] b) Chtějí.
- [ ] c) Můžeme.

8 Spojte dva sloupce a udělejte věty
(Match the columns and make sentences):

1. Nesmíme kouřit
2. Chci brzy mluvit
3. Nemůžeš jít do obchodu, když jíš
4. Klára si musí koupit
5. Chceš pít
6. Nesmíš pít víno,

a) zmrzlinu.
b) anglicko-český slovník.
c) kávu nebo čaj?
d) ve třídě.
e) česky.
f) když řídíš auto.

9 Doplňte modální sloveso (Complete sentences with the modal verb):

Jana a Pavel ..... studovat češtinu. Jana a Pavel chtějí studovat češtinu.

1. David .... číst české knihy.

2. .... se dívat na televizi.

3. .... si koupit nový slovník.

4. .... si už objednat?

5. Lenko, ... pít víno?

6. Studenti .... kouřit ve třídě.

7. .... jet na hory?

8. V sobotu .... jít do školy.

10 Doplňte dialogy, použijte modální slovesa
(Complete the dialogues, use modal verbs):

a) A: Ahoj, Aleno. .... jít večer na diskotéku?
   B: To víš, že .... Už se těším.

b) A: Tady .... kouřit. To je restaurace pro nekuřáky.
   B: Promiňte.

c) A: .... otevřít okno?
   B: Samozřejmě.

11 Napište (Write):

1. Co musíš dělat:

....

2. Co chceš dělat:

....

3. Co nesmíš dělat:

....

4. Co můžeš dělat:

....

5. Co nemůžeš dělat:

....

12 Dejte jména do vokativu (Put these names into the vocative):

(Alena), kdo je to? <u>*Aleno, kdo je to?*</u>

1. (Tomáš), můžeš objednat aperitiv?
2. (Petr), máš slovník?
3. (Helena), chceš jet na hory?
4. (Pan vrchní), platím!
5. (Jana), smím tady kouřit?
6. (Filip), musíš psát ten dopis!
7. (David), umíš plavat?
8. (Pavel), víš, kde je pošta?
9. Jak se máte, (paní doktorka)?
10. (Pan ředitel), máte telefon!
11. (Slečna Monika), máte teď čas?

GRAMATIKA B

1 Vyjádření pocitů (Likes and dislikes)

Mám rád/a, máme rádi/y + accusative:	I like something or someone: *Mám rád kávu. Mám rád Alenu.*
subject + **se mi líbí:**	I like .... appeals to my senses. (not about taste) *Praha se mi líbí. Líbí se mi Praha. Líbí se mi Alena.*
subject + **mi chutná:**	I like ..... appeals to my taste. *Pivo mi chutná. Chutná mi pivo.*
Rád/a + verb:	I like ..... *Rád čtu.*
jsem rád, že ..... :	I am glad that .... *Jsem rád, že vás vidím.*
jsem rád, když .... :	I am glad when/if .... *Jsem rád, když často píšeš dopisy.*

2 Adverbia míry (The adverbs denoting quantity)

velmi, mnoho, moc, hodně	the same meaning - very, much, many
příliš, moc	too (much)
málo	little
trochu	a little
dost	enough, quite

Pozorujte:

Mám **moc** rád kávu. Mám **moc** rád Janu. David mluví **moc** dobře česky.

Alena má **moc** dlouhé tričko. (Alena má **příliš** dlouhé tričko.)

Mám **málo** času. Znám Prahu **málo**.

Chci **trochu** polévky.

David umí **dost** dobře česky.

CVIČENÍ B

1 Pracujte ve dvojicích. Ptejte se a odpovídejte.
(Work in pairs. Ask and answer.):

A: Máš rád kávu? B: a) Ano. Ano, moc.
b) Ne. Moc ne.

Nápoje	**Ovoce**	**Maso**
světlé pivo	ananas	hovězí
sladký čaj	červená jablka	kuře
hořká káva	pomeranče	ryba

2 Pracujte ve dvojicích. Ptejte se a odpovídejte.
(Work in pairs. Ask and answer.):

A: Chutnají ti banány? B: a) Ano./Ne
b) Moc ne./Trochu.
c) Ano, moc.

Polévka	**Zelenina**	**Zákusek**
hovězí	papriky	citronová zmrzlina
kuřecí	rajčata	čokoládový dort
rajčatová	červené zelí	palačinky

3 Napiš, co ti chutná, co ti nechutná, co máš rád, co nemáš rád.
(Write what you like and dislike.)

....

....

....

....

....

4 Pracujte ve dvojicích. Ptejte se a odpovídejte. V otázce použijte *mít rád* a v odpovědi, popř. v otázce, použijte osobní zájmeno. (Working in pairs. Ask and answer. Use *mít rád* in your questions and personal pronoun in your answer, and occasionally in your questions):

David - Jana
A: *Má David rád Janu?* B: *Ano, má ji rád.*

1. Petr - jeho kamarádka
2. Irena - její přátelé
3. ty - Česká republika
4. Adam - ty
5. vy - bílé víno
6. učitel - my
7. ty - já
8. Lenka - pomeranče
9. Pavel - ten román

5 Pracujte ve dvojicích. Ptejte se a odpovídejte. (Work in pairs. Ask and answer.):

1. Co se ti líbí v České republice?
2. Kdo se ti líbí ve škole?
3. Jaké auto se ti líbí?
4. Líbí se ti klasická opera?
5. Jak se ti líbí americké filmy?
6. Které země se ti líbí?
7. Jaké filmy se ti líbí?

6 Pracujte ve dvojicích. Dělejte otázky podle vzoru. (Work in pairs. Form questions like this):

studovat - *Co rád|a děláš? Studuješ rád?*

číst, psát dopisy, učit se češtinu, nakupovat, hrát tenis, tancovat, dívat se na televizi, vařit

7 Řekněte jinak (Say in another way):

Mám rád knihy. ....
Mám rád knihy. *Rád čtu.*

1. Mám ráda staré filmy. ....
2. Mají rádi tanec. ....
3. Mám rád vídeňskou kávu. ....
4. Má ráda sport. ....
5. Mám rád historická města. ....
6. Má rád tenis. ....

8 Doplňte **moc, málo, trochu, příliš** (Supply correct adverb):

1. Sklenice je .... plná. 2. Mluvím .... česky. 3. Nerozumím, mluvíte .... rychle. 4. Nemluvím česky dobře, mluvím jen .... 5. Děkuju, jste .... hodný. 6. Ten domácí úkol není .... dlouhý. 7. Piju jenom ...., protože nemám žízeň. 8. Jím ...., protože mám hlad. 9. Pošta je .... daleko.

9 Tvořte otázky (Complete the questions):

.... ? *Ne, pivo mi nechutná.*
Chutná ti pivo?

1. ....? Ano, jím rád banány.

2. ....? Ano, chutnají mi jablka.

3. ....? Ne, nejím rád papriky.

4. ....? Ne, nemám rád rajskou polévku.

5. ....? Ano, mám rád červené víno.

6. ....? Ne, zelenina mi nechutná.

7. ....? Ano, jím rád zmrzlinu.

8. ....? Ano, chutná mi vepřové.

DOPLŇUJÍCÍ AKTIVITY 2

1 Doplňte dialogy (Complete the dialogues):

V hotelu

1. A: Prosím. Tady je ....
   B: Dobrý den. Tady .... Chtěl bych .... příští víkend.
   A: Chcete .... ?
   B: .... Kolik .... ?
   A: ....

2. A: Co si .... ?
   B: Jsem .... Mám tady .... pokoj.
   A: Ano. To je pokoj .... Tady jsou vaše ....

V restauraci

1. A: .... ?
   B: Chtěla bych ....
   A: Prosím.
   B: Kolik .... ?
   A: ....

2. A: .... ?
   B: .... polévky a .... smažený sýr.
   A: ....
   B: Chtěl bych ....
   A. Prosím. Tady je váš ....

2 Roleplay:

a) V restauraci. Pracujte ve skupinách po třech. Jste host A, host B a číšník. Host A má velký hlad a velkou žízeň.
(At a restaurant. Work in groups of three. You are a guest A, a guest B and a waiter. A guest is very hungry and thirsty.)

b) Chceš jet o víkendu na výlet. Objednej si pokoj v hotelu.
(You want to go for a trip on the weekend. Book a room in hotel.)

3 Tvůj úkol: Zjisti a napiš (Your task: Find out and write):

1. Co rád dělá tvůj otec?
2. Co ráda dělá tvoje matka?
3. Co rád dělá tvůj bratr a co ráda dělá tvoje sestra?
4. Co rád dělá tvůj oblíbený herec/herečka?

ČTENÍ

Večeře U vévody Albrechta

Dopoledne Petr telefonuje do restaurace.

A: Prosím. Tady je restaurace U vévody Albrechta.

B: Tady Hartmann. Prosím vás, chtěl bych si rezervovat dvě místa na dnes večer.

Petr a Dana jsou na večeři v restauraci. Nejdříve si dávají kuřecí polévku a potom si objednávají jednou biftek a zeleninu a jednou smažený sýr a tatarskou omáčku. Chvíli čekají. Číšnice přináší dvakrát smažené kuře a hranolky: „Prosím." Petr říká: „Ale my nechceme kuře." Číšnice se diví: „Proč?" „Protože chceme jednou biftek a jednou smažený sýr." Číšnice nevěří a hádá se. Nakonec Petr volá vrchního. Ten se omlouvá a za chvíli se číšnice vrací a nese biftek a smažený sýr. Taky se omlouvá. Petr říká: „Už je to v pořádku."

Dana má ještě na něco chuť. Objednává si ovocný pohár. Přichází vrchní a Petr platí. Vrchní říká: „Tady je váš účet. Je to 223 korun." Petr má 300 korun. Říká: „230." Vrchní děkuje, vrací 70 korun a odchází.

Jak dáváme spropitné? (How can we tip?)

To je dobré. (coll. To je dobrý.)
To je pro vás.
Drobné si nechte. (formal)

Úkoly

1. Vyprávějte o večeři Petra a Dany (Tell about their dinner).
2. Jste v restauraci. Dejte spropitné.
   a) Máte 200 korun. Váš účet je 143 korun. Co říkáte? Kolik vrchní vrací?
   b) Máte 50 korun. Váš účet je 46. Co říkáte? Kolik vrchní vrací?
   c) Máte 100 korun. Váš účet je 97. Co říkáte?
   c) Máte 500 korun. Váš účet je 389. Co říkáte? Kolik vrchní vrací?

POSLECH

Jana, Erik, Kristýna a Pavel jdou večer do restaurace, protože Erik má narozeniny.

Najděte ve slovníku:

doporučit, kreveta, chobotnice, vynikající, víc

Úkoly:

1. Odpovězte:
Mají objednaný stůl?
Kdo si dává specialitu?
Co pijou?
Kdo není spokojený?
Proč musí Jana víc pít?
Dává si někdo dezert?
Co myslíš, kolik peněz dává Erik číšníkovi?

2. Co znamená *platit dohromady a platit zvlášť?*

3. Co říkáš, když ti jídlo chutná?

....
....
....
....
....
....
....

NOVÁ SLOVA

adresa **F** *address*
aperitiv **M** *coctail, aperitif*
biftek **M** *steak*
cvičit impf *to exercise*
číšník **M** *waiter*
datum **N** *date*
divit se impf *to wonder, to be surprised*
dost adv *enough, quite*
drobné pl *change*
dvakrát *twice*
dvoulůžkový pokoj **M** *double room*
džíny pl *jeans*
formulář **M** *form*
guláš **M** *goulash*
hádat se impf *to quarrel, to argue*
hlad **M** *hunger*
hodně adv *plenty, a lot, a deal*
hodný adj *kind, good*
host **M** *guest, customer*
hranolky pl *French fries*
chtít, chci *want*
chuť **F** *taste*
chutnat impf *to taste*
jahodový adj *strawberry*
Je to v pořádku. *That is all right.*
jednolůžkový pokoj **M** *single room*
jednou *once*
jídelní lístek **M** *menu*
jméno **N** *name*
klíč **M** *key*
knedlík **M** *dumpling*
koňak **M** *cognac*
koupelna **F** *bathroom*
kouřit impf *to smoke*
led **M** *ice*
málo adv *little*
mít hlad *to be hungry*
mít žízeň *to be thirsty*
mnoho adv *much, many*
moc adv *very, very much, a lot*
moct, mohu (můžu) *can*
muset *must*
nakonec adv *in the end*
naproti prep *opposite*
nechat si pf *to keep, to retain*
oba **M**, obě **F**, **N** *both*
objednaný adj *ordered, booked*
objednávat/objednat *to order*
odcházet impf *to leave*
okurkový adj *cucumber*
omlouvat se impf *to apologize*

oříškový adj *hazelnut*
palačinka **F** *pancake*
platit/zaplatit *to pay*
podpis **M** *signature*
poezie **F** *poetry*
přicházet impf *to come, to arrive*
příjmení **N** *surname*
přinášet impf *to bring, to serve*
přítel **M** *friend*
rajčatový adj *tomato*
rajský adj *tomato*
recepční **M**, **F** *receptionist, desk clerk*
rezervovat impf *to book*
roláda **F** *sweet roll*
řízek **M** *chop, schnitzel*
smažený adj *fried*
smět, smím *may*
sportovat impf *to go in for sports*
spropitné **N** *tip*
stát **M** *state*
tatarská omáčka **F** *tartar sauce*
tlustý adj *fat*
trochu adv *a little*
účet **M** *bill*
velmi adv *very*
věřit impf *to believe*
vracet impf *to repay*
vracet se impf *to come back, to return*
vrchní **M** *headwaiter*
zákusek **M** *sweet pastry, dessert*
zmrzlina **F** *ice cream*
žízeň **F** *thirst*

Lekce

6

Co jsi dělal včera?

Minulý čas
Genitiv singuláru
Řadové číslovky
Datum, měsíce

Past tense
Genitive singular
Ordinal numerals
Date, months

Elementary Czech

TEXTY

1 Den Kristýny

Jmenuju se Kristýna. Jsem z Bulharska. Žiju v Praze už skoro měsíc. Bydlím na koleji. Mám malý pokoj bez koupelny, ale jsem ráda, že bydlím sama. Každý den chodím do školy a studuju češtinu. Škola je blízko krásného parku.

Vyučování začíná v 8,30 a končí ve 12,45. Včera **jsem měla** hezký den. Ráno **jsem vstávala** jako obvykle v 6,30. **Snídala jsem** kávu a rohlíky. V 8 hodin **jsem šla** do školy. **Psali jsme** test a **dívali se** na dokument „Praha - srdce Evropy". V poledne **jsem obědvala** v restauraci vedle školy, protože jídlo v menze mi nechutná. **Dala jsem si** svůj oblíbený smažený sýr. Odpoledne **jsem se** nejdříve **učila a psala** domácí úkol. Taky **jsem** chvíli **četla** román od Karla Čapka. Potom **jsem byla** u své české kamarádky Ireny. Bratr Ireny, Petr, **říkal**, že večer můžeme jít na hru „Zahradní slavnost" od Václava Havla. Petr šel pro lístky. **Koupil** tři do desáté řady. **Sešli jsme se** v 18,45 u divadla. Hra **byla** moc dobrá. Pak **jsme šli** ještě do vinárny na večeři. Irena **nejedla**, ale **pila** svařené víno. **Seděli jsme** a **bavili se** skoro do půlnoci. **Šla jsem** spát dost pozdě, ale to nevadí. (A kromě toho, Petr je moc sympatický. Doufám, že ho brzy uvidím.)

Pozorujte:

Petr říká: „Večer můžeme jít do divadla."
přímá řeč (direct speech)

Petr říká, že večer můžeme jít do divadla.
nepřímá řeč (indirect speech)

Pamatujte:

snídaně, F - snídat (breakfast - to have breakfast)
oběd, M - obědvat (lunch - to have lunch)
večeře, F - večeřet (dinner - to have dinner)

Otázky k textu:

1. Je Kristýna z Evropy?
2. Má v Praze svůj byt?
3. Co dělala včera ráno?
4. V kolik hodin začíná vyučování?
5. Proč neobědvala Kristýna v jídelně?
6. Jaký program měla Kristýna odpoledne?
7. Kdo jsou Irena a Petr?
8. Od koho je Zahradní slavnost?
9. Co dělali Kristýna, Irena a Petr večer?
10. Co večeřela Irena?
11. Na koho teď myslí Kristýna?
12. Víš, kdo to byl Karel Čapek?

Co dělala Kristýna celý den?

DOPLŇUJÍCÍ AKTIVITY 1

1 Popiš svůj obvyklý den (Describe your average day):

Ráno:

....

....

....

Dopoledne:

....

....

....

V poledne:

....

....

....

Odpoledne:

....

....

....

Večer:

....

....

....

2 Napiš, co jsi dělal včera (Write about what you did yesterday):

....

....

....

....

....

....

3 Zeptej se svého kamaráda, co dělal včera a vyprávěj o tom. Připrav si pro něho/pro ni 5 otázek. (Ask your friend what he/she did yesterday and talk about it. Prepare for him/her 5 questions.):

1. ....?

2. ....?

3. ....?

4. ....?

5. ....?

4 Ptej se partnera, co dělal minulý víkend
(Ask your partner what he/she did over the weekend):

	Sobota	Neděle
Ráno		
Dopoledne		
V poledne		
Odpoledne		
Večer		

5 Napiš odpovědi (Write answers to the following):

1. Co nemusíš dělat o víkendu?

....

2. Co chceš dělat o víkendu?

....

3. Co nerad/a děláš o víkendu?

....

4. Co musíš dělat v pondělí?

....

5. Co můžeš dělat večer?

....

6 Doplňte konverzaci (Complete the conversation):

Kristýna, Irena, Petr

P: Ahoj! Ty máš návštěvu?

I: ....

K: Těší mě. Já jsem Kristýna.

P: Těší mě. .... ?

K: Ne, jsem Bulharka.

P: Jak se ti tady líbí?

K: ....

P: Máte už nějaký plán na večer?

I: ....

P: Mám nápad. Nechcete jít do divadla?

I: ....?

P: Zahradní slavnost od Havla.

I: ....?

K: Ne, ještě jsem to neviděla. Chtěla bych jít.

I: ....?

P: Koupím je teď.

GRAMATIKA
A

Minulý čas (Past tense)

Pozorujte:

ráno jsem vstávala, šla jsem do školy, sešli jsme se u divadla...

Form
1) the verb dělat

	sg	pl	formal adressing
1.	dělal jsem	dělali jsme (Ma)	
	dělala jsem	dělaly jsme (F)	
2.	dělal jsi	dělali jste	*dělal jste*
	dělala jsi	dělaly jste	*dělala jste*
3.	dělal	dělali	
	dělala	dělaly	
	dělalo	dělala	

2) the reflexive verbs oblékat se/oblékat si

	sg	pl	formal adressing
1.	oblékal jsem se/si	oblékali jsme se/si	
	oblékala jsem se/si	oblékaly jsme se/si	
2.	oblékal ses/sis	oblékali jste se/si	*oblékal jste se/si*
	oblékala ses/sis	oblékaly jste se/si	*oblékala jste se/si*
3.	oblékal se/si	oblékali se/si	
	oblékala se/si	oblékaly se/si	
	oblékalo se/si	oblékala se/si	

Nepravidelná slovesa (Irregular verbs)

One-syllable verbs shorten their long vowel:

infinitive	past participle
být	**byl**
pít	**pil**
mýt	**myl**
mít	**měl**
psát	**psal**
brát	**bral**
nést	**nesl**

Some verbs with -á- keep the long vowel: hrát - hrál, přát - přál, bát se - bál

Pamatujte:

infinitive	past participle
jít	**šel, šla, šlo, šli, šly**
jíst	**jedl**
sníst, pf.	**snědl**
číst	**četl**
otevřít, pf.	**otevřel**
obléknout, pf.	**oblékl**
vzít, pf.	**vzal**
zapomenout, pf.	**zapomněl**
začít, pf.	**začal**
přijmout, pf.	**přijal**
chtít	**chtěl**
moct	**mohl**

GRAMMAR NOTES page 239

CVIČENÍ
A

1 Dejte slovesa do minulého času
(Put the following verbs into the past tense):

piju: pil jsem, včera jsem pil .....

a) vysvětlujeme ....

nejím polévku ....

studují ....

spíte dobře ....

nepijete víno ....

snídáš doma ....

nečte časopis ....

rozumíme trochu ....

Eva nakupuje ....

jedeš do Brna ....

nemluvím německy ....

mám práci ....

večeřím pozdě ....

jdu na procházku ....

nenavštívíme kamarády ....

píše dopis ....

b) těším se na kamaráda ....

vezmu si to ....

mám se dobře ....

vracíme se domů ....

ráno se oblékáš ....

oblékáš si svetr ....

ptáme se ....

večer se sprchujeme ....

myješ se ....

díváš se na televizi? ....

co si objednáš? ....

líbí se mi Praha ....

Jak se ti líbí ten film? ....

líbí se mi historické město ....

líbí se mi staré kostely ....

2 Tvořte věty (Make sentences):

a) Co jsi dělal/a včera večer?

mluvit česky: Včera večer jsem mluvil česky.

číst knihu, psát dopis, pít víno, dívat se na televizi, jít do kina

b) Co dělali Pavel a Jana v sobotu?

jet do Prahy, kupovat dárky, jít na procházku, poslouchat hudbu, hrát tenis

c) Co jste dělali odpoledne?

být doma, studovat češtinu, odpočívat, opravovat domácí úkol, učit angličtinu, navštívit kamarády, jít do obchodního domu

d) Co dělala Helena ráno?

vstávat v 7 hodin, mýt se, jíst, oblékat se, jít do školy, učit se

3 Dejte do minulého času (Put into the past tense):

1. Jdeme na procházku. 2. Pavel nemůže jet na výlet. 3. Snídám doma, ale obědvám v restauraci. 4. Monika mluví jenom česky. 5. Píšeš dopis nebo čteš noviny? 6. Petře, co děláš? 7. Jíme ovoce. 8. Studujete gramatiku. 9. Chceme jet do Prahy. 10. Vezmu si ten čerstvý salát. 11. Nemám čas tam jít. 12. Sejdeme se u kina.

4 Ptejte se a odpovídejte (Ask questions and give answers):

a) *číst knihu:* <u>*Proč jsi nečetl knihu?*</u>
<u>*Protože jsem neměl čas.*</u>

jet do Prahy: ....
....

psát dopis: ....
....

dívat se na televizi: ....
....

jít na procházku: ....
....

snídat: ....
....

studovat novou lekci: ....
....

čekat na Tomáše: ....
....

b) V odpovědích používejte modální slovesa
(Use modal verbs in your answers):

Proč jsi nevařil večeři? (moct): <u>*Nemohl jsem, neměl jsem zeleninu.*</u>

Proč jsi včera neřídil? (moct): ....

Proč jsi nešel do kina? (chtít): ....

Proč jsi nenavštívil učitele? (moct-muset jet domů):
....

Proč jsi nejel do Olomouce? (chtít): ....

Proč ses neučil italsky? (moct-muset se učit německy):
....

Proč jsi na mě nečekal? (moct-muset jít do školy):
....

Proč jsi neobědval v jídelně? (chtít): ....

5 Reagujte podle vzoru (Respond following the model):

a) *Psal jsi dopis?* <u>*Psal./Nepsal.*</u>

1. Četl jsi ten román?
2. Kupoval jsi čerstvý salát?
3. Telefonoval jsi domů?
4. Opravoval jsi chyby?
5. Jel jsi do Brna?
6. Studoval jsi?
7. Učil ses nová slova?

8. Učil jsi angličtinu?
9. Díval ses na televizi?
10. Šel jsi na poštu?
11. Čekal jsi na Tomáše?
12. Navštívil jsi matku?
13. Znal jsi ten film?
14. Potřeboval jsi to pero?

b) Use present tense: *Píšeš dopis?* <u>*Píšu./Nepíšu.*</u>

6 Čtěte text V kině a potom ho převeďte do minulého času
(Read the text and retell it in the past tense):

V kině

Petr a jeho kamarádka Iva chtějí jít na film Základní instinkt. Sejdou se v 7 hodin u kina. Petr koupí lístky do deváté řady. Iva má žízeň, a proto jdou ještě do bufetu. Film začíná v 7,30. Je to zajímavý příběh zlé a cynické ženy. Iva se trochu bojí. Potom jdou ještě do vinárny. Petr má chuť na víno, ale Iva nemůže pít, protože řídí. Dá si jenom večeři. Jí rybu a Petr pije svařené červené víno. Baví se spolu. Je to hezký večer.

....

....

....

....

....

....

....

....

....

Napište nejméně 10 otázek k textu v minulém čase
(Write 10 questions about the text in the past tense):

....?

....?

....?

....?

....?

....?

....?

....?

....?

....?

Genitiv singuláru (The genitive singular)

Pozorujte:

jsem z Bulharska, škola je blízko krásného parku, román od Karla Čapka...

Otázka:

Koho? Čeho?

Pamatujte:

the genitive sg Ma = the accusative sg Ma

Zájmena, číslovka 1, adjektiva

M, N

ten	**TOHO**	jeden	**JEDNOHO**	můj, mé	**MÉHO**	český, -é	**ČESKÉHO**
to		jedno		tvůj, tvé	**TVÉHO**	moderní	**MODERNÍHO**
				jeho	**JEHO**		
				její	**JEJÍHO**		
				náš, naše	**NAŠEHO**		
				váš, vaše	**VAŠEHO**		
				jejich	**JEJICH**		

F

ta	**TÉ**	jedna	**JEDNÉ**	má, moje	**MÉ/MOJÍ**	česká	**ČESKÉ**
				tvá, tvoje	**TVÉ/TVOJÍ**	moderní	**MODERNÍ**
				jeho	**JEHO**		
				její	**JEJÍ**		
				naše	**NAŠÍ**		
				vaše	**VAŠÍ**		
				jejich	**JEJICH**		

Substantiva

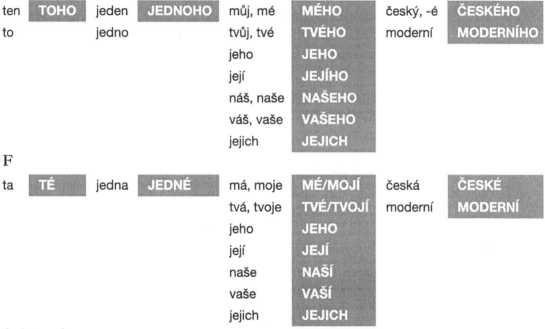

Mi			**F**			**N**		
sešit	**SEŠITU**	-U	žena	**ŽENY**	-Y	město	**MĚSTA**	-A
pokoj	**POKOJE**	-E	židle	**ŽIDLE**	-E	moře	**MOŘE**	-E
			skříň	**SKŘÍNĚ**	-Ě	náměstí	**NÁMĚSTÍ**	-Í
			kolej	**KOLEJE**	-E			
			místnost	**MÍSTNOSTI**	-I			

Some Mi hard have the ending **-a** instead **-u**:

- sýr - sýra, chléb - chleba, večer - večera, oběd - oběda, jazyk - jazyka, čtvrtek - čtvrtka, kostel - kostela
- the names of months (see Grammar notes, page 241)
- ending **-ov, -ín, -ýn**: Chodov - Chodova, Londýn - Londýna, Berlín - Berlína

CVIČENÍ
B

1 a) Dejte substantiva do správného tvaru
(Put the nouns into the correct form):

Ptám se -
student, ředitelka, lektorka, přítel, cizinec, Američan, Francouz, lektor, muž, žena, číšník, Němec, kluk, člověk, profesor, prodavačka, ředitel

b) Spojte substantiva s adjektivy, zájmeny a číslovkou 1
(Complete the nouns above with the following adjectives, pronouns and numeral 1):

můj, český, tvůj, její, mladý, milý, ten, anglický, váš, zajímavý, ten, hezký, sympatický, inteligentní, nový, jeden, náš

2 a) Dejte substantiva do správného tvaru
(Put the nouns into the correct form):

Bojím se -
žena, muž, učitelka, kočka, pes, noc, diktát, zkouška, gramatika, cesta, ředitel, sekretářka

b) Spojte substantiva s adjektivy a zájmeny
(Complete the nouns above with the following adjectives and pronouns):

cynický, můj, tvůj, černý, velký, tmavý, český, těžký, ten, dlouhý, váš, hloupý

A čeho se bojíš ty?

3 Dejte do správného tvaru (Put the nouns into the correct form):

a) **Jdeme do -**
nové kino, italská kavárna, jazyková škola, Národní divadlo, Komerční banka, rockový klub, oblíbená hospoda, starý kostel, řecká restaurace, obchodní dům, Národní galerie, Botanická zahrada

b) **Jsem z -**
Amerika, Německo, Francie, Kanada, Švédsko, Itálie, Česká republika, Polsko, Kypr, Čína, Vietnam, Brazílie...

4 Tvořte konverzaci podle vzoru
(Have a short conversation following the example):

kavárna - škola - hotel: A: Je kavárna vedle školy? B: Ne, je vedle hotelu.
hotel - moře - park
park - kolej - divadlo
divadlo - kostel - kino
kino - pošta - galerie
galerie - banka - restaurace
restaurace - obchodní dům - knihovna
knihovna - drogerie - cukrárna
cukrárna - lékárna - knihkupectví
knihkupectví - náměstí - most

5 Doplňte správnou formu (Put into the correct form):

1. Potřebuju tu knihu od (pondělí) do (pátek).

....

2. Pracuje od (ráno) do (večer).

....

3. Byl tady od (leden) do (září).

....

4. Chtěl bych tvoje auto od (středa) do (neděle).

....

5. Mám čas od (úterý) do (sobota).

....

6. Bydlel jsem tam od (únor) do (prosinec).

....

7. Mám prázdniny od (červenec) do (září).

....

8. Žila v Evropě od (duben) do (listopad).

....

6 Ptejte se a odpovídejte podle vzoru
(Ask and answer following the example):

sestra - bratr: <u>*A: Kde jsi byl? Byl jsi u sestry?*</u>
<u>*B: Ne, byl jsem u bratra.*</u>
David - Tomáš, Irena - Petr, kamarád - učitelka, Filip - Pavel, přítel - ředitelka, kamarádka - lékař, Matěj - Jakub, Kristýna - Viktor, Milan - babička, ...

7 Dejte do genitivu (Put into the genitive):

Karel musí každý den do (škola). Jdu do (obchod) vedle (pošta). Učím se gramatiku z (česká kniha). Z (Jihlava) pojedu do (Brno) a potom do (Bratislava). Uprostřed (město) je náměstí. Byl jsem na návštěvě u (kamarád) z (Rakousko). Včera jsem byl ve škole až do (večer). Do (kino) jdeme všichni kromě (David). Blízko (Národní divadlo) je Vltava. Nemůžu číst českou knihu bez (slovník). Líbí se mi knihy od (Karel Čapek). Dostal jsem dopis od (můj bratr). Viděl jsem hru od (Milan Kundera). Kromě (tenis) hraju taky golf.

8 Tvořte věty (Make sentences):

a) káva - cukr: <u>*Nemám rád kávu bez cukru.*</u>

polévka - zelenina	maso - omáčka
zmrzlina - šlehačka	chleba - máslo
rohlík - marmeláda	čaj - citron
rýže - sůl	

b) *divadlo - lístek: Nechci jít do divadla bez lístku.*

kino - kamarádka	procházka - pes
škola - slovník	koncert - manžel
návštěva - květina a dárek	divadlo - přítelkyně
galerie - přítel	

9 Doplňte správnou formu (Put into the correct form):

a) Chtěl bych

20 dkg	balkánský sýr
půlku	tmavý chléb
trochu	sůl
půl kila	vepřové maso
kousek	ten koláč
litr	červené víno
30 dkg	šunkový salám
kilo	hovězí maso
čtvrt kila	kuřecí šunka

b) Nechci moc

zeleninová polévka
francouzský koňak
ovocný jogurt
hlávkový salát
bílé víno
čokoládový dort
sladký čaj
vanilková zmrzlina
černé pivo
slaný sýr

10 Doplňte formu genitivu singuláru po jménu
(Fill in the correct form of the genitive singular after a noun):

Praha: Tohle je fotka Prahy.
Můžu vidět fotku Prahy?

naše rodina	vaše auto
nové divadlo	staré město
moje kamarádka	moje sestra
jejich přítel	náš bratr
můj oblíbený herec	Vídeň
krásná žena	Český Krumlov

11 Udělejte věty s posesivním genitivem, použijte následující slovesa
(Make sentences with the possessive genitive, using the following verbs):
líbit se, těšit se na, poslouchat, vidět, znát, zajímat se, číst, ptát se

byt - můj dobrý přítel: Viděl jsem byt svého dobrého přítele.

drama - Václav Havel: ....

manžel - má kamarádka: ....

koncert - Pražské jaro: ....

politika - česká vláda: ....

hudba - Antonín Dvořák: ....

román - ten americký spisovatel: ....

program - Stavovské divadlo: ....

sekretářka - náš ředitel: ....

12 Ptejte se a odpovídejte podle vzoru
(Ask and answer on the given model):

ten sešit - můj kamarád:
Čí je ten sešit? Mého kamaráda. (Ten sešit je mého kamaráda.)

1. ta rtěnka - naše učitelka: ....

2. to nové auto - ten student: ....

3. ta kniha - moje kamarádka: ....

4. ty brýle - Petr: ....

5. tahle kazeta - přítel Vladimír: ....

6. ten velký pes - paní Nováková: ....

7. ta bílá kočka - naše přítelkyně: ....

8. ten časopis - moje babička: ....

9. český slovník - mladý Němec: ....

10. ta učebnice - sympatický kluk: ....

11. bílé karafiáty - Kristýna: ....

12. ten dům - inženýr Novotný: ....

13 Dejte adjektiva do genitivu (Put these adjectives into the genitive):

Co je (nový)? Co je nového?

Víš něco (zajímavý)?   Není to nic (důležitý).
Neříkal nic (veselý).   Nechci slyšet nic (špatný).
Mám chuť na něco (dobrý).   Chceš něco (sladký)?
Co (zajímavý) jsi viděl?   Co (hezký) jsi četl?
Nečetl jsem nic (hezký).

14 a) Doplňte prepozice s genitivem
(Complete the sentences using prepositions taking the genitive):

1. Kristýna chodí .... školy. 2. Kolej je .... parku. 3. Má pokoj ....
koupelny. 4. Petr byl .... kamaráda. 5. Večer jdeme .... restaurace.
6. Byla jsem .... babičky .... soboty. 7. Můj nový byt je .... hotelu.
8. Dostali dopis .... Německa. 9. .... koho je ten dárek? 10. Piju kávu
.... cukru. 11. Dneska nemůžeme jít .... knihovny. 12. Tu knihu
mám .... kamarádky Ireny. 13. Můžeš číst české noviny .... slovníku?
14. Viděl jsi operu .... Smetany?

b) Doplňte prepozice s genitivem, akuzativem a lokálem
(Complete the sentences taking the genitive, accusative and locative):

1. Šli jsme .... kávu .... kavárny. 2. Čekal jsem .... kamaráda ....
nádraží. 3. Dostal jsem dopis .... bratra .... Ameriky. 4. Byl jsem ....
návštěvě .... Aleny. 5. Jdu .... obchodu .... pošty. 6. Těšil jsem se ....
víkend. 7. Potřebuju ten slovník .... kamaráda. 8. Nezajímám se ....
historii. 9. Pavel jel .... sobotu .... výlet ..... Rakouska. 10. .... divadle
jsem seděl .... bratra Evy. 11. .... co myslíš? 12. Koupil jsem květiny
.... učitelku. 13. .... neděli jdeme .... kostela. 14. Nestarám se ....
cizí problémy.

15 Doplňte správnou formu genitivu (Put into the genitive singular):

1. Včera jsem byl u (náš nový lektor).

2. Zajímám se o politiku (česká vláda).

3. Bojím se (ten zlý člověk).

4. David se ptal (prodavač), kde mají lyže.

5. Mám rád hudbu (Richard Wagner).

6. Blízko (Národní divadlo) je řeka Vltava.

7. Chtěla bych kousek (ovocný dort).

8. Znáš manželku (můj kamarád)?

9. Chtěl bych dva litry (bílé víno).

10. Petr kupuje lístky do (druhá řada).

11. Kolik stojí kilo (šunkový salám)?

12. Chceš ještě trochu (bílá káva)?

13. Rád si prohlížím fotografie (to staré město).

14. Viděl jsem film od (Miloš Forman).

15. Dám si 2 deci (koňak).

16. Viděl jsem nový dům (má kamarádka).

17. Nemáš můj slovník (španělština)?

18. Ptal jsem se na to české slovo (naše sekretářka).

19. Nemám rád pizzu bez (sýr) a (zelenina).

20. Chtěla bych jet do (Londýn) a do (Paříž).

21. Čekal jsem na (Tomáš) do (večer).

22. (Kdo) se ptáš?

GRAMATIKA C

Číslovky řadové (Ordinal numerals)

0. **nultý, -á, -é**

1.	**první, -í, -í**	11.	**jedenáctý**	30.	**třicátý**
2.	**druhý, -á, -é**	12.	**dvanáctý**	40.	**čtyřicátý**
3.	**třetí**	13.	**třináctý**	50.	**padesátý**
4.	**čtvrtý**	14.	**čtrnáctý**	60.	**šedesátý**
5.	**pátý**	15.	**patnáctý**	70.	**sedmdesátý**
6.	**šestý**	16.	**šestnáctý**	80.	**osmdesátý**
7.	**sedmý**	17.	**sedmnáctý**	90.	**devadesátý**
8.	**osmý**	18.	**osmnáctý**	100.	**stý**
9.	**devátý**	19.	**devatenáctý**	1000.	**tisící**
10.	**desátý**	20.	**dvacátý**		

21. **dvacátý první**
22. **dvacátý druhý**

CVIČENÍ C

1 Čtěte (Read):

1. den v Praze, 7. měsíc je červenec, 3. poschodí, 15. stránka učebnice,
2. díl filmu, 9. část seriálu, 2. program televize, 10. lekce, 2. manžel,
5. hodina, 1. semestr, 18. řada, 6. týden, 1. text, 4. stanice, 2. ulice,
1. album Beatles, 2. díl románu, 20. repríza, 17. století

2 Ptejte se a odpovídejte (Ask and answer):

Kolikátého je dnes? Dnes je devátého ledna.

3.5., 4.2., 6.8., 12.4., 30.1., 2.12., 28.2., 5.7., 1.1., 28.10., 11.11., 7.4., 8.5.

3 Ptejte se navzájem (Ask each other):

Kdy máš narozeniny?

4 Tvořte věty (Make sentences):

Chtěl/a bych lístky do/na ....
Máte lístky do/na ....?

1. řada, 5. řada, 3. řada, 8. řada, 10. řada, 6. řada, 1. balkon, 2. balkon,
1. galerie, 2. galerie

ČTENÍ

1 Telefon (pozvání)

paní Nováková, Tomáš, Irena

N: Prosím. Tady Nováková.
I: Dobrý den, tady Irena. Je Tomáš doma?
N: Ano. Tomáši, máš telefon!
I: Děkuju. - Ahoj, Tomáši. Tady Irena.
T: Ahoj. Jak se máš?
I: Dobře. Nechceš jít večer do divadla?
T: A co dávají?
I: Hamleta. Tvůj oblíbený herec hraje hlavní roli.
T: Cože? Bartoška? Tak to jdu určitě!
I: Sejdeme se v 7,30 u divadla, ano? Koupím lístky.
T: Dobře. Už se těším.

Neformální pozvání (Informal invitation)

A: Nechceš jít do divadla?
B: Ano, rád. Co dávají?

A: Chceš jít na kávu?
B: To je dobrý nápad.

A: Chceš jít večer do kina?
B: Bohužel, ale večer nemám čas.

A: Nechceš jet na hory?
B: Kdy?
A: Tenhle pátek.
B: Bohužel, nemůžu.

---

2 U pokladny divadla

Irena, pokladní

P: Prosím.
I: Chtěla bych dva lístky na osmou.
P: Mám tady přízemí šestou a sedmou řadu nebo balkon třetí řadu.
I: Tak dvakrát do šesté řady.
P: 120 korun.

DOPLŇUJÍCÍ AKTIVITY B

1 Pracujte ve dvojicích. Pozvěte telefonicky kamaráda/kamarádku.
(Work in pairs. Over the telephone, invite a friend.):
večeře, víno, galerie, výlet v neděli, procházka, balet... . Kamarád/kamarádka a) přijme, b) odmítne pozvání.
(Your friend a/ accepts, b/ declines the invitation.)

2 Pozvi telefonicky svého přítele /přítelkyni do kina nebo do divadla.
Vyber si film nebo divadelní představení, řekni, kdo tam hraje a domluv se, kde a v kolik hodin se sejdete.
(Invite your close friend to the movies or theatre. Choose a film or play, say who is playing and agree to when and where you will meet.)

Palace Cinemas
Slovanský dům
Na Příkopě 22, Praha 1
4. – 11. 9.

ŽELARY

premiéra českého filmu
(s anglickými titulky, 150 minut)
námět/scénář: Květa Legátová/Petr Jarchovský

v hlavní roli: **Aňa Geislerová**
dále hrají: **György Cserhalmi**
Iva Bittová
Jaroslava Adamová
Miroslav Donutil
Jan Tříska
režie: **Ondřej Trojan**

začátek: 15 a 19,50
vstupné: dospělý 179 Kč, student 129 Kč

3 Čtěte plakát. Tvořte otázky k daným odpovědím (Read the poster. Ask questions which correspond to the given answers):

A: ....? B: Ve Slovanském domě
A: *Kde dávají nějaký dobrý český film?*

A: ....?
B: Želary.
A: ....?
B: Od 4. do 11. 9.
A: ....?
B: Aňa Geislerová.
A: ....?
B: 150 minut.
A: ....?
B: Miroslav Donutil.
A: ....?
B: V 15 a 19, 50.
A: ....?
B: Ondřej Trojan.
A: ....?
B: 129 korun.

4 Doplňte dialog (Complete the dialogue):

U pokladny kina

A: ....?   B: Chtěl bych .... na ....

A: Máme .... a ....   B: ....

A: .... korun.

5 Vyber si jedno divadlo v Praze. Zjisti, co tam dávají příští sobotu a kolik stojí lístek do první řady. (Choose one Prague theatre. Find out what will be played on next Saturday and how much is a ticket to the first row.)

6 Vyprávěj, co zajímavého jsi viděl/a v divadle (tady nebo doma). Od koho to bylo?

POSLECH

Petr byl na služební cestě. Mluví o tom s Tomášem.

Najděte ve slovníku: *unavený, služební cesta, jednání*

Úkoly:

1. Najděte synonymum: *hrozný hlad, fakt dlouhý den*
2. Jak dlouho trvá cesta z Prahy do Bratislavy?

3. Označte, co je pravda:

☐ Petr se včera večer vrátil domů ve 22,30.
☐ Obvykle začíná pracovat v 8,00.
☐ Včera snídal už v 6,00.
☐ Petr začínal včera jednání v 11,00.

☐ Petr včera obědval ve 12,00.
☐ Petr měl včera celé odpoledne práci.
☐ V 18,00 odjel Petr a jeho šéf z Bratislavy.
☐ Večeřeli v restauraci Devět křížů.

NOVÁ SLOVA

balkon **M** *balcony*
bát se, bojím se impf *to be afraid*
bavit se impf *to talk, to have a good time, to enjoy*
bez prep *without*
blízko prep *near, close*
botanická zahrada **F** *botanic gardens*
bramborák **M** *potato pancake*
cesta **F** *way, road, journey, tour*
cynický adj *cynical*
část **F** *part*
čtvrt *quarter*
dávat impf (v divadle) *to show, to be on*
decilitr **M**, coll. deci *decilitre*
dekagram **M**, coll. deko *10 grames*
díky *thanks*
díl **M** *part*
do prep *to, into*
dokument **M** *documentary*
dostat, dostanu pf *to get*
fotografie **F**, coll. fotka *photograph*
historie **F** *history*
hlavní role **F** *heading role*
hra **F** *play, drama*
chodit indeterm. of „jít" *to go on foot, to walk*
jezdit indeterm. of „jet" *to go*
klasický adj *classic*
kočka **F** *cat*
kolem prep *around, by, past*
končit impf *to end, to finish*
kousek **M** *piece*
kromě prep *besides, except*
květina **F** *flower*
lístek **M** *ticket*
litr **M** *litre*
lyže **F** *ski*
malíř **M** *painter*
manželka **F** *wife*
minulý adj *last, past*
most **M** *bridge*
mýt se, myju se impf *to wash*
naposledy adv *last, for the last time*
nejdříve adv *first (of all)*
noviny pl *newspaper*
oblékat se impf *to put on*
oblíbený adj *favourite*

obvykle adv *usually*
od prep *from*
odpočívat impf *to rest*
opravovat impf *to correct*
pes **M** *dog*
plakát **M** *poster*
podle prep *according to*
pokladna **F** *ticket-office*
poschodí **N** *floor*
pozvání **N** *invitation*
prázdniny pl *holiday, vacation*
prohlížet si impf *to have a look*
představení **N** *performance, house*
příběh **M** *story*
přízemí **N** *groundfloor, am. first floor*
půl *half*
repríza **F** *subsequent show, re-turn*
režie **F** *direction, production*
režisér **M** *director, producer*
řada **F** *row*
řídit impf *to drive*
sám, sama, samo pron *alone*
sejít se pf *to meet*
skoro adv *almost*
sprchovat se impf *to take a shower*
srdce **N** *heart*
stejnojmenný adj *of the same name*
století **N** *century*
strana, stránka **F** *page*
svařené víno **N** *mulled wine*
tmavý adj *dark*
u prep *at, by*
uprostřed prep *in the middle*
vadit impf *to mind, to matter*
vedle prep *next to*
vinárna **F** *wine bar*
vláda **F** *government*
vracet se impf *to return*
vstávat impf *to get up*
vstupné **N** *entrance fee/money*
vyučování **N** *lessons*
začátek **M** *beginning*
začínat impf *to start, to begin*
Zahradní slavnost **F** *Garden party*
zlý adj *evil, wicked*
zvát/pozvat *to invite*

Na návštěvě

Pozvání. Kino, televize.

Genitiv plurálu
Genitiv osobních zájmen
Shoda jmen a sloves po číslovkách
Kolik je hodin?

Genitive plural
Genitive of personal pronouns
Noun and verb agreement with counted expressions
Telling the time

Elementary Czech

TEXTY

1 Petr a Kristýna

Pamatujete se na Kristýnu a Petra? Víme, že Kristýna žije v České republice několik **měsíců**. Má tady už hodně českých **kamarádů** a **kamarádek**. Včera **u ní** byli na návštěvě, protože měla narozeniny. Její přítel Petr si říkal, že nesmí přijít bez **květin**. Nejdříve chtěl koupit sedm **bílých karafiátů**, ale nakonec vzal pět **červených růží**.
U Kristýny bylo několik **přátel**. Všichni se dobře bavili - povídali si, tancovali, jedli a pili. Kristýna připravila hodně **chlebíčků** a samozřejmě dort.

Petr:	Ahoj, Kristýno!
Kristýna:	Ahoj, Petře! Jdeš poslední. Všichni už jsou tady.
Petr:	Promiň, že jdu pozdě. To je pro tebe. Všechno nejlepší.
Kristýna:	Ty jsou krásné! Děkuju.
	Pojď dál a odlož si.

Kristýna:	Vezmeš si trochu vína?
Petr:	Jaké máš?
Kristýna:	Máme tady pět **lahví** červeného a čtyři láhve bílého.
	Nebo chceš kolu?
Petr:	Dám si bílé.
	.....
	Tak na zdraví!
Petr:	Je tady hodně **lidí**.
Kristýna:	To nic není. U **nás** v Bulharsku se scházejí celé rodiny a všichni přátelé.

Pozorujte:

Pojď dál! Pojďte dál!
Odlož si! Odložte si!

Otázky k textu:

1. Proč Kristýna pozvala hodně kamarádů?
2. Kdo je Petr?
3. Co koupil pro Kristýnu?
4. Co dělali na party?
5. Jak slaví narozeniny v Bulharsku?

GRAMATIKA A

Genitiv plurálu (The Genitive plural)

Pozorujte:

několik měsíců, pět lahví, ...

Zájmena, číslovky, adjektiva

M, F, N

ten	**TĚCH**	dva, dvě	**DVOU**	můj, moje	**MÝCH**	český, -á, -é	**ČESKÝCH**
ta		tři	**TŘÍ**	tvůj, tvoje	**TVÝCH**	moderní	**MODERNÍCH**
to		čtyři	**ČTYŘ**	jeho	**JEHO**		
				její	**JEJÍCH**		
				náš, naše	**NAŠICH**		
				váš, vaše	**VAŠICH**		
				jejich	**JEJICH**		

Substantiva

Ma			**Mi**			**F**			**N**		
student	**STUDENTŮ**	-Ů	sešit	**SEŠITŮ**	-Ů	žena	**ŽEN**	-	město	**MĚST**	-
muž	**MUŽŮ**	-Ů	pokoj	**POKOJŮ**	-Ů	židle	**ŽIDLÍ**	-í	moře	**MOŘÍ**	-í
						ulice	**ULIC**	-	náměstí	**NÁMĚSTÍ**	-í
						skříň	**SKŘÍNÍ**	-í			
						místnost	**MÍSTNOSTÍ**	-í			

Nouns declined like <u>žena</u> a <u>město</u> drop their vowel endings and therefore such nouns have groups of consonants at the end. If the final consonants are preceded by another consonant we insert a movable **-e-**:

Pamatujte:

učite<u>lk</u>a - učite<u>l</u>ek
stude<u>ntk</u>a - stude<u>nt</u>ek
ses<u>tr</u>a - ses<u>t</u>er
kavá<u>rn</u>a - kavá<u>r</u>en
ba<u>rv</u>a - ba<u>r</u>ev
fi<u>rm</u>a - fi<u>r</u>em
o<u>kn</u>o - o<u>k</u>en
divad<u>l</u>o - divad<u>el</u>
tri<u>čk</u>o - tri<u>č</u>ek

But: ba<u>nk</u>a - bank

Výjimky (Exceptions):
přítel - PŘÁTEL   *Mám mnoho přátel.*
člověk - LIDÍ   *Hodně lidí mluví anglicky.*
dítě - DĚTÍ   *Ty dárky jsou od dětí.*
peníze - PENĚZ   *Jsem bez peněz.*

CVIČENÍ A

1 a) Dejte substantiva do správného tvaru
(Put the nouns into the genitive plural):

Znám několik -
kamarád, student, učitel, Němec, muž, Američan, Čech, cizinec, herec, režisér, přítel, člověk, prodavač, doktor, obchodník

b) Spojte substantiva s adjektivy
(Complete the nouns above with these adjectives):
dobrý, český, nový, mladý, zajímavý, milý, sympatický, inteligentní, oblíbený, italský, výborný, šťastný, líný, starý, bohatý

2 a) Dejte substantiva do správných forem
(Put the nouns into the correct form):

Ve městě je   několik
Doma mám   hodně
               málo

dům, kostel, hotel, park, pokoj, slovník, obraz, stůl

b) Spojte substantiva s adjektivy
(Complete the nouns above with these adjectives):
velký, starý, moderní, zelený, malý, český, krásný, velký

3 a) Dejte substantiva do správných forem
(Put the nouns into the plural):

Znám 5, 6, 7, ...
Mám hodně
Vidím málo
Potřebuju několik
žena, kniha, židle, mapa, skříň, škola, zahrada, restaurace, kolej, ulice, galerie, budova, fotografie, postel, pohlednice, kancelář
auto, kino, nádraží, město, náměstí, pero

b) Spojte substantiva s adjektivy
(Complete the nouns above with these adjectives):
mladý, zajímavý, hnědý, velký, bílý, malý, hezký, italský, starý, moderní, světlý, historický, barevný, měkký, krásný, ošklivý
rychlý, starý, hlavní, moderní, velký, modrý

4 a) Dejte substantiva do správných forem
(Put the nouns into the correct form):

Znám několik
      5, 6
Mám mnoho
Vidím málo
studentka, lékařka, holka, kamarádka, učitelka, sestra, cizinka, Američanka, Češka, konzultantka, Francouzka, herečka, zpěvačka, lektorka, prodavačka, inženýrka, slečna

b) Spojte substantiva s adjektivy
(Complete the nouns above with these adjectives):

německý, dobrý, hezký, chytrý, slovenský, milý, mladý, sympatický, zají-
mavý, americký, elegantní, starý, rockový, anglický, český, italský, krásný

5 a) Dejte substantiva do správného tvaru
(Use correct forms of nouns in plural):

Chodím do
Kupuju několik
jídelna, kavárna, vinárna, cukrárna, polévka, mlékárna, mandarinka,
továrna, lékárna, tužka, meruňka, deska
divadlo, okno, tričko, mýdlo, křeslo

b) Spojte substantiva s adjektivy
(Complete the nouns above with these adjectives):

vegetariánský, italský, pražský, malý, zeleninový, nový, španělský,
moderní, soukromý, modrý, sladký, gramofonový
malý, velký, bílý, francouzský, moderní

6 Dejte do správného tvaru (Put into the correct form):

Jedu do

České Budějovice	Bílé Karpaty
Poděbrady	rakouské Alpy
Mariánské Lázně	Krkonoše
Vysoké Tatry	Beskydy
Orlické hory	Nové Butovice
Jeseníky	Dejvice
Luhačovice	

7 Tvořte věty (Make sentences):

Ptal jsem se
Viděl jsem několik
Psal jsem málo
Četl jsem hodně

český román	mladá lékařka
dlouhý dopis	hezká Bulharka
krátká pohádka	cizí auto
americký film	staré divadlo
historické město	velký obchod
velké náměstí	starý člověk
chytrý učitel	dobrý přítel
anglická učebnice	italská opera
domácí úkol	
moderní dům	
zajímavá kniha	

8 a) Výrazy v závorkách dejte do genitivu plurálu
(Put the words in brackets into the correct form of genitive plural):

fotografie (to staré město): fotografie těch starých měst
filmy (český režisér), hry (anglický dramatik), domy (ta naše kamarádka),
fotografie (můj přítel), auta (ten Američan), romány (francouzský spiso-
vatel), knihy (ta nová studentka), pasy (ten cizinec), hudba (ruský skla-
datel)

b) Napište věty (Form sentences on the given model):

Díval jsem se na fotografie těch starých měst.

....
....
....
....
....

9 Pracujte ve dvojicích podle vzoru. Student A dělá otázky a používá
slova ze sloupce a). Student B odpovídá a používá slova ze sloupce b).
(Work in pairs. A student „A" forms questions using words from the list
a). A student „B" answers using words from the list b).
Look at a sample):

A: Kolik horké polévky chceš?
B: Chtěl bych trochu horké polévky.

a)	b)
horká polévka	15 deka
čokoládová zmrzlina	2 kila
čerstvý rohlík	trochu
sladká houska	dvě
hovězí maso	deset
studená minerálka	kilo
čokoládový dort	25 deka
vídeňská káva	6 litrů
černé pivo	čtyři
šunkový salám	3 kousky
červené víno	sedm
čerstvá paprika	3 litry
balkánský sýr	pět
fazolový salát	60 deka

ROLEPLAY

Jste v obchodě. Čekáte návštěvu a kupujete proto jídlo na večeři.
Používejte výrazů ze cvičení 9, případně je obměňujte.
(Roleplay in pairs. You are in a store. You expect a visit therefore you
have to buy food for preparing dinner. Use words from the exercise 9 or
you can change them).

ČTENÍ

2 Telefonický rozhovor

Petr, Kristýna

K: Prosím. Tady Kristýna Asenovová.

P: Ahoj, Kristýno. Tady Petr.

K: Ahoj, Petře. Jak se máš?

P: Ujde to. A co ty?

K: To víš, nic moc. Spala jsem málo a musela jsem brzo vstávat.

P: Kristýno, zapomněl jsem asi <u>u vás</u> brýle. Neviděla jsi je někde? <u>Bez nich</u> nemůžu psát.

K: Ano, jsou tady.

P: To jsem rád...... Včera jsem se tě ptal, kdy máš čas. Ty jsi ne-odpově-děla.

K: Opravdu? To je mi líto. A jak se ti to včera líbilo?

P: Byl to moc hezký večer. Chtěl bych se <u>tě</u> na něco zeptat. Je Jan tvůj přítel? Seděla jsi <u>vedle něho</u> skoro celý večer.

K: Proč to chceš vědět? Víš co? Sejdeme se večer a můžeš se <u>mě</u> ptát znovu.

P: Dobře. Máš čas v půl osmé?

K: Mám. Můžeme se sejít u kavárny Slavie.

GRAMATIKA
B

Genitiv osobních zájmen (The Genitive of personal pronouns)

Pozorujte:

bez nich nemůžu psát, chtěl bych se tě na něco zeptat

Singular		with preposition
já	mě	vedle mě
ty	tě, tebe	vedle tebe
on, ono	jeho, ho, jej	vedle něho/něj
ona	jí	vedle ní

Plural		with preposition
my	nás	vedle nás
vy	vás	vedle vás
oni, ony, ona	jich	vedle nich

CVIČENÍ B

1 a) Doplňujte správný tvar osobního zájmena
(Fill in the correct form of personal pronoun):

Bojí se - on: <u>Bojí se ho</u>.
Bojí se - Marie: <u>Bojí se jí</u>.

1. Mám dárek od - David a Pavel
2. Byla jsem u - on
3. Sedí vedle - my
4. Bydlí blízko - ty
5. Nejdu tam bez - Irena
6. Bojí se - oni
7. Ptám se - vy
8. Byli u - já
9. Ptala jsem se - Alena
10. Vracel se od - vy
11. Mám knihu od - Filip

b) Odpovídejte negativně, v odpovědi dejte zájmeno na první místo
(Ask and answer. The answer is negative, pronoun is on the first place in a sentence):

Koho se bojíš? Petra? - <u>Ne, jeho ne</u>.

1. Od koho máš dárek? Od kamarádky?
2. Koho ses ptal? Tomáše?
3. U koho jsi byl? U rodičů?
4. Koho ses bál? Mě?
5. U koho bydlíš? U přítele?
6. Od koho máš ten slovník? Od nás?
7. Koho se chceš ptát? Kamarádů?
8. Koho se bojíš? Té učitelky?

2 Odpovězte a použijte osobní zájmeno
(Answer using a personal pronoun):

Ptal ses té prodavačky?	*<u>Ano, ptal jsem se jí</u>.*
Zeptal ses té lektorky?	Ano, ...
Seděl jsi vedle svého kamaráda?	Ne, ...
Bojíš se černých koček?	Ne, ...
Ptal se tě Petr na své brýle?	Ano, ...
Byl jsi v neděli u rodičů?	Ano, ...
Seděli vedle vás?	Ne, ...
Chceš tam jít sám?	Ne, bez (vy) tam nejdu.
Ptal ses těch studentů?	Ano, ...
Šel jsi kolem Vltavy?	Ano, ...
Bál ses toho muže?	Ne, ...
Kde byl Petr?	Byl u (já).

3 Přečti znovu telefonický rozhovor mezi Petrem a Kristýnou. Převyprávěj ho v minulém čase.
(Read again phone call between Petr and Kristýna. Retell it in past tense and write):

....
....
....
....
....

ČTENÍ

4 Jak často se díváte na televizi?

David a Katka jsou dnes večer doma. Chtějí se dívat na televizi.

D: Katko, kolik je hodin?

K: Šest.

D: Co dávají dneska večer v televizi?

K: Dneska je toho moc. <u>V půl sedmé</u> dávají koncert Lucie Bílé.

D: Aha .... a <u>ve čvrt na devět</u> je dobrý film.

K: Hm. Nějaká detektivka. A potom je seriál Sever a Jih.

D: Ale na ten se nemůžeme dívat! Na ČT 2 je <u>ve tři čtvrtě na deset</u> fotbal.

K: Ale Davide! Seriál musím vidět.

D: No tak se můžeš dívat u matky.

Pozorujte:

Dívám se **na** televizi. Co dávají **v** televizi?

TELEVIZNÍ PROGRAM

ČT 1		**ČT 2**	
18.00	**Předpověď počasí**	17.50	**Krasobruslení**
18.30	**Lucie Bílá**		- mistrovství světa
	- koncert	19.20	**Family Album**
19.10	**Večerníček**		- kurz angličtiny
19.25	**Reklama**	19.35	**Was?**
19.30	**Zprávy**		- kurz němčiny
20.15	**Místo činu**	19.55	**Knihy pro vás**
	- krim. seriál	20.20	**Sedm statečných**
21.40	**Sever a Jih**		- film
	- seriál	21.45	**Sparta Praha**
22.35	**Sport**		- AC Milán
23.10	**Zprávy**	23.40	**Kouzelný svět divadla a melodií**

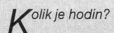

Kolik je hodin? V kolik hodin?

Kolik je hodin? V kolik hodin?

Je čtvrt na pět. Ve čtvrt na pět.

Je půl páté. V půl páté.

Je tři čtvrtě na pět. Ve tři čtvrtě na pět.

Je pět (hodin) a deset (minut).
Je za pět minut čtvrt na šest. V pět hodin a deset minut.

Je čtvrt na šest a pět minut.
Je za deset minut půl šesté. Ve čtvrt na šest a pět minut.

Je půl šesté a deset minut.
Je za pět minut tři čtvrtě na šest. V půl šesté a deset minut.

Je za deset minut šest.
Je tři čtvrtě na šest a pět minut. Ve tři čtvrtě na šest a pět minut.

5 Čtěte (Read):

Film začíná v 15,30. Film končí v 17,10.
Škola začíná v 8,30. Škola končí ve 12,45.
Obchod otvírá v 6,30. Obchod zavírá v 19,00.
Obědváme ve 13,30. Večeříme v 18,30.
Banka otvírá v 9,15. Banka zavírá v 16,15.

6 Podívejte se do televizního programu a zjistěte, kdy dávají
(Look at the television program and found out when is on):

zprávy seriál
hudební film (muzikál) sportovní program
dokument jazykový kurz
komedii předpověď počasí
něco pro děti hudební program

ÚTERÝ 2. BŘEZNA 2004

ČT1

06.00 Studio 6
- Dobré ráno s V. Žmolíkem
08.30 „21"
09.00 Zprávy
09.05 Kuřátka
09.45 Zpívánky
09.50 Angličtina pro nejmenší
    32. lekce
10.00 Salón Eliott II (1/12))D(
- britský seriál (1992)
10.55 Kufr
11.35 Lapidárium
- Příběh čertova vynálezu
11.50 Kronika
- Cesta do Kostnice

12.00 Zprávy
12.00 Cirkus Humberto (4/12)
SERIÁL - český seriál
12.55 CD Classic
HUDBA - novinky nahrávek vážné hudby
13.20 Historie klavíru (1/3)
14.05 Věra Lukášová (čb)
- filmová adaptace povídky B. Benešové

15.35 Báječná léta
- Deváťák
16.00 Zprávy
16.05 Sportissimo
17.55 Předpověď počasí

18.00 Zprávy
18.20 Mladí jezdci (10/24)
19.10 Večerníček
19.30 Události
20.00 VLASY
FILM - americký muzikál (1979).
Režie M. Forman.

22.10 Černé ovce
- publicistický pořad
22.30 Zprávy, Sport
22.35 HRA O KRÁLOVNU
FILM - český film (1980). Hrají H. Maciuchová,
R. Brzobohatý a další. Režie K. Steklý.

00.05 REBEL
- australský film (1985)
01.35 XII. mezinárodní jazzový
    festival Praha 1978

ČT2

08.00 Euronews
08.45 Večerníky (repríza)
- Jihomoravský večerník, Report, Večerník
09.30 Studio 6
- Dobré ráno s V. Žmolíkem

12.00 Euronews
13.40 Kanafas
- magazín pro celou rodinu
14.35 Aport
HUDBA - magazín o folku, country a trampské
muzice

15.05 Sportovní ozvěny
15.45 Seniorklub
16.30 Hunter
KRIMI - Havajský kupec. Americký seriál (1984)
17.00 Televizní univerzita
- Současná česká literatura. Mistrovská díla
světových galerií.

18.00 Teleskop
19.00 Zprávy
19.05 Regionální zpravodajství
19.20 Kultura 95
19.30 Katts a Rinnie (22/22)
- Co když nejsem policajt
20.50 Zjizvená tvář země
- horská architektura v Krkonoších

21.15 Městečko Twin Peaks
    (26/30)
- americký seriál
22.00 Prology
- měsíčník nezávislého studentského filmu
23.00 Hudební vizitka

NOVA TV

06.00 Snídaně s Novou
08.30 Mladí a neklidní (81)
- americký seriál
09.15 Dědictví aneb
FILM **Kurvahošigutntag**
- český film, 1992. V hl. roli Bolek Polívka.
Režie Věra Chytilová (118 min)
11.15 Občanské judo
11.35 Jump Street 21 (24)
-americký kriminální seriál

12.25 Helena a její chlapci (77)
- francouzský seriál
12.50 Tarzan II (24)
13.15 Dallas (62)
- americký seriál
14.30 M.A.S.H. (228)
- americký seriál
14.55 Tak jde čas (305)

15.40 Mike Hammer II (10)
- americký seriál
16.35 Helena a její chlapci (78)
- francouzský seriál
17.05 Dallas (63)
- americký seriál

18.25 Kutil Tim (74)
- Velký závod II
19.30 TV noviny
20.00 Ptákoviny
20.55 NEMOCNICE CHICAGO HOPE (19)
- americký seriál

21.45 Právě dnes
21.50 M.A.S.H. (229)
22.15 Proč?
22.35 Mike Hammer II (11)
- americký seriál
23.25 Wimbledon 95
23.55 DALŠÍ GENERACE
FILM - americká komedie (1992)

01.25 Nova na středu

GRAMATIKA C

Shoda jmen a sloves po číslovkách
(Noun and verb agreement with counted expressions)

A) Numbers above 5 are followed by the genitive plural, e.g.:
5 bílých karafiátů, 7 červených růží.

The expressions denoting quantity (**několik, mnoho, málo, hodně, dost, kolik**) also require the genitive, e.g.:
několik přátel
mnoho peněz
hodně volného času
málo studentů
Kolik párků chcete?

Porovnejte:

The numbers 2, 3, 4 are followed by the nominative plural, e.g.:
dva kamarádi, tři studentky, čtyři města

B) When any phrase containing numbers above 5 or the other quantifying words is the subject of the sentence the verb is singular:
Ve třídě **studuje** 6 studentů.
V Praze **je** mnoho kostelů.

In the past tense the verb has form like a neuter singular:
Ve třídě **studovalo** 6 studentů.
V Praze **bylo** mnoho kostelů.

Porovnejte:

the numbers 2, 3, 4 are followed by verb in plural:
Ve třídě **studují** dva Kanaďané.
Ve třídě **studovali** tři Američané.

CVIČENÍ C

1 Výrazy v závorkách dejte do správných forem
(Put the words in brackets into the correct form):
Ve městě je -
několik (hotel a restaurace), mnoho (obchod), málo (park), dost (kavárna), 4 (divadlo), 2 (knihovna), 3 (obchodní dům), 7 (kino), moc (ulice), 5 (kostel), 4 (vinárna), 2 (nemocnice), 6 (galerie), 3 (náměstí)

2 a) Dejte do správných forem (Put into the correct form):

V pokoji (viset) 5 (obraz). V pokoji visí 5 obrazů.
1. Na univerzitě (studovat) mnoho (student).
2. V České republice (žít a pracovat) hodně (cizinec).
3. Ve třídě (být) 10 (student).
4. V Brně (být) 2 (výstava).
5. Ve filmu (hrát) několik (známý herec).

6. Na poště (pracovat) málo (muž).

7. V Praze (být) mnoho (krásná zahrada).

8. Tam (stát) 3 (moje kamarádka).

9. Na koncertě (zpívat) 2 (Italka).

10. V tom domě (bydlet) 4 (rodina).

11. V obchodě (prodávat) několik (prodavač a prodavačka).

12. Ve městě (žít) mnoho (člověk).

b) Věty ze cvičení a) dejte do minulého času
(Put the sentences from exercise a into the past tense):

V pokoji (viset) 5 (obraz). <u>*V pokoji viselo pět obrazů.*</u>

DOPLŇUJÍCÍ AKTIVITY

1 Spojte dva sloupce (Match two columns):

1. Promiňte, že jdu pozdě.	A. Bohužel, nemám čas.
2. Co si přejete?	B. To je škoda.
3. Máte drobné?	C. Pět pohledů Prahy.
4. Promiňte.	D. To nevadí.
5. Je to všechno?	E. To je mi líto.
6. Chceš jít na výstavu?	F. Nic se nestalo.
7. Dávají nový film. Jdeme na něj?	G. To je jedno.
8. Ten výlet nebyl hezký.	H. Ne, nechutná mi.
9. Chceš ten čokoládový dort?	CH. Ne, ještě dvě známky.
10. Jednu kávu.	I. Děkuju, nápodobně.
11. Máš rád fazolový salát?	J. Prosím.
12. Včera jsem neměl čas.	K. Ne, nemám na něj chuť.
13. Kterou řadu chcete?	L. Nechce se mi.
14. Dobrou chuť!	M. Samozřejmě.
15. Nemám tady auto.	N. To je v pořádku.

2 Doplňte vždy jedno slovo (Fill in only one words):

Občas se ráda dívám .... televizi. Moc se mi .... hudební filmy, ale .... ráda taky sportovní programy. .... jsem se dívala na atletiku. Každou sobotu .... kurz angličtiny. Když mám čas, dívám se na .... V pátek .... jsou obvykle seriály. Začínají v .... deváté. Ale na .... se nedívám, protože jsou .... Mám .... ráda filmy, kde .... Mia Farrow nebo Meryl Streep. .... herečky .... mi moc líbí. Minulý .... jsem viděla .... televizi film „Vlk". .... tam několik .... herců.

3 Zeptej se ostatních studentů (Ask other students):

Díváš se rád/a na televizi? Na co se rád/a díváš?

4 Vyber si téma pro esej (Choose a topic for your essay):

a) Jak často se scházíte s přáteli u vás doma? Jak vypadá oslava narozenin? Kolik hostů obvykle přijde?

b) Kamarád/ka měl/a narozeniny. Napiš, jak jste je oslavili, kde jste byli, kdo tam byl, jaký dárek od tebe dostal/a, co jste jedli, pili, dělali. Jaké to bylo?

....
....
....
....
....
....
....
....
....
....
....
....
....
....
....
....
....
....
....
....
....
....
....

5 Řekněte, co dělají (Say what they do)

a) b) c) d)

e) f) g)

POSLECH

Martin chce jít večer ven - do kina nebo do divadla. Telefonuje na číslo Programů divadel, kde může dostat informace o tom, co hrají.

Úkoly:

Vyplňte následující tabulku:

Divadlo 1	Jméno divadla	
	Jméno představení	
	Jméno režiséra	
	Jména hlavních herců	
	Den a čas	
Divadlo 2	Jméno divadla	
	Jméno představení	
	Jméno režiséra	
	Jména hlavních herců	
	Den a čas	
Divadlo 3	Jméno divadla	
	Jméno představení	
	Jméno režiséra	
	Jména hlavních herců	
	Den a čas	

NOVÁ SLOVA

barevný adj *colourful*
bavit se *to talk, to chat*
bohatý adj *rich*
brýle pl *glasses*
člověk M *man, human being*
detektivka F *thriller*
elegantní adj *elegant, smart*
horký adj *hot*
chlebíček M *(open) sandwich*
jít pozdě *to be late*
karafiát M *carnation*
komedie F *comedy*
láhev F *bottle*
líný adj *lazy*
měkký adj *soft*
narozeniny pl *birthday*
obchodník M *business man*
odložit si pf *to take off*
odpovědět pf *to answer*
oslava F *celebration*
pamatovat se impf *to remember*
poslední adj *last*
povídat si impf *to talk*
růže F *rose*
scházet se impf *to meet*
soukromý adj *private*
světlý adj *light*
sympatický adj *likeable, nice, pleasant*
šťastný adj *happy, lucky*
viset impf *to hang*
vypadat impf *to look (like), to seem (to be)*
vzít, vezmu pf *to take*
zapomenout pf *to forget*
znovu adv *again, once more*

Lekce

8

Rodina

Najímání bytu

Elementary Czech

TEXTY

1 Rodina Kristýny

Kristýna teď žije v České republice, ale bez své rodiny. Její velká rodina je v Bulharsku, v Sofii.

Otec Kristýny je profesor na univerzitě. Její matka je v domácnosti. Kristýna má dva bratry a dvě sestry. **Bratři** studují na univerzitě v Sofii. Oba jsou svobodní. Sestra Milena je zdravotní sestra. Minulé léto měla svatbu. Teď nepracuje, protože má malou dceru. Manžel Alexandr pracuje jako stavební inženýr. Druhá sestra Kristýny Marija je ještě svobodná. Ráda cestuje, a proto má moc ráda svou práci - je průvodkyně v cestovní kanceláři. Marija má sympatického přítele, ale nechce se vdávat. Chce ještě hodně cestovat.

Dědeček Kristýny Asen a jeho žena Vanja jsou už v důchodu. Babička Irina a dědeček Stefan už nežijí.

Kristýna má hodně plánů. Na podzim začala studovat v Praze češtinu. Za rok chce jít na univerzitu a studovat aspoň dva semestry bohemistiku a taky angličtinu. Chce být překladatelka.

Kristýna v Praze často vzpomíná na svou rodinu. Dostává od všech dopisy a dvakrát měsíčně telefonuje domů. Ale nemá čas být smutná. Má opravdu moc práce a taky hodně nových přátel.

Pamatujte

otec (tatínek)	syn	bratr	dědeček	strýc	bratranec
matka (maminka)	dcera	sestra	babička	teta	sestřenice

Remember the family names:

Kristýna Asenovová + její rodiče + bratři + sestry = **Asenovovi**
Kočí - **Kočovi**, Bechyně - **Bechyňovi**, Novotný - **Novotných**

Úkoly:

1 Čtěte pozorně text „Rodina Kristýny" a napište k němu aspoň 10 otázek. (Read the text, Rodina Kristýny, carefully and write at least 10 questions about this text):

1. ....
2. ....
3. ....
4. ....
5. ....
6. ....
7. ....
8. ....
9. ....
10. ....

2. Odpovězte (Answer):

Kdo je Asen?   Kdo je Alexandr?
Kdo je Vanja?   Kdo je Marija?
Kdo je Stefan?   Kdo je Kristýna?
Kdo je Irina?   Kdo je Milena?

DOPLŇUJÍCÍ AKTIVITY

1

1 Čtěte (Read):

A: Co děláš?
B: Jsem student.
A: A co dělají tvoji rodiče?
A: Matka je prodavačka a otec učitel.

a) Podle modelu se ptejte a odpovídejte, používejte těchto slov
(Ask and answer according to the model using the following words):

ředitel/ka   obchodník
v domácnosti   číšník/číšnice
student/ka   sekretářka
lékař/ka   úředník/úřednice

b) Dejte stejné otázky svému partnerovi a jeho odpovědi napište
(Ask your partner the same questions, write his answers):

....

....

....

....

....

2 Řekněte správnou formu ženského příjmení a rodinného jména
(Use the correct form of female surname and family name):

Pavel Novák a Jana .... jsou ....
Pavel Novák a Jana Nováková jsou Novákovi.

Petr Hrabal a Eva .... jsou ....

Petr Štěpánek a Dana .... jsou ....

Karel Čapek a Olga .... jsou ....

Šimon Baar a Lída .... jsou ....

Karel Hermann a Jiřina .... jsou ....

Jiří Štěrba a Vlasta .... jsou ....

Karel Nový a Irena .... jsou ....

Jan Procházka a Lenka .... jsou ....

Václav Hudeček a Eva .... jsou ....

Tomáš Černý a Jitka .... jsou ....

TEXTY

2 Kristýna si najímá byt

Víme, že Kristýna bydlí na koleji. Nejdřív byla docela spokojená, ale teď už ji to nebaví. Chce mít svou koupelnu a kuchyň. A taky **její rodiče a bratři** chtějí na jaře přijet na návštěvu a můžou spát u ní. Proto jde Kristýna dneska do realitní kanceláře.

Úřednice: Dobrý den. Co si přejete?

Kristýna: Dobrý den. Chtěla bych si najmout byt.

Úřednice: Máte zájem o malý nebo velký byt?

Kristýna: Chtěla bych dvoupokojový byt.

Úřednice: Mám tady nějaké nabídky, ale ještě potřebuju vědět, kde asi ten byt chcete.

Kristýna: To je mi celkem jedno. Jenom ne v centru. Třeba v Podolí. To je blízko mé školy.

Úřednice: V Podolí mám jenom třípokojové a čtyřpokojové byty. Ale v Braníku - a to je hned vedle - je volný jeden zařízený dvoupokojový byt.

Kristýna: A není moc drahý?

Úřednice: Nájemné je 4000 korun. Elektřina a telefon se platí zvlášť.

Kristýna: To není špatné. A jak často se platí?

Úřednice: Jednou měsíčně.

Kristýna: Dobře. A můžu vidět fotografie nebo plány?

Úřednice: Samozřejmě. Tady je mám. Byt je v přízemí. Vidíte, v kuchyni je sporák i lednička. A tohle je obývací pokoj - je tam gauč, dvě křesla a velká knihovna. V ložnici jsou dvě postele a skříň.

Kristýna: Ten byt se mi moc líbí. Říkala jste, že je už teď volný?

Úřednice: Ano. Můžete tam bydlet od 1.února, to je za 14 dnů.

Kristýna: To mi vyhovuje. Zatím děkuju.

Pozorujte:

byt - **v bytě**, pokoj - **v pokoji**
obývací pokoj (obývák) - **v obývacím pokoji (obýváku)**
ložnice - **v ložnici**, kuchyň - **v kuchyni**

jednopokojový byt = pokoj a kuchyň (1+1)
dvoupokojový byt = 2 pokoje a kuchyň (2+1)
třípokojový byt = 3 pokoje a kuchyň (3+1)
čtyřpokojový byt = 4 pokoje a kuchyň (4+1)

Otázky k textu:

1. Proč Kristýna hledá byt?
2. Kam jde? Jaký chce byt a kde?
3. Jakou nabídku má úřednice?
4. Je byt drahý?
5. Je prázdný?
6. Jak je ten byt velký?
7. Jaké místnosti jsou v bytě?
8. Odkdy tam Kristýna může bydlet?

Co je v bytě?

Co je v kuchyni?
kuchyňská linka F (kitchen unit)
skříňka F (cupboard)
sporák M (stove)
trouba F (oven)
lednička F (fridge)
myčka nádobí F (dishwasher)
dřez M (sink)

Co je v obýváku?
sedací souprava F (sitting set)
křeslo N (armchair)
knihovna F (bookcase)
obraz M (picture)
police F (shelf)

Co je v ložnici?
postel M (bed)
skříň F (wardrobe)
zrcadlo N (mirror)
koberec M (carpet)
záclona F (window) lace curtain
závěs M (draps)

Co je v koupelně?
umývadlo N (wash-bowl)
vana F (bath-tub)
sprcha F (shower)
pračka F (washing machine)

GRAMATIKA A

1 Nominativ plurálu maskulin životných
(Nominative plural of masculine animate)

Pozorujte:

bratři studují, rodiče chtějí přijet ...

Zájmena, číslovky, adjektiva

ten	**TI**	dva	**DVA**	můj	**MÍ/MOJI**	nový	**NOVÍ**
		tři	**TŘI**	tvůj	**TVÍ/TVOJI**	moderní	**MODERNÍ**
		čtyři	**ČTYŘI**	jeho	**JEHO**		
				její	**JEJÍ**		
				náš	**NAŠI**		
				váš	**VAŠI**		
				jejich	**JEJICH**		

Substantiva

student	**STUDENTI**	-I	
muž	**MUŽI**	-I	
pán	**PÁNI/PÁNOVÉ**	-I/-OVÉ	(monosyllabic nouns)
uči<u>tel</u>	**UČITELÉ**	-É	(nouns ending in -tel)
Americ<u>an</u>	**AMERIČANÉ**	-É	(nouns ending in -an)
ekolog	**EKOLOGOVÉ**	-OVÉ	(nouns ending in -g)
ekonom	**EKONOMOVÉ**		(professions of foreign origin)

Pamatujte:

1. The final hard consonant is softened in masculine animate nouns and adjectives with the ending **-i** and **-í**:

úřib<u>k</u> - úřib<u>ci</u>
<u>Č</u>e<u>ch</u> - Če<u>ši</u>
brat<u>r</u> - brat<u>ři</u>
bů<u>h</u> - bo<u>zi</u>
hez<u>ký</u> kluk - hez<u>cí</u> kluci
ti<u>chý</u> kamarád - ti<u>ší</u> kamarádi
dob<u>rý</u> bratr - dob<u>ří</u> bratři
dra<u>hý</u> přítel - dra<u>zí</u> přátelé

2. In the Nominative plural masc. adjectives with the ending **-ský, -cký** change to **-ští, -čtí**:

če<u>ský</u> politik - če<u>ští</u> politici
ameri<u>cký</u> student - ameri<u>čtí</u> studenti

3. Irregular forms:

přítel - přátelé
člověk - lidé

Něco o obecné čeština (Notes on colloquial Czech)

a) literary forms	b) colloquial forms
Nominative	Nominative
John a Brad jsou <u>chytří</u> studenti.	John a Brad jsou <u>chytrý</u> studenti.
Helena a Jana jsou <u>hezké</u> ženy.	Helena a Jana jsou <u>hezký</u> ženy.
Líbí se mi <u>stará</u> města.	Líbí se mi <u>starý</u> města.
Accusative	Accusative
Znají <u>chytré</u> studenty.	Znají <u>chytrý</u> studenty.
Mám rád <u>hezké</u> ženy.	Mám rád <u>hezký</u> ženy.
Mám rád <u>stará</u> města.	Mám rád <u>starý</u> města.

a) In the written language and formal style the nominative and accusative M, F, N in plural have <u>different</u> endings.
b) In the spoken language and informal style adjectives in the nominative and accusative plural have <u>uniform</u> endings.

2 Zájmena každý, žádný, všichni (Pronouns every/each - no/none -all)

The pronouns **každý** and **žádný** are declined like hard adjectives.
Remember the irregular plural of the pronoun *každý, -á, -é* is
všichni (Ma), **všechny** (Mi,F), **všechna** (N).

	M	F	N
sg	**každý** muž/slovník	**každá** chyba	**každé** město
	žádný muž/slovník	**žádná** chyba	**žádné** město
pl	**všichni** muži (Ma)	**všechny** chyby	**všechna** města
	všechny slovníky (Mi)		
	žádní muži (Ma)	**žádné** chyby	**žádná** města
	žádné slovníky (Mi)		

GRAMMAR NOTES *page* 242

CVIČENÍ A

1 a) Dejte substantiva do správných forem
(Put the nouns into the correct form):

To jsou

bratr, kluk, kamarád, přítel, číšník, inženýr, Čech, syn, lékař, pán, Němec, profesor, kameraman, režisér, Angličan, Američan, doktor, učitel, přítel, člověk, lektor, ekolog

b) Spojte substantiva s adjektivy a zájmeny
(Complete the nouns above with the adjectives):

tvůj, milý, náš, váš, špatný, známý, mladý, její, váš, cizí, sympatický, starý, nový, dobrý, svobodný, ženatý, jejich, francouzský, tvůj, chytrý, americký, český

2 Slovní spojení ze cvičení 1 a, b doplňte do otázek s akuzativem. Použijte zájmeno ten. (Complete the following questions in accusative with the expressions from exercise 1 a,b. Use the pronoun „ten"):

Čekáš na ...? (tvůj bratr)
<u>*A: Čekáš na ty své bratry? B: Ano, čekám na ně./Ne, nečekám na ně.*</u>

Čekáš na ...?	Těšíš se na ...?	Díváš se na ...?
Znáš ...?	Myslíš na ...?	
Vidíš ...?	Pamatuješ se na ...?	

3 Zeptejte se o odpovězte (Ask and answer):

Kdo žije v Polsku? <u>V Polsku žijí Poláci.</u>

Kdo žije -

v České republice?	v Rakousku?	na Slovensku?
ve Francii?	v Itálii?	v Kanadě?
v Americe?	v Maďarsku?	ve Švédsku?
v Anglii?	v Rusku?	v Bulharsku?

4 a) Odpovězte na následující otázky, v odpovědích použijte profese ze seznamu (Answer the following questions, use professions from the list):

student, úředník, ředitel, lékař, konzultant, lektor, zpěvák, učitel, herec, prodavač, programátor, inženýr, číšník, manažer, režisér

Kdo pracuje v nemocnici?	Kdo se učí ve třídě?
v podniku/ve firmě?	Kdo hraje v divadle?
v bance?	Kdo zpívá v klubu?
v obchodě?	Kdo pracuje u počítače?
ve škole?	
v restauraci?	

b) Vytvořte názvy ženských profesí k výše uvedeným mužským. (Find female professions for the above male professions.)

5 Doplňte správné formy zájmen **každý, žádný, všichni**
(Fill in the correct forms of the pronouns každý, žádný, všichni):

1. .... začátek je těžký.
2. Nemám .... slovník.
3. Přišli .... kromě Davida.
4. Nechce mít .... problémy.
5. Měla ráda .... svoje děti.
6. .... může mít svůj názor.
7. Neznám skoro .... české autory.
8. .... historická města jsou zajímavá.
9. Od .... přátel dostávala květiny.
10. Má dárky pro .... přátele.
11. .... člověk není bez chyb.
12. Jeden za .... , ... za jednoho. (Rozumíte?)

GRAMATIKA
B

Časové otázky Kdy? Jak dlouho? Jak často?
(Time questions When? How long? How often?)

KDY?

	včera	(yesterday)
	dnes, dneska	(today)
	předevčírem	(the day before yesterday)
	zítra	(tomorrow)
	pozítří	(the day after tomorrow)
	ráno	(in the morning)
	dopoledne	(in the morning, forenoon)
	v poledne	(at noon)
	odpoledne	(in the afternoon)
	večer	(in the evening)
	o půlnoci	(at midnight)
	tuhle sobotu	(this Saturday)
	příští týden	(next week)
	minulý týden	(last week)
	o víkendu	(during the weekend)
leden	**v lednu**	(in January)
únor	**v únoru**	(in February)
březen	**v březnu**	(in March)
duben	**v dubnu**	(in April)
květen	**v květnu**	(in May)
červen	**v červnu**	(in June)
červenec	**v červenci**	(in July)
srpen	**v srpnu**	(in August)
září	**v září**	(in September)
říjen	**v říjnu**	(in October)
listopad	**v listopadu**	(in November)
prosinec	**v prosinci**	(in December)

JAK ČASTO?

	každý den	
	každý týden	
	každou středu	
	občas	(occasionally)
	někdy	(sometimes)
	nikdy	(never)

125

jednou za hodinu = jeden**krát** za hodinu (once in an hour)
dva**krát** za den = dvakrát denně (twice a day)
tři**krát** za týden = třikrát týdně ((three times a week)

Je také:

čtyřikrát, pětkrát, šestkrát...

za měsíc = měsíčně (monthly)
za rok = ročně (annually)

JAK DLOUHO?

jednu hodinu

dvě hodiny

jeden den

dva týdny

celý měsíc   (a whole month)

tři měsíce

jeden rok

dva roky

pět roků (let)

CVIČENÍ
B

1 Odpovězte (Answer):

a) Kdy jedeš na hory?
   Kdy máš čas?
   Kdy se učíš?
   Kdy čteš knihu?
   Kdy píšeš dopis?
   Kdy hraješ tenis?
   Kdy lyžuješ?
   Kdy cestuješ?

b) Jak často nakupuješ?

   Jak často čteš knihu?
   Jak často píšeš dopisy?
   Jak často jíš v restauraci?
   Jak často piješ pivo?
   Jak často cvičíš?
   Jak často mluvíš česky?
   Jak často chodíš do kina?
   Jak často jezdíš na výlet?
   Jak často se díváš na televizi?
   Jak často chodíš do divadla nebo na koncert?

c) Jak dlouho jsi tady?

   Jak dlouho znáš svého manžela/svou manželku?
   Jak dlouho znáš svého přítele/svou přítelkyni?
   Jak dlouho se učíš česky?

Jak dlouho jsi nebyl doma?
Jak dlouho čekáš na kamaráda?
Jak dlouho studuješ každý den?
Jak dlouho píšeš dopis?

2 Pracujte ve dvojicích. Ptejte se a odpovídejte (In pairs, ask and answer questions.) Používejte časová určení (Use time expressions): **včera, včera večer, minulý týden (měsíc, rok), v sobotu, v neděli, dnes ráno, nikdy ... .**

mluvit španělsky: *A: Kdy jsi naposledy mluvil španělsky?*
B: Naposledy jsem mluvil španělsky dnes ráno./Nikdy.

Kdy jsi naposledy .....?
vidět americký film
učit se cizí jazyk
poslouchat klasickou hudbu
telefonovat domů
koupit zeleninu
bát se
chtít jet na výlet

dostat dárek
jít na výstavu
jet na hory
být nemocný
jíst bramborák
pít becherovku
hrát tenis
číst román

3 Tvořte otázky (Make questions):

....? Na televizi se dívám <u>v 7 hodin</u>.

....? Učil jsem se španělsky <u>dva roky</u>.

....? <u>Občas</u> chodím do kina.

....? Jsem tady <u>dva měsíce</u>.

....? Jezdím na hory <u>v zimě</u>.

....? Eva se chce učit anglicky <u>dvakrát týdně</u>.

....? Je právě <u>8 hodin</u>.

....? Byl jsem tam <u>půl roku</u>.

....? Studuju většinou <u>odpoledne</u>.

....? Noviny čtu <u>každý den</u>.

....? Ten film dávají až <u>pozdě večer</u>.

....? Nájemné platíme <u>jednou měsíčně</u>.

GRAMATIKA C

Slovesa jít-chodit, jet-jezdit (The verbs jít-chodit, jet-jezdit)

The verbs **jdu - jedu** express a single action in a definite time.

The verbs **chodím - jezdím** express repeated action or an action which does not occur in a definite time.

GRAMMAR NOTES
page
242

127

Pozorujte:

Dneska večer **jdu** do kina. (I am going to a movie tonight.)
Chodíme na procházku každý den. (We go for walks every day.)
Za hodinu **jedu** do Prahy. (I am going to Prague in an hour.)
V létě **jezdíme** často na výlety. (In summer we go often for trips.)

CVIČENÍ
C

1 Doplňte slovesa **jít-chodit, jet-jezdit** v přítomném čase
(Complete the sentences with jít-chodit, jet-jezdit in the present tense):

1. (já) Dneska .... na koncert.
2. Kdy .... Helena do Prahy?
3. Jejich dcera už .... do školy.
4. Každý týden .... (my) do kina.
5. Hana a Tomáš .... dneska večer do divadla.
6. Kam ...., Petře?
7. (ty) Kam .... hrát tenis?
8. (ty) .... dneska pěšky nebo .... metrem?
9. (my) Každou zimu .... na hory.
10. (já) V pondělí .... do kurzu němčiny.
11. Musím .... nakupovat na víkend.
12. (vy) Kdy .... do Itálie?
13. Honza a Marie spolu .... už dva roky.

2 Doplňte **jít-chodit, jet-jezdit** v minulém čase
(Complete the sentences with jít-chodit, jet-jezdit in the past tense):

Minulý rok .... do Itálie. Mám rád italskou kuchyni, a proto
.... často .... na špagety. Občas .... autem na výlety.
Jednou .... do Říma, protože jsem chtěl vidět Koloseum.
.... taky do galerie podívat se na obrazy italských malířů.
Potkal jsem tam jednoho kamaráda z Bostonu! .... spolu na
capuccino a bavili jsme se. Přítel .... druhý den do Florencie a já
jsem se vrátil do svého hotelu u moře. Každé ráno .... na pláž
a odpoledne .... na
výlety lodí.

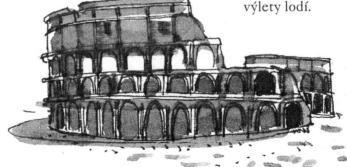

1 Připravte rodokmen své rodiny a vyprávěj o ní. Spolužáci se ptají na to, co je ještě zajímá. (Make your family tree. Your fellow students can ask you questions about your family.)

2 Doplňte dialogy (Complete the following dialogues):

a) A: Máš ....?
B: Ne, ... jenom bratra.

b) A: Tomáši, co dělají ....?
B: Moje .... je .... a otec ....

c) A: Aleno, je tvůj bratr ....?
B: Ano, jeho žena .... Jitka.
A: Kde pracuje?
B: ....

d) A: Co dělá tvoje sestra?
B: Moje .... je .... a je už .... Její .... je lékař.

e) A: Davide, máš ještě .... a .... ?
B: Ano, ale už nepracují, jsou ....

3 Doplňte dialogy (Complete the following dialogues):

a) A: Chtěl bych si najmout byt.
B: ....?
A: Velký třípokojový byt.
B: ....
A: Ten je moc malý.

b) A: ....
B: Jaký byt?
A: ....
B: Můžu vám nabídnout čtyřpokojový.
A: ....

c) A: Potřebuju pokoj na půl roku.
B: ....?
A: Ano, zařízený.
B: ....
A: To mi vyhovuje.

d) A: Chtěla bych ....
B: .... jednopokojový byt.
A: .... příliš malý. Potřebuju ....
B: Dobře. Ukážu vám ....
A: Jsou pokoje .... ?

B: ....

A: A co kuchyň?

B: Je tam ....

A: .... ?

B: .... se platí ....

4 Popište svůj dům, byt nebo pokoj na koleji v České republice a doma. (Write a description of your house, your department, or a part of the dormitory where you are living, in the CR and in your country).

ROLEPLAY

a) Denisa a Tomáš se potkají na party. Chtějí se něco o sobě dozvědět. (Denisa and Tomáš meet at a party. They ask questions to find out about each other. One of you is Tomáš and one of you is Denisa.)

Jméno:	Tomáš Havel	Denisa Olšavská
Stát:	Česká republika, Brno	Slovensko, Trnava
Rodina:	ženatý, 2 děti	svobodná,
	manželka Lucie, sekretářka	přítel Ján , zpěvák
Zaměstnání:	programátor	průvodkyně
Hobby:	film, sport, zahrada	hudba, hory, knihy

b) Potřebuješ byt. Jdeš do realitní kanceláře. Chceš velký byt, protože tam chceš bydlet s kamarádem. Můžeš platit maximálně 5000 Kč měsíčně. (You need a flat. You go to a real estate agency. You want a large flat, because you want to live with a friend. You can pay, at the most, 5000 crowns per month.)

POSLECH

Alena a její rodina koupili nový byt. Alena to chce říct kamarádce Mileně, a proto jí telefonuje.

Úkoly:

1. Najděte ve slovníku:
přestěhovat se, uklizený

2. Označte, co je pravda:
- [ ] Alena volá z práce.
- [ ] Alena se minulý víkend přestěhovala.
- [ ] Byt Aleny je uklizený.
- [ ] Alena má dva syny.
- [ ] Byt má terasu.
- [ ] Alena má teď hodně času.
- [ ] Alena musí koupit všechno do kuchyně.
- [ ] Milena a její manžel navštíví Alenu a její rodinu tento pátek.
- [ ] Alena nechce vázu.

2. Podívejte se na list z diáře Aleny:

a) Kolikátého se Alena a její rodina přestěhovali?
   Kolikátého Alena telefonovala Mileně?
   Kdy chce nakupovat?
   Kolikátého čeká návštěvu Mileny a jejího muže?

b) Co myslíš, jakou práci dělá Alena?
   Co má asi ráda?

PO 3	Othello 20,00
ÚT 4	připravit materiály pro ředitele (Liberec)
ST 5	Liberec!
ČT 6	
PÁ 7	stěhujeme se
SO 8	
NE 9	
PO 10	zavolat Mileně
ÚT 11	
ST 12	
ČT 13	připravit peníze - nákupy!
PÁ 14	
SO 15	
NE 16	
PO 17	
ÚT 18	
ST 19	
ČT 20	
PÁ 21	Tosca?
SO 22	
NE 23	

NOVÁ SLOVA

bavit impf *to attract, to interest*
být v domácnosti *to be a housewife*
být v důchodu *to be retired*
celkem *in the main general, roughly speaking*
centrum N *centre*
cestovat impf *to travel*
cestovní kancelář F *travel agency*
dostávat impf *to get*
dřez M *sink*
elektřina F *electricity, power*
gauč M *bet-setee, day bed*
hledat impf *to look for*
chyba F *error, mistake*
inzerát M *advertisement, classified ad*
italská kuchyně F *Italian cuisine*
jaro N *spring*
kameraman M *cameraman*
knihovna F *bookcase, library*
koberec M *carpet*
křeslo N *arm-chair*
kuchyň F *kitchen*
kuchyňská linka F *kitchen unit*
lednička F *refrigerator*
léto N *summer*
loď F *ship, boat*
ložnice F *bedroom*
manažer M *manager*
manžel M *husband*
moře N *sea*
myčka nádobí F *dishwasher*
nabídka F *offer*
názor M *opinion*
nejvíc adv *most*
občas adv *from time to time, occasionally*
obývací pokoj M (obývák) *living room*
pláž F *beach*
počítač M *computer*
podzim M *autumn, fall*
police F *shelf*
pračka F *washing machine*
programátor M *programmer*
průvodkyně F *guide*
překladatelka F *translator*
přijet pf *to arrive*
realitní kancelář F *real estate agent's, realtor*
Řím M *Roma*
sedací souprava F *sitting set*
semestr M *semester, term*
skoro adv *almost*

skříňka F *cupboard*
sporák M *stove*
stavební inženýr M *civil engineer*
svatba F *wedding*
svobodný adj *single*
těžký adj *hard, difficult*
trouba F *oven*
vana F *bath-tub*
vdaná adj *married (woman)*
vdávat se impf *to get married*
vyhovovat impf *to be convenient*
vzpomínat (si) impf *remember*
záclona F *(window) lace curtain*
zájem M *interest*
zařízený adj *furnished, fully equipped*
zatím adv *for the moment*
závěs M *draps*
zdravotní sestra F *nurse*
zima F *winter*
zpěvák M *singer*
zrcadlo N *mirror*
ženatý adj *married (man)*
ženit se impf *to get married*

Cestujeme

Počasí. Roční období.

Elementary Czech

TEXTY

1 Výlet do Brna

Kristýna a Petr rádi cestují. Minulý víkend byli **v Brně.** Jeli tam v sobotu brzy ráno. Kristýna <u>vstala</u> v 5,30, <u>nasnídala se</u> a pospíchala na nádraží. Petr na ni čekal u pokladny. <u>Koupili</u> si místenky. Vlak odjížděl v 7,05. Bylo hezky a teplo. Petr vyprávěl **o své sestře Lence.** Jeho sestra žije **v Brně.** Je vdaná a má jednoho syna. Chtějí ji <u>navštívit.</u>

Po desáté hodině <u>přijel</u> vlak do Brna. Petr a Kristýna se nejdřív procházeli **po městě.** V poledne šli na oběd do bulharské restaurace. Petr poprvé <u>ochutnal</u> bulharské národní jídlo. **Po obědě** <u>se</u> šli <u>podívat</u> na hrad Špilberk, odkud je pěkný pohled na město. Potom <u>koupili</u> pohledy, <u>sedli si</u> do cukrárny na kávu a Kristýna <u>napsala</u> domů. Najednou <u>začalo</u> pršet. Chvíli čekali **v cukrárně.** Pršelo pořád. <u>Vzali si</u> taxi a jeli na náměstí Svobody, kde bydlí Lenka. Ta měla radost, že je vidí. <u>Připravila</u> dobrou večeři. Všichni jedli, pili a potom dlouho povídali. Kristýna mluvila **o své rodině** a **o Bulharsku.** Manžel Lenky Milan <u>řekl</u>, že četl zajímavou knihu **o Balkánu a jeho historii.**

Nakonec <u>se domluvili</u>, že v létě <u>pojedou</u> společně do Bulharska. „A kdy pojedeme?" <u>zeptala se</u> Lenka. „Třeba **v červenci.** Můžeme <u>zůstat</u> několik dní u mých rodičů **v Sofii,**" řekla Kristýna. „A <u>budeme se opalovat</u> **na pláži** a <u>koupat</u> **v moři** - doufám, že <u>bude</u> horko. A taky <u>navštívíme</u> kláštery a stará města," řekl Milan.

Kristýna a Petr šli potom ještě na koncert zpěvačky Lucie Bílé. Kristýna už **o ní** hodně slyšela a byla na ni zvědavá. Když koncert <u>skončil</u>, šli pěšky domů. Už nepršelo a bylo docela teplo. „A co <u>budeme dělat</u> zítra?" <u>zeptala se</u> Kristýna Petra. „<u>Uvidíme</u>, záleží **na počasí,**" <u>odpověděl</u> Petr. „A taky **na mě,** co <u>budu chtít vidět</u>, ne?" „Samozřejmě, taky **na tobě.**"

 Pozorujte:

imperfective verbs	perfective verbs
přicházet	přijít
odcházet	odejít
přijíždět	přijet
odjíždět	odjet
procházet se	projít se
scházet se	sejít se

Otázky k textu:

a) 1. Kdy jeli Kristýna a Petr do Brna?
   2. Co dělala Kristýna, když vstala?
   3. Kde čekal Petr?
   4. Co si koupili?
   5. O kom vyprávěl Petr ve vlaku?
   6. Má jeho sestra děti?
   7. Kdy přijel vlak do Brna?
   8. Kde se Petr a Kristýna procházeli?
   9. V které restauraci jedli?
   10. Kdy se šli podívat na hrad Špilberk?
   11. Co dělali potom?
   12. Proč si vzali taxi?
   13. Proč měla Lenka radost?
   14. O čem všichni mluvili při večeři?
   15. Co dělali Kristýna a Petr potom?
   16. Kdo je Lucie Bílá?
   17. Jaké počasí bylo po koncertě?
   18. Měli Kristýna a Petr plány na neděli?

b) Kde je „Balkán"? Jak se správně jmenuje? Které státy tam jsou? Co o nich víte?

2 Informace na nádraží

Alena, úředník

A: Prosím vás, jede teď něco do Prahy?
Ú: Ano, za půl hodiny - v 11,30 - jede vlak z druhého nástupiště.
A: Je to přímý vlak nebo budu muset přestupovat?
Ú: Musíte přestoupit v Kolíně. Ale odpoledne v 15,30 jede rychlík a ten je přímý.
A: Kolik stojí lístek?
Ú: 60 korun.

3 Informace v cestovní kanceláři

Kristýna, úřednice

K: Chtěla bych jet z Prahy do Bratislavy. Můžete mi poradit nějaké spojení?

Ú: Několikrát za den jezdí autobus. Chcete jet ráno nebo odpoledne?

K: Někdy odpoledne.

Ú: V 16,30 z Florence.

K: Děkuju. A kdy jezdí vlak?

Ú: Odpoledne v 16,51 z Hlavního nádraží, ale cesta trvá pět hodin. V Bratislavě budete v 22,04.

K: A v kolik hodin tam přijede autobus?

Ú: V 21 hodin.

K: Pojedu tedy autobusem. Potřebuju jednu zpáteční jízdenku s místenkou.

Ú: Ta stojí 180 korun.

---

4 Mluvíme o počasí

Jak je dneska? (Jaké je dneska počasí)?

Svítí slunce.	The sun is shining.
Je zataženo.	It is cloudy.
Je mlha.	It is foggy.
Fouká vítr.	The wind is blowing.
Dneska je zima (chladno).	Today it is cold.
Sněží. (Padá sníh.)	It is snowing.
Prší.	It is raining.
Mrzne. (Je mráz.)	It is freezing.

Jak bylo včera? (Jaké bylo včera počasí?)

Svítilo slunce.
Bylo zataženo.
Byla mlha.
Foukal vítr.
Včera byla zima. Včera bylo chladno.
Sněžilo. Padal sníh.
Pršelo.
Mrzlo. Byl mráz.

Jak bude zítra?
(Jaké bude zítra počasí?)

Bude svítit slunce.
Bude zataženo.
Bude mlha.
Bude foukat vítr.
Bude zima (chladno).
Bude sněžit. (Bude padat sníh.)
Bude pršet.
Bude mrznout. (Bude mráz.)

5 Roční období

Česká republika leží ve střední Evropě. Říkáme, že má mírné podnebí. To znamená, že rok má čtyři období a každé z nich trvá tři měsíce.

21.března je první jarní den. Obvykle ještě není moc teplo. Svítí slunce, sníh začíná tát. Kvetou stromy a květiny. Lidé pracují na zahradě, děti jezdí na kole. Oblíbený jarní svátek jsou Velikonoce. Ženy a děti barví vejce. Na Velikonoční pondělí jdou kluci na koledu.

21.června začíná léto. Dny jsou dlouhé a noci krátké. Často je horko a sucho. Někdy je bouřka.

V červenci začínají prázdniny. Jezdíme na dovolenou na své chaty nebo k moři. Tam se koupeme, plaveme a opalujeme se. Koupat se můžeme i tady - v rybníku, v řece, v jezeru nebo v bazénu. Chodíme na dlouhé procházky nebo jezdíme na výlety do neznámých míst. Taky sportujeme - hrajeme tenis, volejbal, fotbal, minigolf. Kdo má rád pěší turistiku, může jet na hory.

Od 23.září je podzim. Zraje ovoce. Ráno je mlha. Ve dne je ještě jasno a teplo, ale v noci už je chladno. Později je zataženo, fouká vítr a prší. Ze stromů padá listí. Chodíme do lesa a sbíráme houby. Děláme ohníčky a děti pouštějí draky.

Skutečná zima začíná 21.prosince. Padá sníh. Často je mráz. Můžeme lyžovat, sáňkovat nebo bruslit. Všichni se těší na Vánoce a na nový rok.

Pozorujte:

	Kdy?	adjective
jaro, N	na jaře	jarní
léto, N	v létě	letní
podzim, M	na podzim	podzimní
zima, F	v zimě	zimní

Otázky:

1. Kdy začíná jaro?
2. Jaké počasí je na jaře?
3. Co děláme na jaře?
4. Co víš o velikonocích?
5. Kdy začíná léto?
6. Kdy jsou prázdniny?
7. Co děláme v létě?
8. Kam jezdíme v létě?
9. Kdy začíná podzim?
10. Co dělají děti na podzim?
11. Co roste na podzim v lese?
12. Kdy začíná zima?
13. Co děláme v zimě?
14. Jak slavíte Vánoce?

DOPLŇUJÍCÍ AKTIVITY
1

1 Napište krátkou esej: Které roční období máš rád/a a proč.
(Write a short essay: Which season do you like, and why.)

....

....

....

....

....

....

....

....

2 Čtěte předpověď počasí v novinách a řekněte, jaké je počasí v některých evropských městech. (Read a weather forecast in the newspaper and describe the weather in some European city.)

3 Jaké počasí je teď ve vaší zemi?

4 Ptejte se, jaké počasí je v různých zemích
(Ask what the weather is like in different countries):

A: Pojedu v červnu do Švédska.
B: A jaké je tam v červnu počasí?
A: Ještě ne moc teplo.

1. Řecko - srpen
2. Norsko - leden
3. Skotsko - duben
4. Británie - říjen
5. Itálie - září
6. Kanada - únor

5 Řekněte, jaké počasí je na obrázcích a co můžeme dělat. (Tell what kind of weather is at the pictures and which kind of activity we can do):

Lokál singuláru (The Locative singular)

Pozorujte: vyprávěl o své sestře, po obědě, záleží na tobě...

Otázky : O kom? O čem?

Zájmena, číslovka 1, adjektiva

M, N

ten, to	**TOM**	jeden, jedno	**JEDNOM**	můj, moje	**MÉM**	český	**ČESKÉM**
				tvůj, tvoje	**TVÉM**	moderní	**MODERNÍM**
				jeho	**JEHO**		
				její	**JEJÍM**		
				náš, naše	**NAŠEM**		
				váš, vaše	**VAŠEM**		
				jejich	**JEJICH**		

F

ta	**TÉ**	jedna	**JEDNÉ**	má	**MÉ**	česká	**ČESKÉ**
				tvá	**TVÉ**	moderní	**MODERNÍ**
				jeho	**JEHO**		
				její	**JEJÍ**		
				naše	**NAŠÍ**		
				vaše	**VAŠÍ**		
				jejich	**JEJICH**		

Nouns

Mi

sešit	**o SEŠITU/v SEŠITĚ**	-U/-Ě
stůl	**na STOLE**	-E
pokoj	**v POKOJI**	-I

The ending of Mi hard nouns may be either **-e/-ě** or **-u**, but in many common nouns **-e/-ě** is more usual, especially in set phrases with the prepositions **v** or **na**. Most nouns in **-g, -h, -ch, -k, -r** only use the ending **-u**, and this restriction also applies to most abstract nouns and nouns of foreign origin, for example:

park - **v parku**
katalog - **v katalogu**
hotel - **v hotelu**
film - **ve filmu**

Ma

student	**o STUDENTU/o STUDENTOVI**	-U/-OVI
muž	**o MUŽI/o MUŽOVI**	-I/-OVI
přítel	**o PŘÍTELI**	-I

Ma nouns, especially hard ones, use the ending **-ovi** for the last of a group of nouns denoting one person:

Mluví o **Petrovi.**
Mluví o **Petru Horákovi.**
Mluví o inženýru **Petru Horákovi.**

F

žena	**o ŽENĚ**	-Ě
škola	**ve ŠKOLE**	-E
židle	**na ŽIDLI**	
skříň	**na SKŘÍNI**	-I
místnost	**v MÍSTNOSTI**	

Pozorujte:

Praha - **v Praze**	-ha	→ -ze
holka - **o holce**	-ka	→ -ce
sestra - **o sestře**	-ra	→ -ře
sprcha - **ve sprše**	-cha	→ -še

N

město	**ve MĚSTĚ**	-Ě
divadlo	**v DIVADLE**	-E
moře	**v MOŘI**	-I
náměstí	**na NÁMĚSTÍ**	-Í

Neuter nouns ending in **-g, -k, -h, - ch** take the ending **-u**:

tango - **o tangu**
Polsko - **v Polsku**
ticho - **v tichu**

GRAMMAR NOTES *page* 243

CVIČENÍ

A

1 Ptejte se a odpovídejte, používejte prepozice **v/ve, na**
(Make questions and answers, using the prepositions v/ve, na):

Jana - Brno: <u>*Kde bydlí Jana? V Brně.*</u>
Jean - Francie: <u>*Kde žije Jean? Ve Francii.*</u>

Pavel - Morava	Lenka - Slovensko	Kristýna - Bulharsko
Irena - kolej	Karel - Švédsko	Adam - Amerika
Kim - byt	Marie - Česká republika	Antonín - Olomouc
Sára - Rakousko	Hana - Itálie	Jirka - dům
Tomáš - Praha	Marcela - Kanada	
David - vila	Michal - hotel	

2 Ptejte se a odpovídejte (Ask and answer):

Kde je Miláno? sever Itálie: <u>*Miláno je na severu Itálie.*</u>
severní Itálie: <u>*Miláno je v severní Itálii.*</u>

Kde je Řecko?	jih Evropy:	....
	jižní Evropa:	....
Kde je Cheb?	západ Čech:	....
	západní Čechy:	....
Kde jsou Orlické hory?	východ Čech:	....
	východní Čechy:	....
Kde je Ostrava?	sever Moravy:	....
	severní Morava:	....
Kde je Znojmo?	jih Moravy:	....
	jižní Morava:	....
Kde je Francie?	západ Evropy:	....
	západní Evropa:	....

Kde je Třeboň? jih Čech: ....

jižní Čechy: ....

Kde jsou Košice? východ Slovenska: ....

východní Slovensko: ....

3 Odpovídejte, používejte prepozice v/ve, na (Answer using prepositions v/ve, na):

Kde jsi byl/a?

nová škola: <u>*Byl/a jsem v nové škole.*</u>

hlavní náměstí: <u>*Byl/a jsem na hlavním náměstí.*</u>

italská kavárna, luxusní hotel, můj pokoj, Pražský hrad, dobrý oběd, náš byt, západní Anglie, severní Amerika, Národní divadlo, jižní Morava, pražské letiště, zajímavá výstava, moderní kino, historické město, starý dům, Stavovské divadlo, americký film, dobrá káva, východní Francie...

4 Odpovídejte (Answer):

a) **O čem mluvíš/přemýšlíš?**

dobrý film, rocková hudba, poslední prezident, fotbal, tenis, koncert, zajímavá výstava, divadlo, politika, nová gramatika, dobrá přítelkyně, nudná práce, česká kniha

b) **Na kom/čem ti záleží?**

nový kamarád, má matka, můj bratr, dobrá česká učitelka, moje práce, naše rodina

5 Řekni svůj názor (Discuss your opinions):

Co si myslíš o ...? <u>*Myslím si, že ....*</u>

prezident Havel, tvoje matka, tvůj přítel, rocková hudba, Praha, britská monarchie, práce učitele, film ......, Česká republika

6 Tvořte věty (Make sentences):

včera - výstava: *Kde jsi byl/a včera?*

<u>*Včera jsem byl/a na výstavě.*</u>

pondělí - dobrý koncert: ....

úterý - Praha: ....

středa - Národní divadlo: ....

čtvrtek - nová výstava: ....

pátek - hlavní pošta: ....

sobota - čínská restaurace: ....

neděle - dlouhá procházka: ....

večer - zajímavá návštěva: ....

dnes odpoledne - Staroměstské náměstí: ....

7 Doplňte vhodné prepozice (Complete sentences with prepositions):

1. David bydlí ...... velkém domě ...... jihu USA ...... Dallasu. 2. ...... kom ti záleží? 3. Chceme jít ..... Brně ...... výstavu. 4. Přemýšlím ..... tvé knize. 5. Dostal jsem dopis ...... rodičů. 6. ...... večeři půjdeme ...... koncert. 7. Kam chceš jít ...... filmu? 8. Zajímám se ...... moderní hudbu. 9. Četl jsem knihu ..... české historii. 10. ..... víkendu jsme byli ...... výletě. 11. Studuje ..... univerzitě ..... Praze. 12. ..... koncertě půjdeme ...... kávu ...... kavárny. 13. ...... koho máš ten nový slovník? 14. Ráda cestuju ...... Evropě. 15. Mluvili jsme ..... kultuře ...... České republice.

8 a) Ptejte se na podtržené výrazy
(Ask questions about the underlined phrases):

....? Záleží mi na té zkoušce.

....? Myslím na svou maminku.

....? Četl jsem román o rodině z Austrálie.

....? Je vzadu na skříni.

....? Ta opera je od Antonína Dvořáka.

....? Myslím si, že Bulharsko je krásná země.

....? Paul bydlí na východě Velké Británie.

....? Nechci tam jít bez svých nových přátel.

....? Byl jsem ve fitness centru.

....? Jel jsem do Paříže.

....? Vrátil jsem se v 8 hodin.

....? Monika je z Brazílie.

....? To auto je našeho učitele.

....? Přemýšlel jsem o bratrovi.

b) Tvořte otázky k odpovědím
(Make questions which fit the following answers):

....? Nejsem.

....? O moderním baletu.

....? Včera večer.

....? Jenom trochu.

....? Nikdy.

....? Na kamaráda.

....? Vedle školy.

....? Na rodině.

....? V cukrárně.

....? Tři kila.

....? Od rána do oběda.

....? Na severu republiky.

....? Týden.

GRAMATIKA B

Lokál osobních zájmen (The locative of personal pronouns)

Pozorujte:

mluvili o ní, záleží na tobě...

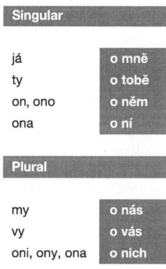

Singular	
já	o mně
ty	o tobě
on, ono	o něm
ona	o ní

Plural	
my	o nás
vy	o vás
oni, ony, ona	o nich

CVIČENÍ B

1 Odpovězte. V odpovědích použijte osobních zájmen v lokálu. (Answer. Use the locative of personal pronouns in your answers):

Psal jsi o Praze? Ano, psal jsem o ní.

1. Četl jsi o tom malíři?
2. Slyšel jsi o tom novém filmu?
3. Záleží ti na tom kamarádovi a té kamarádce?
4. Mluvili jste o nás?
5. Záleží ti na mně?
6. Přemýšlíš o dovolené?
7. Jsou knihy na stole?
8. Psal jsi o té knize?
9. Viděli jste ten dokument o Havlovi a jeho manželce?
10. Diskutovali jste o politice?
11. Přemýšlíš někdy o mně?
12. Cestovali jste po Řecku?

2 Doplňte osobní zájmena v lokálu
(Complete with the personal pronouns in the locative):

To je náš učitel. Mluvili jsme o ..... .
    Mluvili jsme o něm.

1. Viděl jsem Tomáše a Lenku. Říkal jsem ti o ....

2. Viděl jsi operu Tosca? Co si o .... myslíš?

3. Znáš Beethovena? Víš o .... něco?

4. Jsme tady teprve měsíc. Víte o ..... málo.

5. Viděl jsi nový český film. Hrají v .... známí herci.

6. Znáš mě už dlouho. Záleží ti na .... ?

7. Jak dlouho znáš Davida? Často o .... mluvíš.

8. Líbila se ti ta kniha? Jsou v .... zajímavé ilustrace.

9. Kde jste byli včera? Ptali se po .... nějací lidé.

10. Líbíš se mi. V noci se mi o .... zdálo.

3 Doplňte zájmena v různých pádech
(Complete with pronouns in different cases):

Včera mi telefonovala Irena. Pozvala .... na výstavu. Četla o .... v časopise a chtěla .... vidět. Šli jsme na .... odpoledne. Byla to výstava známého malíře Alfonse Muchy. Hodně jsem o .... slyšel už dřív a mám od .... několik plakátů. Taky jsem četl o .... knihu od jeho syna. Líbí se mi hlavně jeho obrazy žen. Na výstavě .... bylo asi dvacet. Dívali jsme se na .... dlouho. Po výstavě jsme šli na večeři a po .... domů.

GRAMATIKA C

1 Budoucí čas imperfektivní a perfektivní
(Imperfective and perfective future tense)

A. Imperfective verbs form the future tense with future tense of the verb být + infinitive of verb:

	sg		pl	
1.	**budu**	studovat	**budeme**	studovat
2.	**budeš**	studovat	**budete**	studovat
3.	**bude**	studovat	**budou**	studovat

Negative: nebudu studovat, nebudeš studovat ...

B. Perfective verbs do not form their future with budu, budeš...,
however use their present tense form to refer to the future.
They are formed by the prefixes and suffixes.

The most common verbs in pairs:

	Present	Future	Past
čekat počkat	čekám —	impf.: budu čekat perf.: počkám	čekal/a jsem počkal/a jsem
číst přečíst	čtu —	budu číst přečtu	četl/a jsem přečetl/a jsem
dávat dát			
dělat udělat			
dívat se podívat se			
domlouvat se domluvit se			
chutnat ochutnat			
jíst sníst, najíst se			
končit skončit			
kupovat koupit			
nakupovat nakoupit			
navštěvovat navštívit			
obědvat naobědvat se			
odcházet odejít			
odjíždět odjet			
pít vypít, napít se			
pomáhat pomoct			
poslouchat poslechnout si			
používat použít			

	Present	Future	Past
prohlížet si prohlédnout si			
přicházet přijít			
přijíždět přijet			
připravovat připravit			
psát napsat			
ptát se zeptat se			
radit poradit			
říkat říct			
scházet se sejít se			
snídat nasnídat se			
tancovat zatancovat si			
telefonovat zatelefonovat			
učit se naučit se			
ukazovat ukázat			
vařit uvařit			
večeřet navečeřet se			
vidět uvidět			
vracet se vrátit se			
vstávat vstát			
začínat začít			

	Present	Future	Past
zůstávat zůstat			
zvát pozvat			
zvykat si zvyknout si			

Doplňte v předcházející tabulce chybějící formy
(Fill in the preceding table with imperfective and perfective forms)

Pamatujte:

1. Perfective verbs have sometimes irregular forms:

začít - začnu
zůstat - zůstanu
vzít - vezmu
říct - řeknu
ukázat - ukážu

2. Verbs with the ending <u>-nout</u> have forms like the verbs of the third group of Czech verbs: **-u, -eš, -e, -eme, -ete, -ou:**

zvyknout si - zvyknu si
prohlédnout si - prohlédnu si
zapomenout - zapomenu
obléknout - obléknu
poslechnout si - poslechnu si

3. Some verbs have special forms:
vzít - vezmu (brát - beru, impf)
Remind of irregular future tense of verbs **jít, jet:**
půjdu - pojedu

2 Věty s „když" a „až" (Clauses with „když" a „až")

Když means *when* in the past tense and present, with the present and future tense **když** means *if*.

Když bylo špatné počasí, byli jsme doma.
Když je špatné počasí, jsme doma.
Když bude špatné počasí, budeme doma.

Až is followed by the future tense and means *when*, or *until*.

Až bude špatné počasí, budeme doma.
Až bude v Praze, pozveme ho na večeři.
Počkám tady, až přijde.

CVIČENÍ C

1 Dejte do budoucího času (Make future tense):

a) *dneska píšu dopis - <u>zítra budu psát dopis</u>*

dívám se na televizi	- ....
vstávám v 7 hodin	- ....
kupuje si mléko	- ....
studuju na univerzitě	- ....
navštěvujete rodiče	- ....
píšou dopis	- ....
ukazuju fotky	- ....
zveme kamarády	- ....
učím se česky	- ....
poslouchá hudbu	- ....
čteš český román	- ....

b) *uvařil jsem polévku - <u>zítra uvařím polévku</u>*

podíval jsem se na film	- ....
skončil jsem univerzitu	- ....
přečetla jsem knihu	- ....
připravil jsem oběd	- ....
vzala jsem si pomeranč	- ....
vstal jsem v 8 hodin	- ....
koupil jsem si bundu	- ....
napsala jsem úkol	- ....
vrátila jsem se pozdě	- ....
šel jsem do kina	- ....
koupila jsem si boty	- ....

2 Udělejte perfektivní formu (Put into the perfective form):

vidím tě rád - <u>uvidím tě rád</u>

Snídám v 7 hodin.
Telefonuješ domů?
Říkají to.
Zvykám si na češtinu.
Aleš ukazuje fotky.
Zvou přátele.
Film začíná v osm.
Eva připravuje večeři.
Navštěvuju babičku.
Čekáš na mě?
Čteš knihu?

Učíte se česky?
Vracím se z výletu.
Děláme úkoly.
Alena píše dopis.
Nakupuju na víkend.
Bereš si tu knihu?
Přicházejí v 8.
Posloucháte kazetu?
Procházejí se po
městě.

Vlak přijíždí na hlavní
nádraží.
Končíme práci.
Vstávám brzy.
Ptá se na tebe.
Díváš se na ten obraz?
Obědvám v restauraci.
Platíme šekem.
Pavel odchází.
Prohlížíme si město.
Oblékají se moderně.

3 Vyberte správnou odpověď (Multiple choice):

1. Co budeš dělat odpoledne?
- [ ] a) budu psát dopisy
- [ ] b) píšu dopisy
- [ ] c) napíšeš dopisy

2. Budeš jezdit každý víkend domů?
- [ ] a) nepojedu
- [ ] b) nebudu
- [ ] c) bude jezdit

3. Budete se dívat večer na televizi?
- [ ] a) ano, podíváme se
- [ ] b) nebudou se dívat
- [ ] c) ano, budeme se dívat

4. Koupíš si novou bundu?
- [ ] a) nekoupím
- [ ] b) budu si kupovat
- [ ] c) koupí

5. Půjdou rodiče večer do kina?
- [ ] a) půjdou
- [ ] b) jdou
- [ ] c) nebudou chodit

6. Budeš zítra brzy vstávat?
- [ ] a) vstanu
- [ ] b) nebudu
- [ ] c) bude vstávat

7. Pojede Aleš do Budapešti?
- [ ] a) ne, nepojede
- [ ] b) ano, jede
- [ ] c) pojedou

8. Skončí film pozdě?
- [ ] a) ano, skončí
- [ ] b) bude končit
- [ ] c) nekončí

9. Vezmeš si ještě kávu?
- [ ] a) ano, beru
- [ ] b) ano, budu si brát
- [ ] c) ano, vezmu si

10. Co budeš dělat o víkendu?
- [ ] a) nebudu dělat
- [ ] b) pojedeme na hory
- [ ] c) budou doma

4 Řekni, co budeš dělat v/na.... (Say what you are going to do v/na...):

restaurace, škola, klub, divadlo, kavárna, pošta, nádraží, diskotéka, výstava, Praha, Itálie, Amerika, obchodní dům, nemocnice, Pražský hrad, univerzita, banka, zámek, kino, Rakousko

5 Pracujte ve dvojicích, ptejte se a odpovídejte
(Working in pairs, ask and answer):

a) *dělat domácí úkol:* A: *Co budeš dělat zítra?*
                          B: *Budu dělat domácí úkol.*
                          Až udělám domácí úkol, půjdu ven.

psát dopis	poslouchat novou	vstávat v 10 hodin
číst časopis	kazetu	snídat v posteli
telefonovat domů	vařit oběd	pít horkou čokoládu
kupovat knihy	nakupovat	tancovat na diskotéce
jíst čínské jídlo	večeřet v restauraci	dívat se na televizi
učit se češtinu	zvát přítele na party	prohlížet si nové fotky
připravovat večeři	vracet se z Brna	

b) *dělat domácí úkol:* A: *Co jsi dělal včera odpoledne?*
                          B: *Dělal jsem domácí úkol.*
                          Když jsem udělal domácí úkol, šel jsem ven.

6 Doplňte futurum sloves **jet - jezdit, jít - chodit**
(Complete the sentences with the future of the verbs jet - jezdit, jít - chodit):

Dnes večer .... do kina. (my)
Dnes večer půjdeme do kina.

1. V létě .... do Bulharska. (oni)

2. Kam .... zítra večer? (ty)

3. Příští rok .... do kurzu angličtiny. (my)

4. Do školy .... většinou tramvají. (já)

5. .... v sobotu do divadla? (ty)

6. Chtěl jsem jet do Brna, ale .... tam. (já)

7. Až bude teplo, ... na kole každý den. (ona)

8. .... pravidelně na tenis? (vy)

9. V zimě .... často na hory. (my)

10. Odpoledne .... na návštěvu. (já)

11. V létě .... každou neděli na výlety. (oni)

12. Až budeš v Praze, ... na výstavy. (my)

7 Převyprávěj ve futuru (Retell in the future):

Co jsem dělal včera
Včera byla sobota. Proto jsem nevstával už v sedm hodin, ale vstal jsem až v půl desáté. Nejdřív jsem se umyl a pak jsem si připravil snídani. Vzal

jsem si džus, jogurt, chleba a marmeládu. Chvíli jsem četl noviny. V 11 hodin jsem si udělal kávu a pak jsem šel ven. Moje kamarádka už čekala na náměstí. Obědvali jsme spolu v restauraci. Odpoledne jsme jeli na výlet. Podívali jsme se do Telče na zámek. Večeřeli jsme u mé sestry. Zbytek večera jsme tancovali v klubu.

....

....

....

....

....

....

....

....

....

....

8 Doplňte slovesa **jít-chodit, jet-jezdit** v přítomném nebo v budoucím čase (Complete with verbs jít-chodit, jet-jezdit in past or future tense):

Každý den .... do školy. Obvykle .... autobusem, ale někdy .... pěšky. V poledne .... do jídelny na oběd. Zítra chceme ..... na pizzu do pizzerie. Až dnes skončí vyučování, ... na návštěvu do domu mé kamarádky. V sobotu spolu .... na výlet do Telče. Často .... do Brna nebo do Ostravy. Nikdy .... do klubu, protože nemám rád moderní hudbu. Těšíme se, že v zimě .... na hory.

9 Použijte spojky **když** nebo **až** podle větného kontextu (Use the conjuctions když or až according to the context of sentence):

1. ..... přijedeš do Prahy, určitě někam půjdeme.

2. Budeme moc rádi, ... to uděláte.

3. ..... jsem byl nemocný, zůstal jsem doma.

4. ..... se příště setkáme, ukážu ti fotografie.

5. ..... Tomáš studoval na střední škole, hrál volejbal.

6. Těším se, ... se zase uvidíme.

7. Přijde, ... bude mít čas.

8. ..... mám čas, rád chodím na procházku.

9. ..... dostanu tvůj dopis, hned odepíšu.

10. Jsou rádi, ... můžou být spolu.

11. .... budeme mít peníze, koupíme si nové auto.

12. .... přijede sestra na návštěvu, Kristýna jí pozve na večeři.

Porovnejte:

Přijde, **až** bude mít čas.
(He will come when he has time. = time clause)
Přijde, **když** bude mít čas.
(He will come if he has time. = conditional clause)

GRAMATIKA
D

Adverbia (Adverbs)

Most adverbs are derived from the corresponding adjectives by means of special suffixes:

adjectives	adverbs
1.	**-e**
rychlý	**rychle**
veselý	**vesele**
dobrý	**dobře**
chytrý	**chytře**
2.	**-ě**
špatný	**špatně**
smutný	**smutně**
unavený	**unaveně**
hloupý	**hloupě**
zdravý	**zdravě**
stručný	**stručně**
moderní	**moderně**
sportovní	**sportovně**
3. *-ský, - zký, - cký*	*-sky, - zky, -cky*
český	**česky**
hezký	**hezky**
německý	**německy**
4.	**-o**
snadný	**snadno**
chladný	**chladno**
dlouhý	**dlouho**
blízký	**blízko**
daleký	**daleko**

**CVIČENÍ
D**

1 Doplňte adjektivum nebo adverbium (Fill in the adjective or adverb):

1. chladný: Na jaře je často .... Včera byl .... den.

2. hezký: To byl .... večer. Zítra bude ....

3. veselý: Tomáš je .... Vypadal ....

4. rychlý: Potřebuju se .... dostat do Prahy. Chce si koupit .... auto.

5. anglický: Nemůžu najít svůj .... slovník. Učím se .... už dva roky.

6. teplý: Ta káva je moc .... V březnu ještě není příliš ....

7. smutný: Stalo se něco? Díváš se tak .... Aleno, proč jsi dneska .... ?

8. moderní: Jana se ráda obléká .... Líbí se mi .... architektura.

9. dlouhý: Ten film byl moc .... Jak .... trvá cesta z Brna do Bratislavy?

10. španělský: Čtu .... časopis. Už dva roky se učím ....

2 Tvořte otázky s **jak, jaký, který** (Make questions with jak, jaký, který):

....? Mám se <u>dobře</u>.

....? Včera byl <u>teplý</u> den.

....? Alena se obléká <u>sportovně</u>.

....? Pavel je <u>dobrý</u> redaktor.

....? Píše <u>zajímavě</u>.

....? Potřebuju <u>česko-anglický</u> slovník.

....? Autobus jel <u>moc pomalu</u>.

....? Zítra půjdeme do <u>Národního</u> divadla.

....? Mluví <u>špatně</u> rusky.

....? Mám <u>kapesní</u> slovník.

....? Antonín mluví <u>anglicky a španělsky</u>.

....? Líbí se mi <u>historické</u> filmy.

....? Čtu román <u>od Kundery</u>.

....? Čtu román <u>Žert</u> od Kundery.

....? Dana běhá <u>velmi rychle</u>.

....? Mám rád <u>chytré</u> holky.

DOPLŇUJÍCÍ AKTIVITY 2

1 Tvořte otázky k odpovědím
(Make questions for the following answers):

....? Ano, za hodinu.

....? Z druhého nástupiště.

....? Ne, musíte přestoupit.

....? 120 korun.

....? Ano, zpáteční s místenkou.

....? Trvá asi čtyři hodiny.

....? V 8,30.

....? Ne, ten vlak je přímý.

2 Dělejte opozita (Find antonyms):

<u>minulý</u> víkend	<u>pracoval</u> celé <u>dopoledne</u>
vlak <u>odjížděl</u> brzy ráno	čekali <u>chvíli</u>
<u>nejdříve</u>	<u>drahý</u> dárek
Milan je <u>ženatý</u>	<u>šli pěšky</u>
<u>poprvé</u>	je <u>svobodná</u>
<u>odpovídal</u> špatně	dědeček <u>ještě pracuje</u>

3 a) Použijte následující slova ve větách
(Make sentences using the following words):

cestovat ....

domluvit se ....

záležet ....

zvědavý ....

opalovat se ....

sportovní ....

zůstat ....

národní ....

ochutnat ....

svobodný ....

pospíchat ....

bavit ....

bavit se ....

b) Zjisti, jaký je rozdíl mezi slovy
(Find out what the difference is between these words)

jízdenka - místenka - vstupenka - lístek

4 Z následujících sloves vytvořte substantiva (Write the noun which is made from the following verbs):

cestovat ....   sportovat ....   tancovat ....

přijet ....   odjet ....   žít ....

snídat ....   obědvat ....   jíst ....

studovat ....   jmenovat se ....   chutnat ....

večeřet ....   navštívit ....

pracovat ....   procházet se ....

5 Co může dělat Petr o dovolené?

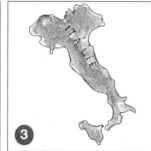

ROLEPLAY

Chcete jet o víkendu do nějakého českého města.

a) V Informacích na nádraží se ptáte na spojení.

b) U pokladny kupujete jízdenky.

c) Jste na nádraží v ..... . Ptáte se na cestu do centra, na zámek atd.

POSLECH

Roman a Miloš jsou kolegové a taky kamarádi. Při obědě se baví o dovolené.

Najděte ve slovníku: *stan, slíbit, změna*

Úkoly:

☐ Označte, co je pravda:
☐ Miloš a jeho rodina pojedou na dovolenou v srpnu.
☐ Žena Miloše se jmenuje Marie.
☐ Miloš má dva syny.
☐ V jižních Čechách nejsou rybníky.
☐ Roman nemá rád jižní Čechy.
☐ Miloš chce spát ve stanu, ale jeho synové ne.
☐ Miloš chce na dovolené jezdit na kole.
☐ Stan Miloše je pro jeho rodinu moc malý.
☐ Miloš si koupí nový stan.
☐ Miloš má nový byt.
☐ Roman pojede na dovolenou bez manželky.
☐ Roman taky potřebuje stan.
☐ Roman bude v létě v Řecku.
☐ Roman jezdí každý rok do Řecka.

NOVÁ SLOVA

Balkán M *Balkan*
cestovat impf *to travel*
časopis M *magazine*
domluvit se pf *to arrange*
hlavně adv *mainly*
hrad M *(fortified) castle*
ilustrace F *illustration*
jih M *south*
jižní adj *southern*
kolo N *bicykle*
kurz M *course*
lístek M *ticket*
místenka F *seat-reservation ticket*
mít radost *to have pleasure*
národní adj *national*
nemocný adj *sick, ill*
odepsat pf *to write back*
ochutnat pf *to taste*
opalovat se/opálit se *to get tanned, sunbathe*
pěšky adv *on foot*
počasí N *weather*
pohled M (na město) *view*
poprvé adv *for the first time*
pořád adv *to go on -ing, all the time, always*
pospíchat impf *to be in a hurry*
pravidelně adv *regularly*
procházet se/projít se *to walk, to go for a walk*
představit pf *to introduce*
přemýšlet impf *to think about*
radit/poradit *to advise*
sednout si pf *to sit down*
sever M *north*
severní adj *northern*
slyšet impf *to hear*
společně adv *together*
střední adj *middle, central*
střední škola F *secondary school, high school*
teprve adv *only (if...)*
ukazovat/ukázat *to show*
většinou adv *mostly*
vracet se/vrátit se *to come back*
vstupenka F *entrance ticket*
východ M *east, exit, sunrise*
východní adj *eastern*
vyprávět impf *to tell, to narrate*
vzít si taxi *to take a cab/taxi*
záležet impf *to depend*
Záleží na tobě. *It is up to you.*

západ M *west, sunset*
západní adj *western*
zdát se impf *to dream*
zkouška F *exam*
zůstávat/zůstat *to stay*
zvědavý adj *curious*
zvykat si/zvyknout si *to get used to*

ROČNÍ OBDOBÍ

barvit impf *to paint*
bazén M *swimming pool*
bouřka F *storm*
bruslit impf *to skate*
dovolená F *holiday*
foukat impf *to blow*
houba F *mushroom*
chata F *cottage, weekend house*
jasno N *clear weather*
jet k moři *to go to the seaside*
jezero N *lake*
jít na koledu *to carol*
koupat se impf *to bathe*
kvést, 3rd pers sg kvete impf *to bloom*
les M *forest*
listí N *leaves*
lyžovat impf *to ski*
mírný adj *mild*
místo N *place*
mlha F *fog*
mráz M *frost*
neznámý adj *unknown*
ohníček M, dim. *fire*
padat impf *to fall*
pěší turistika F *hiking*
plavat impf *to swim*
podnebí N *climate*
pouštět draky, impf *to fly a kite*
pršet impf *to rain*
roční období N *season*
rybník M *pond*
řeka F *river*
sáňkovat impf *to sled, to coast*
sbírat impf *to collect*
skutečný adj *real*
slunce N *sun*
sníh M *snow*
sportovat impf *to go in for sports*
strom M *tree*
sucho N, je sucho *the weather is dry*
svátek M *holiday, feast*
svítit impf *to shine*
tát, 3rd pers sg taje, impf *to melt*
trvat impf *to last, to take*
Vánoce M, pl *Christmas*
Velikonoce M, pl *Easter*
velikonoční adj *Easter*
vítr M *wind*
zataženo adv *overcast*
zrát, 3rd pers sg zraje, impf *to become ripe*

Co si vezmeš na sebe?

Oblečení

Dativ singuláru
Dativ osobních zájmen
Reflexivní zájmeno *se*
Imperativ

Dative singular
Dative of personal pronouns
Reflexive pronoun *se*
Imperative

Elementary Czech

TEXTY

1 Kupujeme oblečení

Helena a Jana jsou v obchodním domě.

Jana, Helena, prodavač

J: Heleno, **podívej**, tady mají zimní bundy. A já potřebuju novou.

H: Tak **pojď**, třeba si vybereš.

P: Přejete si?

J: Chtěla bych zimní bundu.

P: Ano. Máme krátké a dlouhé modely, ty jsou bavlněné. Nebo chcete koženou?

J: Koženou ne. Můžete **mi** ukázat tu dlouhou modrou?

P: Jakou máte velikost?

J: 40.

P: Prosím.

J: Můžu si ji zkusit?

P: Samozřejmě. Kabina je tam vzadu.

J: Je **mi** dost velká. Máte o číslo menší?

P: Ano. Tady je, **zkuste si** ji.

J: Co myslíš, Heleno?

H: Myslím, že modrá barva **ti** moc nesluší. **Zkus si** černou. **Počkej**, přinesu ji.

....

H: Ta **ti** opravdu sluší. **Kup si** ji. Bude se **ti ke všemu** hodit.

J: Kolik stojí?

P: 3460 korun.

J: Dobře, vezmu si ji.

P: **Zaplaťte** u pokladny, prosím.

2 Reklamace

Jana, prodavač, vedoucí

J: Včera jsem si u vás koupila tuhle bundu. Doma jsem zjistila, že zip na kapse je rozbitý. Můžete **mi** tu bundu vyměnit?

P: Moment, zavolám vedoucí. Paní vedoucí, máme tady reklamaci.

V: Ano? Hm, ten zip je špatně přišitý. Bundu **vám** samozřejmě vyměníme.

J: Děkuju.

 Otázky:

a) 1. Proč jdou Jana a Helena do obchodního domu? 2. Chce Jana koženou bundu? 3. Která barva Janě sluší? 4. Je bunda levná? 5. Je bunda v pořádku?

b) Koupil/a jsi někdy vadné zboží? Co jsi potom dělal/a?

 košile

 blůza

 kalhoty

 sako

 sukně

 šortky

 bunda

 kabát

 ponožky

 rukavice

 šála

 plavky

 klobouk

 čepice

 šaty

 tričko

 svetr

 kostým

 oblek

Oblečení

Víc informací o oblečení

Velikosti (Clothing sizes)

Dámské oblečení					
Evropa	**38**	**40**	**42**	**44**	**46**	**48**
UK	32	34	36	38	40	42
USA	10	12	14	16	18	20
Pánské oblečení					
Evropa	**46**	**48**	**50**	**52**	**54**	**56**
UK, USA	36	38	40	42	44	46

Boty									
Evropa	**34**	**35**	**37**	**38**	**39**	**40**	**41**	**42**	**43**	**44**
UK	2	3	4	5	6	7	8	9	10	11
USA	3,5	4,5	5,5	6,5	7,5	8,5	9,5	10,5	11,5	12,5

Materiál
bavlna F - bavlněný - z bavlny
vlna F - vlněný - z vlny
kůže F - kožený - z kůže

Barva
tmavočervená - světlečervená
tmavomodrá - světlemodrá
tmavohnědá - světlehnědá
tmavozelená - světlezelená
tmavofialová - světlefialová

3 Jdeme do divadla

Manželé Jan a Hana jdou dnes večer do divadla na operu. Oblékají se a připravují. Jde taky bratr Jana a jeho manželka. Jan bratrovi telefonoval a domluvili se, že se sejdou u kavárny naproti divadlu.

J: Hano, co myslíš, mám si vzít ten hnědý oblek?

H: **Vezmi si** ten modrý, v něm vypadáš dobře. A **k němu** si můžeš vzít tu novou košili.

J: A co kravatu? Tu barevnou nebo černobílou?

H: **K obleku** se **ti** hodí ta barevná. A já si vezmu modrou sukni a bílou blůzu, tu ráda nosím.

J: Vezmi si ty dlouhé černé šaty. Jsou moc elegantní a sluší **ti**.

H: Tak dobře. A **dělej**, ať nepřijdeme pozdě.

> **dělej = spěchej**

Otázky:

1. Co budou Jan a Hana dělat večer? Co si chce vzít na sebe Jan? Co mu říká Hana? Kterou kravatu si Jan vezme? Co Hana ráda nosí? Co si nakonec oblékne?

2. Co má na sobě tvůj kamarád/tvá kamarádka? Co si vezmeš na sebe zítra? Co jsi měl včera na sobě?

3. Zeptejte se partnera, co rád nosí, co rád nosí v zimě, v létě. (Ask your partner what he/she likes to wear in winter, in summer.)

GRAMATIKA A [G]

Dativ singuláru (Dative singular)

Pozorujte: černá barva ti sluší, k obleku se hodí...

Otázky: Komu? Čemu?

Zájmena, číslovka 1, adjektiva

M, N

ten, to	**TOMU**	jeden, jedno	**JEDNOMU**	můj, mé	**MÉMU**	český, -é	**ČESKÉMU**
				tvůj, tvé	**TVÉMU**	moderní	**MODERNÍMU**
				jeho	**JEHO**		
				její	**JEJÍMU**		
				náš, naše	**NAŠEMU**		
				váš, vaše	**VAŠEMU**		
				jejich	**JEJICH**		

GRAMMAR NOTES page 244

Substantiva

Ma			**Mi**			**N**		
student	**STUDENTU/STUDENTOVI**	-U/-OVI	sešit	**SEŠITU**	-U	město	**MĚSTU**	-U
muž	**MUŽI/MUŽOVI**	-I/-OVI	pokoj	**POKOJI**	-I	moře	**MOŘI**	-I
						náměstí	**NÁMĚSTÍ**	-Í

The feminine dative singular is the same as the feminine locative singular. (See in lesson 9, page 139)

CVIČENÍ
A

1 a) Dejte substantiva do správných forem
(Put the nouns into the correct form):

Často telefonuju -
maminka, kamarád, teta, syn, učitel, lektorka, sestra, lékař, kamarádka, přítel, otec, babička, přítelkyně, bratr

b) Spojte substantiva se zájmeny a adjektivy (Complete the nouns above with the following pronouns and adjectives):

můj, český, náš, jejich, váš, tvůj, můj, můj nový, sympatický, hodný, její, starý, milý, jeho

2 a) Dejte substantiva do správných forem
(Put the nouns into the correct form):

Rozumím -
gramatika, přítel, profesor, dopis, problém, film, hudba, text, román, umění, literatura, názor

b) Spojte substantiva se zájmeny a adjektivy (Complete the nouns above with the following pronouns and adjectives):

český, tvůj, náš, anglický, těžký, americký, ten moderní, ten, dlouhý, ruský, starý, její

3 Dejte do správné formy
(Put the following words into the correct form):

a) **Řeknu to -**
ten cizinec, Tomáš, tatínek, naše učitelka, nový student, ten číšník, ta prodavačka, zdravotní sestra, Helena, ten inženýr, Pavel, můj přítel

b) **Zavolám -**
pan Horák, David Novák, Karel Nový, pan doktor, Václav Kříž, pan Vlasák, student Roman Hos, Alena Horská, Lucie Tulisová, doktorka Zikmundová, inženýr Huml

4 Ptejte se a odpovídejte (Ask and answer):
a) Kde je muzeum?

park: Muzeum je naproti parku.
naproti - stará škola, ten krásný park, moje oblíbená kavárna, Národní divadlo, čínská restaurace, Komerční banka, nové kino, Hlavní nádraží, malá pošta, hotel Zlatá hvězda, náš dům, divadlo Rokoko, hospoda U Jakuba, klub Rock Café

b) Kam jdeš?
lékař: Jdu k lékaři.
k/ke - moje kamarádka, její bratr, česká lektorka, můj ředitel, nový konzultant, tvoje sestra, naše sekretářka, můj lékař, bulharská přítelkyně, moje stará babička, hlavní inženýr

5 a) Ptejte se a odpovídejte (Ask and answer):

Komu patří ....? (ta zimní bunda - můj manžel)
A: *Komu patří ta zimní bunda? B: (Patří) mému manželovi.*

to hezké auto - ten cizinec	ty hnědé rukavice - Alexandr
žlutá šála - moje kamarádka	ta nová učebnice - ta nová studentka
dlouhý kabát - můj bratr	ta chata - otec Jany
ten slovník - kamarád Heleny	ten černý klobouk - ten cizí muž

b) Ptejte se a odpovídejte. Používejte slovní spojení ze cvičení 5a
(Ask and answer. Use the words from the excercise 5a.)

A: *Čí je ta zimní bunda? B: Mého manžela.*

6 Odpovězte (Answer the questions):

Komu telefonuješ každý týden? (maminka, můj český přítel, malá sestra)

....

Komu píšeš? (otec, dědeček a babička, kamarád Petr, moje učitelka)

....

Čemu nerozumíš? (nová gramatika, domácí úkol, česká opera)

....

Komu věříš? (moje přítelkyně, matka, Věra, Tomáš)

....

Ke komu jdeš? (lékař, ředitelka, kamarádka Olga)

....

7 a) Tvořte věty se dvěma objekty (Form sentences with two objects):

Kupuju (bunda) (kamarád). Kupuju bundu kamarádovi.

1. Včera jsem psala (dlouhý dopis) (přítel).

....

2. Poděkovali jsme (váš tatínek) (pomoc).

....

3. (Kdo) jste dali (ta krásná kniha)?

....

4, Poslal jsi (pohlednice) (kamarádka) (svátek)?

....

5. Zítra ukážu (Alena) (nová sukně).

....

6. V obchodě nabídli (Marie) (bílá blůza a černý kostým).

....

7. Irena chce dát (Milan) (deska klasické hudby).

....

8. Uvařil (dobrá večeře) (jeho přítelkyně).

....

9. Dal jsem (to tričko) (malý bratr).

....

10. Objednám (ta kazeta) (kamarádka Marcela).

....

b) Tvořte otázky na oba objekty (Make questions for both objects):
Co jsi psala včera? Komu jsi psala včera?

**GRAMATIKA
B**

1 Dativ osobních zájmen (Dative of personal pronouns)

Singular		with preposition
já	mi, mně	ke mně
ty	ti, tobě	k tobě
on, ono	mu, jemu	k němu
ona	jí	k ní

Plural		with preposition
my	nám	k nám
vy	vám	k vám
oni, ony, ona	jim	k nim

2 Reflexivní zájmeno se (Reflexive pronoun se)

Nom	—
Gen	sebe
Dat	sobě, si
Acc	sebe, se
Loc	o sobě
Instr	sebou

The meaning is that somebody is doing something upon, for, on or about himself:
Často mluví o sobě. Nech si to pro sebe!

CVIČENÍ **B**

1 V odpovědích použijte dativu osobních zájmen
(Replace the personal pronouns in dative):

Co říkáš? Nerozumím .... .
        Nerozumím ti.

1. Co říkáte?   3. Co říkají?   5. Co říkali ti lidé?
2. Co říkala Petra?   4. Co říká Tomáš?   6. Co říkal ředitel?

2 Doplňte osobní zájmena v dativu
(Fill in the dative of personal pronouns):

1. Dostal jsem dárek od přítele. Poděkoval jsem ....

2. Manželka měla hodně práce. Pomohl jsem ....

3. Ti lidé mluvili jenom francouzsky nebo anglicky. Nerozuměl jsem ....

4. Volal jsem Honzovi. Řekl jsem ...., že budu čekat u kina.

5. Měl jsem narozeniny. Syn .... dal nové pero.

6. Ty nemáš sešit? Koupím .... nový.

7. Naše auto bylo rozbité. Cizí lidé .... nabídli pomoc.

8. Přátelé, v létě pojedu do Finska! Pošlu .... pohled.

3 Doplňte správný tvar zájmena
(Fill in the dative of the personal pronouns in stressed position):

Matka koupila to tričko (já).
Matka koupila to tričko mně.

1. Ukázal to každému, ale (já) ne.

2. (oni) Petr telefonoval, ale (my) ne.

3. Patří ten kabát (ty) nebo (on)?

4. Pomůžu (ona) i (on).

5. (ty) nedali nic?

6. (ona) už nevěřím.

7. (vy) to neřekli?

8. (ty) poradil, ale (já) ne.

9. (já) to neříkej, řekni to (on).

4 Doplňte správný tvar zájmena po prepozici
(Fill in the correct form of the pronoun after preposition):

1. Mám nový pokoj na koleji. Chceš se jít ke .... podívat?

2. Tam je nová banka. Naproti .... je naše škola.

3. Dědeček má v sobotu narozeniny. Půjdeme k .... na návštěvu.

4. Už dlouho jsme neviděli naše přátele z Brna. Pojedeme k .... příští týden.

5. Slyšel jsem, že máš hezký byt. Chtěl bych se jít k .... podívat.

6. Tomáš je docela sympatický. Co proti .... máš?

5 Doplňte správný tvar zájmena
(Fill in the correct form of the pronoun):

1. Přátelé včera nepřišli do kina. Bylo .... špatně.

2. Aleno, myslím, že zelená barva .... nesluší.

3. Byli jste o víkendu v Praze? Jak se .... tam líbilo?

4. Daniela a Viktor si objednali pizzu. Nechutnala ....

5. A: Včera jsem byl na výletě. Ale počasí bylo špatné.

   B: To je .... líto.

6. Kim se chce vrátit domů do Kanady. Chybí .... její rodina.

7. Slyšel jsem, že Pavel je už dlouho nemocný. Co je ....?

8. Půjdeme na oběd do jiné restaurace. Tady .... vadí kouř.

6 Doplňte reflexivní zájmeno **se**
(Complete the sentences with the reflexive pronoun se in the correct form):

1. Myslí jenom na ..... .

2. Tu knihu sis koupil pro .....?

3. Tomáš mluví jenom o ....

4. Co si vezmeš na ...... ?

5. Seděli v divadle vedle ..... .

6. Pozval nás k ..... na návštěvu.

7. Agatha Christie napsala knihu o ..... .

8. Nemám s ...... peníze. (instr)

9. Jana má dnes na ..... krásný kostým.

10. Nejsou k ...... upřímní.

11. Dívali se na ..... a mlčeli.

12. Máš u ..... doklady?

13. Co si mám vzít s .....? (instr)

14. Mluví mezi .... anglicky. (instr)

Vysvětlete význam vět 7, 8, 10 a 14
(Explain the meaning of the sentences 7, 8, 10 and 14).

7 Tvořte věty podle vzoru
(Construct sentences following the sample):

Pavel - malá bunda: Pavlovi je ta bunda malá.
                    Je mu malá. Potřebuje o číslo větší.

1. Monika - velký svetr
2. maminka - velká blůza
3. Lukáš - malé kalhoty
4. Petra - velké tričko
5. kamarád - malé sako

6. Milan - malý oblek
7. Renata - velké džíny
8. Roman - malé šortky
9. já - velké plavky
10. ty - malé šaty

Imperativ (Imperative)

Pozorujte: Heleno, podívej; pojď, zkuste si to, dělej....

The imperative is formed from the third person plural by dropping the ending -í, - ou.

inf	3rd person pl	imp 2nd sg	imp 1st pl	imp 2nd pl
1. one consonant		**-**	**-me**	**-te**
mluvit	mlu<u>ví</u>	mluv!	mluvme!	mluvte
ukázat	uká<u>ž</u>ou	ukaž!	ukažme!	ukažte!
děkovat	děkujou	děkuj!	děkujme!	děkujte!
psát	pí<u>š</u>ou	piš!	pišme!	pište!
platit	pla<u>tí</u>	plať!	plaťme!	plaťte!
chodit	cho<u>dí</u>	choď!	choďme!	choďte!
2. two consonants		**-i**	**-eme/-ěme**	**-ete/ěte**
vysvětlit	vysvě<u>tlí</u>	vysvětli!	vysvětleme!	vysvětlete!
číst	<u>čt</u>ou	čti!	čtěme!	čtěte!
vzít	ve<u>zm</u>ou	vezmi!	vezměme!	vezměte!
říct	ře<u>kn</u>ou	řekni!	řekněme!	řekněte!
jít	<u>jd</u>ou	jdi!	jděme!	jděte!

3. verbs of the type **dělat** (-ají) change -a to -e:

		-ej	-ejme	-ejte
dělat	dělají	dělej!	dělejme!	dělejte!
počkat	počkají	počkej!	počkejme!	počkejte!
ptát se	ptají se	ptej se!	ptejme se!	ptejte se!

Notes

1. The long vowel in monosyllabic imperatives shortens -í to **-i**, -ou to **-u** and -á to **-a**:
píšou - **piš!**, koupí - **kup!**, vrátí se - **vrať se!**

2. Irregular imperative:
jíst - jedí - **jez**, sníst - snědí - **sněz!**, mít - mají - **měj!**, být - jsou - **buď!**, přijít - přijdou - **přijď!**
fut. jít - půjdou - **pojď!**

3. In the 3rd person sg and pl we express **the indirect imperative** „let him to do it, tell him to do it"
by using of „**ať**" and the present tense.

Všimněte si:

- A: Pavel chce přijít na konzultaci. B: Ať přijde!
- Řekni Petrovi, ať to udělá. (Řekni Petrovi: „Udělej to!")

4. The **negative imperative** is mostly only **imperfective**, even for perfective verbs:

řekni! - **neříkej!**, napiš! - **nepiš!**, udělej! - **nedělej!**

Remember:

jdi!, pojď! - **nechoď!**

If we want to express the beginning and the end of the action, we can use the negative perfective imperative:

Nesněz celou čokoládu! (Do not eat whole chocolate!)

Nejez to! (Do not even start eating!)

CVIČENÍ C

1 a) Tvořte imperativ (Put into the imperative):

Můžu psát? Piš!

1. Můžu jíst? 2. Můžu číst? 3. Můžu tancovat? 4. Můžu snídat? 5. Můžu večeřet? 6. Můžu spát? 7. Můžu pít? 8. Můžu kouřit? 9. Můžu si to vzít? 10. Můžu se dívat?

b) Ve stejných větách použijte vykání
(Use the polite „vy" form in the same sentences).

c) Tvořte negativní imperativ (Use the negative imperative):

Můžu to udělat? Nedělej to!

1. Můžu se napít? 2. Můžu se zeptat? 3. Můžu se podívat? 4. Můžu se najíst? 5. Můžu se nasnídat? 6. Můžu si to vzít? 7. Můžu to poslat? 8. Můžu tam jít? 9. Můžu si to koupit? 10. Můžu si to prohlédnout?

2 Pracujte ve dvojicích, ptejte se a odpovídejte
(In pairs, ask and answer):

A: *Co si mám objednat?*
B: *Objednej si rybu!*

1. Co si mám koupit v Itálii?
2. Co mám dělat odpoledne?
3. Kam se mám podívat v Londýně?
4. Komu mám poslat pohledy z dovolené?
5. Koho mám navštívit v Praze?
6. Co mám dát do tašky?
7. Co ti mám ukázat v Kutné Hoře?
8. Kam mám jít v Brně?

3 Pracujte ve dvojicích. Ptejte se a odpovídejte. V odpovědích použijte negativní formu a dokončete věty. (In pairs, ask and answer. Use the negative imperative in your questions and complete the sentences.):

Mám si vzít modrou kravatu?
Neber si ji, vezmi si zelenou.

1. Mám si koupit tu krátkou bundu?
2. Mám jet k moři?
3. Mám zatelefonovat Petrovi?

4. Mám jít na ten český film?

5. Mám si přečíst ty noviny?

6. Mám napsat Janě?

7. Mám jít na koncert?

8. Mám si vzít tuhle sukni?

9. Mám jet v neděli do Olomouce?

10. Mám uvařit kuřecí polévku?

4 Řekni partnerovi, ať... (Tell your partner to...)

nechodí bez tebe do kina

nejezdí každý víkend ven z města

podívá se večer na TV

pošle ten dopis dneska

koupí lístky na operu

jde na tu výstavu

zeptá se na začátek filmu

jede zítra do Vídně

má se hezky na dovolené

není smutný

vezme si ještě kousek dortu

ukáže ti fotky z dovolené

napíše bratrovi

DOPLŇUJÍCÍ AKTIVITY

1 a) Uveďte dvě situace, ve kterých použijete slovo **vyměnit**.

b) Co můžete **vyměnit/rozměnit**?

2 Doplňte osobní zájmena v různých pádech
(Fill in the personal pronouns in the different cases):

Narozeniny

Mám malého bratra Lukáše a sestru Markétu. Jsou stejně staří, protože jsou dvojčata. Včera .... bylo sedm let. Dostali ode .... hodně dárků. Markéta má ráda panenku Barbie, a tak jsem jí pro .... koupil večerní šaty a boty. Ale Markéta je už malá slečna. Koupil jsem taky pro .... hezké červené tričko a šortky. Lukáš má rád rychlá auta, ale líbí se .... taky Lego. Koupil jsem .... Lego - letadlo a taky jsem měl pro .... knihu o Indiánu Vinetouovi. O .... čte moc rád. Šli jsme taky do cukrárny. Objednal jsem .... zmrzlinové poháry a dorty. Moc .... to chutnalo. Lukáš rád pije dětský koktejl, a proto jsem .... taky koupil. Nakonec jsme šli do kina na pohádku Princezna ze mlejna.

3 a) Jedeš na dovolenou k moři. Co si vezmeš s sebou?

b) Chceš jet lyžovat. Co nesmíš zapomenout dát do kufru?

4 Tvůj kamarád přijede do České republiky. Napiš mu, kam má jít, na co se má podívat, kam a proč nemá chodit. Používej imperativ.
(Your friend will come to the Czech Republic. Write him/her where he/she should go, what he/she should visit, where and why he/she shall not go. Use the imperative.)

....

....

....

....

....

....

....

....

....

5 Řekni, co dělají (Say what they do)

a)

b)

c)

d)

e)

f)

g)

h)

ČTENÍ

A ještě něco o Brně

Metropole Moravy, Brno, má 400 tisíc obyvatel. Leží na soutoku řek Svitavy a Svratky. Je to město veletrhů, sportu a motocyklových závodů, centrum průmyslu a obchodu, kultury a umění, vědy a školství. Od roku 1919 je v Brně Masarykova univerzita a od roku 1928 brněnské výstaviště. Každý rok se tady koná kolem 30 veletrhů a mnoho výstav.

171

Brno má přes 20 hotelů, 250 restaurací, 10 divadel, 7 muzeí, 21 galerií a 14 kin. Národní divadlo v Brně má tři scény: Janáčkovo divadlo (opera, balet), Mahenovo divadlo (činohra) a Redutu (opereta, muzikál). Známá jsou i menší divadla, např. Studio Bolka Polívky.

Mezi významné památky patří hrad Špilberk ze 13.století, katedrála sv. Petra a Pavla z 11.století a Stará radnice, kde můžeme vidět známého brněnského draka.

Za návštěvu určitě stojí Mendelanium, expozice o životě a práci genetika Johana Gregora Mendela (1822-1884) a Památník Leoše Janáčka. Janáček tady žil a komponoval od roku 1908 do roku 1928.

Turisticky zajímavé je i okolí Brna, zejména Moravský kras. Turisté mohou navštívit propast Macochu (je hluboká 138,5 m) a různé jeskyně.

Pamatujte:

1. turista M

The masculine nouns ending **-a** have singular declension like **žena** (gen., acc., voc., instr.): Nom. turist**a**, Gen. turist**y**, Dat. turist**ovi**, Acc. turist**u**, Voc. turist**o**, Loc. turist**ovi**, Instr. turist**ou**.

2. stát za (be worth)

Brno stojí za návštěvu.
Stojí to za to. (Stálo to za to.)
Nestojí to za nic.
Ten film stojí za to vidět.
Tu knihu stojí za to číst.

1 Co je to

veletrh, výstaviště, propast, jeskyně, památník, činohra, závod

2 Tvořte otázky k daným odpovědím
(Ask questions which correspond to the given answers):

1. ....? 400 tisíc.

2. ....? Od roku 1919.

3. ....? Tři scény.

4. ....? Na Staré radnici.

5. ....? Leoš Janáček.

6. ....? Světoznámý genetik.

7. ....? 138,5 m.

3 Tvořte synonyma (Find synonyms):

metropole Moravy ....   významné památky ....

město veletrhů ....   zajímavá expozice ....

zejména ....   Janáček komponoval ....

4 Ze substantiv udělejte adjektiva (Find adjectives for these nouns):

průmysl ....   Morava ....

obchod ....   sport ....

kultura ....   práce ....

umění ....   Brno ....

5 Adjektiva ze cvičení 4 užijte ve větách
(Form sentences using the adjectives from the exercise 4.)

6 Co víte o Leoši Janáčkovi?

POSLECH

Jan ukazuje kamarádce Anně fotografii své rodiny.

Najděte ve slovníku:

být podobný, límec, vlasy, upéct usmívat se

Úkoly:

1. Označte, co je pravda:

☐ Babičce je 70 let.
☐ Děti babičce upekly dort.
☐ Tatínek nemá kravatu.
☐ Maminka má světlé vlasy.
☐ Sestra Lenka ráda nosí kalhoty.
☐ Sestra Lenka je podobná mamince barvou vlasů.
☐ Sestra Lenka nosí šálku jen občas.
☐ Šárka je malá sestra Jana a je jí rok.
☐ Bratr Miloš už nechce mít dlouhé vlasy.
☐ Jan rád nosí sportovní i společenské oblečení.

2. Odpovězte:
Kolik dětí má babička? Čí je to matka?

3. Napište, kdo je na fotografii - jak se jmenuje a jaký je jeho vztah k Janovi.

....

....

....

....

4. Najděte synonymum pro slovo *obrovský*.

NOVÁ SLOVA

bavlna F *cotton*
bavlněný adj *(made of) cotton*
blůza F *blouse*
bunda F *anorak, jacket*
čepice F *cap*
černobílý adj *black-and-white*
číslo N *number, size*
dávat/dát přednost *to prefer*
doklad M *document, paper*
dvojčata pl (sg dvojče N) *twins*
hodit se impf *to match*
chybět impf *to be missing, to absent*
Indián M *Indian*
jít naproti *to go to meet sb.*
k/ke prep *to, towards*
kabelka F *handbag*
kabina F *cabin, booth*
klobouk M *hat*
kostým M *two-piece, separates*
košile F *shirt*
kožený adj *(made of) leather*
kravata F *tie*
kůže F *leather*
literatura F *literature*
menší comp *smaller*
mít na sobě *to have on*
mlčet impf *to be silent*
mlýn M, coll.mlejn *mill*
model M *model*
nabízet/nabídnout *to offer*
naproti prep *opposite*
názor M *opinion*
nosit impf *to wear*
oblek M *suit*
oblékat se/obléknout se *to put on, to clothe, to dress*
panenka F *doll*
patřit impf *to belong to*

plavky F, pl *swimsuit*
pohádka F *fairy tale*
ponožky F, pl *socks*
princezna F *princess*
proti prep *opposite, against*
přišít pf *to sew on*
punčocháče M, pl *pantie hose*
reklamace F *claim*
rozbitý adj *broken*
rukavice F *glove*
sako N *jacket*
slušet impf *to suit*
sukně F *skirt*
světlemodrý adj *light-blue*
svetr M *jumper, sweater*
svlékat se/svléknout se *to take off, to undress*
šála F *wrapper, comforter*
šaty M, pl *clothes. dress*
šortky F, pl *shorts*
tmavomodrý adj *dark-blue*
umění N *art*
upřímný adj *sincere, frank*
vadný adj *bad, faulty*
vedoucí M, F *manager, chief*
věřit/uvěřit *to believe*
větší adj *bigger*
vlna F *wool*
vlněný adj *(made of) woollen*
volat/zavolat *to call, to phone*
vybírat si/vybrat si *to choose, to pick out*
vyměnit pf (zboží) *to barter*
vzít si na sebe pf *to put on*
zboží N *goods*
zip M *zipper*
zjistit pf *to find out*
zkusit si pf *to try on*

A JEŠTĚ NĚCO O BRNĚ

činohra F *play, drama*
drak M *dragon*
expozice F *exhibition*
genetik M *geneticist*
hluboký adj *deep*
jeskyně F *cave*
katedrála F *cathedral*
komponovat/zkomponovat *to compose*
konat se impf *to hold*
kras M *karst*
metropole F *metropolis*
mezi prep *among, between*
motocyklový závod M *motorcycle race*
opereta F *comic opera*
památník M *monument*

propast F *abyss*
průmysl M *industry*
radnice F *city hall*
scéna F *stage*
soutok M *confluence*
stát za *be worth*
studio N *studio*
školství N *education system*
turista M *tourist*
věda F *science*
veletrh M *fair*
výstaviště N *exhibition grounds*
významný adj *meaningful*
zejména adv *especially*
známý adj *(well-)known*

Nové zaměstnání
Životopis

Instrumentál singuláru
Instrumentál osobních zájmen

Instrumental singular
Instrumental of personal pronouns

Elementary Czech

TEXTY

1 Petr hledá nové místo

Petr je už dlouho nespokojený **se svým zaměstnáním.** Pracuje jako poradce v Konzultačním středisku pro podnikatele. Jeho práce se mu moc líbí, ale má malý plat. Několikrát už mluvil **s ředitelem**, ale ten mu říká, že musí být trpělivý, protože firma teď potřebuje peníze na něco jiného… Petr už toho má dost a dobře ví, kolik může dostat jinde. Navíc se nedávno oženil a chce se přestěhovat do jiného města. Proto hledá nové místo. Náhoda mu pomohla. Nedávno potkal svého kamaráda ze školy. Ten teď žije a pracuje v Českých Budějovicích. Dlouho se neviděli, a tak šli spolu na pivo a povídali si. Petr se zmínil Jirkovi o svém problému a on mu řekl o místě v bance, kde pracuje. Petr tam poslal žádost o místo a svůj životopis. Ještě se musí setkat s ředitelem banky a promluvit **s ním.**

2 Životopis

V Praze 20. ledna 2004

Narodil jsem se 30. září 1976 v Ústí nad Labem. Jsem ženatý.
Od roku 1995 bydlím v Praze.
Od roku 1991 do roku 1995 jsem studoval na gymnáziu v Ústí nad Labem. Od roku 1995 do roku 1999 jsem studoval na Vysoké škole ekonomické v Praze, obor zahraniční obchod. Po promoci v roce 1999 jsem absolvoval základní vojenskou službu v Jihlavě. Od října 2000 jsem pracoval na VŠE (Fakulta mezinárodních vztahů, katedra mezinárodního obchodu) jako asistent. V březnu a dubnu 2001 jsem byl na dvouměsíční stáži v USA (Princetown University).
Od září 2001 do současnosti jsem zaměstnaný v Konzultačním středisku pro podnikatele jako poradce.
Umím dobře anglicky (státní zkouška v roce 1998) a rok studuji němčinu na jazykové škole. Absolvoval jsem intenzivní kurz obchodní němčiny ve Vídni (červenec 2003).
Mám zájem o práci v oddělení úvěrů Komerční banky, kde bych mohl využít své odborné znalosti a zkušenosti v jednání s lidmi.

Ing. Petr Hartmann
Podolská 29
140 00 Praha 4

3 Interview

ředitel Komerční banky v Českých Budějovicích, Petr

P: Dobrý den. Já jsem Petr Hartmann.

Ř: Dobrý den. Těší mě. Já jsem Jiří Novotný. Posaďte se. Dáte si kávu nebo džus?

P: Ne, děkuju.

Ř: Pan Kolář mi říkal, že máte zájem pracovat v oddělení úvěrů naší banky. Přečetl jsem si váš životopis. Chtěl bych se vás ještě zeptat, jak dlouho pracujete v Konzultačním středisku pro podnikatele.

P: Dva a půl roku. Předtím jsem byl **asistentem** na fakultě.

Ř: Ano, to uvádíte ve svém životopise. A proč chcete změnit zaměstnání?

P: Oženil jsem se a budeme se **s manželkou** stěhovat z Prahy do Českých Budějovic. Proto tady hledám místo. A kromě toho nejsem spokojený **se svým platem**.

Ř: Aha, chápu ... V úvěrovém oddělení budete muset pracovat **s počítačem**.

P: **S tím** počítám. Ovládám programy Word a Excel od firmy Microsoft a mnoho dalších programů v prostředí MS-Windows.

Ř: Pane inženýre, píšete tady, že umíte anglicky. A co němčina? Tu tady taky budete potřebovat.

P: Němčinu studuju jenom rok, ale domluvím se.

Ř: Myslím, že i my dva se domluvíme. Budu rád, když u nás nastoupíte 1. března. Vyhovuje vám to?

P: Ano, ale ještě bych chtěl vědět, jaký bude můj plat.

Ř: Jestli souhlasíte, první tři měsíce vás vezmeme na zkušební dobu. Nástupní plat budete mít 19 000 korun hrubého. A když **s vámi** budeme spokojení, za tři měsíce vám můžeme plat zvýšit.

P: Kdy můžu podepsat smlouvu?

Ř: Zastavte se příští úterý. Náš právník vám ji připraví.

P: Dobře, přijdu v úterý odpoledne. Zatím na shledanou, pane řediteli.

Ř: Na shledanou. Přeji vám hezký den.

Otázky k textům 1 a 3:

1. Líbí se Petrovi jeho zaměstnání?
2. Proč chce odejít?
3. Proč mu ředitel nechce dát větší plat?
4. Kdo Petrovi pomohl najít jiné místo?
5. Co Petr musí udělat?
6. Kde chce Petr pracovat?
7. Co Petr umí?
8. Kolikátého nastoupí do nového zaměstnání?
9. Jak dlouho trvá zkušební doba?
10. Kdo připraví smlouvu pro Petra?

**Zeptejte se na podtržené výrazy v životopisu
(Ask about the underlined expressions in CV).**

Napište resumé k životopisu Petra (Write a resumé for Petr's CV):

Datum a místo narození:			
Stav:			

Vzdělání:			
škola	*název*	*od*	*do*

Zaměstnání:			
zaměstnavatel	*funkce*	*od*	*do*

Jazykové znalosti:		
jazyk	*aktivně/pasivně*	*zkouška*

Další znalosti:
Pracovní nebo studijní pobyty v zahraničí:
Místo, kde chce pracovat:

Instrumentál singuláru (Instrumental singular)

Pozorujte: je nespokojený se svým zaměstnáním, mluvil s ředitelem ...

Otázka: Kým? Čím?

Zájmena, číslovka 1, adjektiva

M, N

ten, to	**TÍM**	jeden, jedno	**JEDNÍM**	můj, moje	**MÝM**	český, -é	**ČESKÝM**
				tvůj, tvoje	**TVÝM**	moderní, -í	**MODERNÍM**
				jeho	**JEHO**		
				její	**JEJÍM**		
				náš, naše	**NAŠÍM**		
				váš, vaše	**VAŠÍM**		
				jejich	**JEJICH**		

F

ta	**TOU**	jedna	**JEDNOU**	má, moje	**MOU/MOJÍ**	česká	**ČESKOU**
				tvá, tvoje	**TVOU/TVOJÍ**	moderní	**MODERNÍ**
				jeho	**JEHO**		
				její	**JEJÍ**		
				naše	**NAŠÍ**		
				vaše	**VAŠÍ**		
				jejich	**JEJICH**		

Substantiva

M			**F**			**N**		
student	**STUDENTEM**		žena	**ŽENOU**	-OU	město	**MĚSTEM**	-EM
muž	**MUŽEM**	-EM	židle	**ŽIDLÍ**	-Í	moře	**MOŘEM**	-EM
sešit	**SEŠITEM**		skříň	**SKŘÍNÍ**	-Í	náměstí	**NÁMĚSTÍM**	-ÍM
pokoj	**POKOJEM**		místnost	**MÍSTNOSTÍ**	-Í			

CVIČENÍ **A**

1 a) Dejte substantiva do správných tvarů
(Put the nouns into the correct form):

Mluvil/a jsem s/se
Seznámil/a jsem se s/se
lékařka, bratr, právník, překladatelka, sestra, dědeček, prodavačka, ředitel, studentka, manžel, syn, dcera, inženýr, doktor, konzultant, přítelkyně

b) Spojte substantiva s adjektivy a zájmeny
(Complete the nouns above with the following adjectives and pronouns):

náš, můj, chytrý, milý, zdravotní, starý, ošklivý, nový, americký, její, tvůj, jejich, mladý, dobrý, sympatický, vaše

2 Odpovězte (Answer):

S kým půjdeš do divadla, do kina, do kavárny, na operu...?

Tomáš, moje přítelkyně Irena, moje sestra, jeho malý syn, náš český přítel, pan Hrabák, bratr Dany, paní Novotná, babička, jejich anglický lektor, ten Ital, teta, Mirek a Ivana, pan Václav Novák, naše nová sekretářka

3 Odpovězte podle vzoru (Answer following the sample):

a) Jaký chceš byt?
(velký balkon) <u>*Chci byt s velkým balkonem.*</u>
malá kuchyň, garáž, pračka a lednička, dětský pokoj, ústřední topení, televize a video, lodžie

b) Co chceš k obědu? (k snídani, k pití)
(řízek - bramborový salát) <u>*Chci řízek s bramborovým salátem.*</u>
kuře - bramborová kaše, roštěná - rýže, omeleta - zelenina, káva - šlehačka, martini - citron, párek - hořčice, čaj - mléko, palačinka - ovoce, rohlík - máslo a džem

4 Odpovězte (Answer using the pictures):

Čím jezdíš do/na -
škola, Brno, divadlo, výlet, Rakousko, dovolená?

Nezapomeňte, že je také: letět letadlem, jet lodí, na motorce, na kole, chodit pěšky !!!

5 Dejte do správných forem a odpovězte
(Put into the correct form and respond):

a) **Co jsi dělal/a**
   Co budeš dělat
   před

snídaně, hodina češtiny, cesta do Afriky, oběd, zkouška z historie, koncert, návštěva, večeře, dovolená, víkend

b) **Kdy jsi přijel/a?**
   Kdy jsi přišel/přišla?
   před

chvíle, hodina, rok, měsíc, týden, oběd, poledne

c) **Co budeš dělat po ....?**

oběd, škola, práce, večeře, víkend, zkouška, film, divadlo, trénink, nemoc, koncert, dovolená, hodina češtiny

6 Dejte do správných forem (Put into the correct form):

Kde se sejdeme?
před

kino Jalta
nová restaurace
Národní divadlo
italská kavárna
rockový klub
obchodní dům
knihkupectví Melantrich
jazyková škola

právnická fakulta
Pražský hrad
Státní opera
Palác kultury
hotel Forum
zoologická zahrada
naše kolej
hospoda U Jakuba

7 Dejte do správných forem (Put into the correct form):

Kde najdu divadlo?   *mezi (nádraží a park)*
Mezi nádražím a parkem.

Kde najdu knihkupectví?   za (galerie)
Kde najdu hotel Palace?   za (Václavské náměstí)
Kde najdu kino Alfa?   pod (obchodní dům)
Kde je Jihlava?   mezi (Praha a Brno)
Kde sedí Věra?   mezi (Alena a Tomáš)
Kde čeká Petr?   před (filozofická fakulta)
Kde je škola?   před (velký park)

8 a) Porovnejte následující věty (Compare the following sentences):

Jdu **k sestře**.   = Jdu k ní domů.
Jdu **za sestrou**.= 1. Jdu k ní domů.
              2. Jdu za ní jinam než domů, např. do práce, do nemocnice. (I go to see her at some other place, not at her home - to a hospital or to work.)

b) Dejte do správné formy (Put into the correct form):

Jdu k/ke, Jdu za   ke komu?/za kým?   kam?

	ke komu?/za kým?	kam?
(lékař)	....	....
(bratr)	....	....
(matka)	....	....
(ředitel)	....	....
(sekretářka)	....	....
(Monika)	....	....
(konzultant)	....	....
(profesor)	....	....
(úřednice)	....	....
(otec)	....	....

c) Doplňte vhodné místo
(Complete the above sentences with the suitable place):

konzultační středisko, fakulta, práce, pošta, návštěva, ordinace, Brno, kancelář, banka, nemocnice

9 Odpovězte (Answer):

a) 1. S kým ses setkal u přátel?
    2. Čím jsi překvapený v ČR?
    3. S kým jsi byl v kině?
    4. S čím nejsi spokojený ve škole?
    5. Za kým jdeš do nemocnice?
    6. S kým jsi studoval na univerzitě?
    7. S kým ses seznámil na dovolené?

b) 1. Čím je tvůj otec? (matka, bratr, sestra ...)
    2. Čím jezdíte na výlety?
    3. Čím je známá Praha?
    4. Jak cestuješ do USA?
    5. Čím píšeš?
    6. Čím jsou známé Karlovy Vary?
    7. Čím je zajímavý tvůj přítel/tvoje přítelkyně?

10 Tvořte otázky (Find questions):

....? Dědeček byl inženýrem.

....? Byl jsem s Tomášem na koncertě.

....? Přijdu před obědem.

....? Pojedeme autem.

....? Sejdeme se před školou.

....? Není spokojený se svým platem.

....? Pražský hrad je známý katedrálou sv. Víta.

....? Jdu za Petrem.

....? Vrátíme se mezi čtvrtou a pátou hodinou.

....? Chci kávu se šlehačkou.

....? Rád píšu černým perem.

....? Hana chodí s Lukášem.

....? Chce být právníkem.

....? Ředitel mluvil se sekretářkou.

....? Ten nový obraz je nad knihovnou.

....? Sejdeme se v hospodě Pod Vyšehradem.

GRAMATIKA
B

Instrumentál osobních zájmen (Instrumental of personal pronouns)

Pozorujte: musí s ním promluvit, jsme s vámi spokojeni ...

Singular		
		with preposition
já	mnou	se mnou
ty	tebou	s tebou
on, ono	jím	s ním
ona	jí	s ní

Plural		
		with preposition
my	námi	s námi
vy	vámi	s vámi
oni, ony, ona	jimi	s nimi

CVIČENÍ
B

1 Dejte osobní zájmena do správné formy
(Put the personal pronouns into the correct forms):

1. Byl jsem s (ty) na výstavě. 2. Nemohl jsem s (on) mluvit. 3. Není s (vy) spokojený. 4. Pojedete s (my) do Itálie? 5. Seznámil jsem se s (oni) na výstavě. 6. Studoval jsem s (ona) na univerzitě. 7. Kdo s (ty) pracuje? 8. Diskutoval se (já) o tom. 9. Před (vy) tady bydleli Horákovi. 10. Pojď se (já) za (ona).

2 Doplňte osobní zájmena v instrumentálu
(Complete with the personalpronouns in the instrumental):

1. Viděl jsem Petra. Mluvil jsem s ....

2. Nechceš jít do kina? Půjdu s .... rád.

3. Přišla už Irena? Chci s .... jít nakupovat.

4. Na náměstí je nový hotel. Před .... je velké parkoviště.

5. V létě chceme jet do Německa. Naše děti pojedou s ....

6. Pane inženýre, ten projekt je moc dobrý. Jsem s .... spokojený.

7. Půjdeme tam s Janou a Ludvíkem. Sejdeme se s .... u školy.

8. Chtěl bych jet na hory. Pojedeš se ....?

ČTENÍ

Telefon

Dialog 1

sekretářka ředitele, George Martin

S: Prosím. Tady gymnázium.

G: Dobrý den. Tady je George Martin. Můžu mluvit s panem ředitelem?

S: Moment. Přepojím vás.

Dialog 2

sekretářka, Kathy Martin

S: Prosím. Tady obchodní akademie.

K: Kathy Martin. Dobrý den. Můžu mluvit s paní ředitelkou?

S: Bohužel, ředitelka tady bude až odpoledne. Chcete nechat vzkaz?

K: Můžete jí říct, že zatelefonuji ve 4 hodiny?

S: Samozřejmě.

K: Děkuju. Na shledanou.

S: Na shledanou.

Co můžeme říkat v práci?

Dialog 1

A: Chtěl bych vědět, co budeme dělat zítra.

B: Zítra pojedeme na konferenci do Prahy. Zůstaneme tam do pátku.

Dialog 2

A: Můžete mi říct, jak vám můžu pomoct? (Můžu vám nějak pomoct?)

B: Děkuju. Potřebuju poradit, jak vyplnit tenhle formulář.

Dialog 3

A: Prosím vás, můžete mi pomoct?

B: Samozřejmě. Co potřebujete?

A: Musím napsat český životopis, ale nevím jak.

B: Dobře. Sejdeme se ve dvě hodiny a napíšeme to.

Dialog 4
A: Můžu se podívat na ten projekt?
B: Samozřejmě.
A: Chtěl bych tam něco opravit.

Dialog 5
A: Můžu se podívat na tu videokazetu s kurzem češtiny?
B: Ano, ale za dvě hodiny ji budu potřebovat.

Dialog 6
A: Můžu použít vaše materiály?
B: Bohužel, teď ne. Ukážu vám je zítra ráno.

Dialog 7
A: Můžu si půjčit video?
B: Bohužel, nefunguje.

Dialog 8
A: Můžu si zatelefonovat?
B: Kam?
A: Do Chicaga.
B: Je mi líto, ale budete muset jít na poštu. Z kanceláře můžete telefonovat jenom služebně.

Dialog 9
A: Paní ředitelko, můžu vás pozvat na večeři? Mám dnes narozeniny.
B: Děkuju za pozvání. Přijdu ráda.

a) Procvičujte dialogy ve dvojicích, vyměňte si role.
(Practice the dialogues in pairs, taking turns at being each speaker.)

b) Tvořte podobné dialogy, změňte některé informace.
(Make up similar dialogues, following the pattern, but changing the information.)

DOPLŇUJÍCÍ AKTIVITY

1 Doplňte konverzaci Petra a jeho kamaráda
(Complete the following conversation between Petr and his friend):

P: Jirko! Ahoj! Tebe jsem neviděl strašně dlouho!
J: ....
P: Nic moc. A co ty?
J: ....
P: To jsem rád, že jsi spokojený. Máš chvíli čas? Půjdeme si někam sednout.
J: ....
P: Ale, v konzultačním středisku. Už mě to tam nebaví.
J: ....
P: Mám málo peněz. Nevíš pro mě o něčem jiném?
J: ....
P: Hm, to je zajímavé. Tak pojď, dáme si někde pivo a domluvíme detaily.

2 Doplňte vhodná slova do životopisu
(Complete the following biography with suitable words):

> V ....
>
> .... 19. března 1970 v .... Jsem ....
> .... v Brně. ...... roku 1984 ...... roku 1988 jsem ....
> na gymnáziu v Brně. ...... roku 1988 ...... roku 1993 ....
> .... Filozofické .... Masarykovy univerzity
> v Brně, ... němčina - švédština. Po .... v 1993
> jsem .... asistent na katedře germanistiky MU. Od
> února 1994 jsem byl na pětiměsíční .... v Německu ......
> univerzitě v Heildebergu. .... o místo překladatele
> u vaší firmy. Kromě němčiny a .... dobře anglicky
> (.......... zkouška v roce 1994).
>
> Antonín Strnad
> Slavíčkova 10
> 620 00 Brno

3 Napiš vlastní životopis. (Write your CV).

....
....
....
....
....
....
....
....
....
....
....
....
....
....

ZAMĚSTNÁNÍ

Mezinárodní business centrum hledá obchodní manažery, tlumočnice a překladatelky pro stálý pracovní poměr nebo externí spolupráci.
Tel.: 223 656 378.

Děkan Filozofické fakulty Masarykovy univerzity v Brně vypisuje konkurz na místo **ODBORNÉHO ASISTENTA** pro katedru anglistiky a amerikanistiky.
Požadavky:
vzdělání v oboru, ukončené doktorské studium (PhD.), pedagogická praxe výhodou.

Přihlášky s profesním životopisem a přehledem publikační činnosti je třeba zaslat do 30 dnů na adresu: Děkanát FF MU, Arna Nováka 1, 602 00 Brno.

Pro naši renomovanou advokátní kancelář v centru Prahy hledáme

recepční/telefonistku

Vaším úkolem bude koordinace pošty, obsluha faxu, běžná kancelářská agenda.

Očekáváme znalost němčiny, sympatický hlas, dobré vystupování a příjemný vzhled.

Nabízíme zajímavou práci v moderní kanceláři a výhodné platové podmínky.

Vzbudili jsme Váš zájem? Zavolejte 222 904 012.

Cestovní kancelář v centru Prahy přijme průvodce/průvodkyně. Podmínky: aktivní znalost angličtiny, němčina výhodou. Nabídky se stručným životopisem a fotografií zasílejte na adresu: Regius tour, Vodičkova 41, Praha 1.

4 Vyber si jeden z inzerátů a napiš na něj odpověď.
(Pick out an advertisement and write a response.)

....
....
....
....
....
....
....
....
....
....
....
....
....
....

5 Spojte substantiva s vhodnými adjektivy
(Match the nouns with suitable adjectives):

1. právnická	a) plat
2. konzultační	b) obchod
3. jazykové	c) seznam
4. pracovní	d) škola
5. životní	e) program
6. hrubý	f) doba
7. volný	g) knihovna
8. zahraniční	h) čas
9. vojenská	i) styl
10. studijní	j) znalosti
11. telefonní	k) fakulta
12. bankovní	l) služba
13. univerzitní	m) úředník
14. divadelní	n) středisko
15. ekonomická	o) oddělení

6 Z adjektiv vytvořte substantiva (Find nouns for these adjectives):

zahraniční ....   vědecký ....

studijní ....   světový ....

právnický ....   jižní ....

divadelní ....   technický ....

konzultační ....   ekonomický ....

životní ....   obchodní ....

bankovní ....   umělecký ....

kvalitní ....

ROLEPLAY

Ve dvojici si vyberte inzerát, který vás zajímá. Student **A** hledá zaměstnání. Jde na schůzku se svým potenciálním zaměstnavatelem. Připraví si pro něj otázky. Student B je šéf firmy. Připraví si otázky pro uchazeče o zaměstnání.
(In pairs pick a classified ad interesting to you. Student **B** is the employer. Prepare several questions for a meeting with a potential employer. Student **A** is seeking employment. Prepare questions about the job.)

POSLECH

Stefanie Glenning je z Velké Británie. Od září začíná pracovat na základní škole v České republice. Mluví s ředitelkou.

Najděte ve slovníku:

povinný, žák, projednat, vést kurz

Úkoly:

Odpovězte:
Proč šla Stefanie do školy?
Kdy bude učit?
Koho bude učit?
Co bude dělat ve čtvrtek odpoledne?
Jaké materiály bude používat?
Jaký plat bude mít?
Je se svým platem spokojená?

NOVÁ SLOVA

absolvovat impf, pf *to graduate, to get through*
asistent M *assistent*
detail M *detail*
domluvit se pf *to make oneself understood*
Filozofická fakulta F *Faculty of Philosophy*
germanistika F *German studies*
gymnázium N *gymnasium*
hrubý plat M *gross income*
chodit (s holkou, klukem) *to go out with sb*
jednání N *negotiation*
jinde adv *elsewhere*
jiný adj *other, different*
katedra F *department, faculty institute*
Konzultační středisko pro podnikatele *The Entrepreneurship Center*
mít něčeho dost *to be fed up with*
náhoda F *chance*
nastoupit (do práce) pf *to enter (a job)*
nedávno adv *recently*
nechat vzkaz pf *to leave a message*
obor M *branch, field*
odborný adj *professional, special*
oddělení N *department*
opravit pf *to correct, to emend*
ovládat impf *to have mastered*
plat M *pay, salary*
pobyt M *stay*
podnikatel M *entrepreneur*
poradce M *adviser, consultant*
posadit se pf *to sit down*
potkat pf *to run into*
použít pf *to use*
právník M *lawyer*
projekt M *project*
promluvit si pf *to speak, to talk*
promoce F *graduation ceremony*
prostředí N *background, setting*
předpokládat impf *to presuppose, to assume*
předtím adv *before*
přepojit pf *to put through*
služebně adv *on (official) business*
smlouva F *contract*
současnost F *present*
státní zkouška F *state examination, finals*
stáž F *short-term attachment/affiliation*
strašně adv *terribly*
trpělivý adj *patient*
uvádět/uvést *to state, to mention*
úvěr M *credit*

vojenská služba F *military service*
vyplnit pf *to fill in*
Vysoká škola ekonomická F *School of Economics*
vysoká škola F *university*
využít pf *to take advantage*
vzdělání N *education*
zahraniční obchod M *foreign trade*
zaměstnání N *employment*
zaměstnavatel M *employer*
zkušební doba F *probationary period*
zkušenost F *experience*
zmínit se pf *to mention*
znalost F *knowledge*
zvýšit pf *to raise, to increase*
žádost F *application*
životopis M *biography, CV*

Služby, Sport
U lékaře

Opakovací lekce

Review lesson

Elementary Czech

SLUŽBY

V čistírně

Dialog 1

A: Chtěl bych si dát vyčistit tenhle kabát.

B: Narychlo nebo stačí za pět dnů?

A: Stačí za pět dnů. A perete také prádlo?

B: Bohužel. Ale prádlo perou v prádelně v Zahradní ulici.

U holiče, u kadeřníka (V holičství, v kadeřnictví)

Dialog 2

A: Dobrý den. Můžete mě ostříhat nakrátko?

B: Ano. Ale musíte chvíli počkat.

Dialog 3

A: Dobrý den. Můžete mě ostříhat a vyfoukat?

B: U nás se musíte objednat.

A: Dobře. Můžu přijít pozítří?

B: Ano. V 10,30.

Dialog 4

A: Dobrý den. Chtěla bych se objednat na trvalou. Máte čas zítra odpoledne?

B: Bohužel. Zítra jsem tady jenom dopoledne. Můžete přijít ve středu v půl páté?

A: Dobře. Děkuju.

V opravně obuvi

Dialog 5

A: Chtěl bych spravit podpatky.

B: Dobře. Bude to zítra.

A: A můžete mi to ještě tady sešít?

B: Jistě. To bude stát 30 korun.

 Pamatujte:

ušít šaty (sew, make a dress)
přišít knoflík (sew on a button)
sešít botu (sew up a shoe)
zašít tričko (mend, sew up)
dát si/nechat si něco udělat (get st done)

ostříhat vlasy · upéct dort
zkrátit vlasy · umýt auto
obarvit vlasy · vyčistit šaty
opravit auto · ušít kalhoty etc.
vyprat prádlo

DOPLŇUJÍCÍ
AKTIVITY
1

1 Doplňte dialogy (Complete the dialogues)

V čistírně

1. A: Chtěl bych si ....

   B: .... nebo stačí za .... ?

   A: .... A ....prádlo?

   B: .... Ale prádlo perou ....

2. A: Potřebuju si .... prádlo.

   B: Stačí za .... ?

   A: Ano.

U holiče. U kadeřníka.

1. A: Dobrý den. Potřebuju .... nakrátko a ....

   B: Musíte se .... Mám čas ....

   A: To bohužel nemůžu.

   B: .... v 10,30?

   A: Ano. .... v 10,30.

2. A: Dobrý den. Chtěla bych se .... na trvalou.
   Máte .... v pátek?

   B: Ano. Můžete .... v 11 hodin?

   A: ....

V opravně obuvi

   A: Chtěl bych .... podpatky.

   B: Dobře. .... ve čtvrtek.

   A: A potřebuju to tady ....

   B: Samozřejmě.

   A: Kolik .... ?

   B: ....

2 Doplňte slovesa **šít, ušít, zašít, přišít, sešít** ve správném tvaru
Fill in the verbs šít, ušít, zašít, přišít, sešít in the correct form):

1. Dala jsem si .... nové šaty.

2. Potřebuju .... ten knoflík.

3. Můžete mi tady .... tu botu?

4. Neumím ....

5. Mami, mám tady díru. Můžeš mi to .... ?

6. Chtěla bych si .... letní sukni.

7. Neumí .... tu ponožku.

8. Včera si Eva .... tu květinu na blůzu.

9. Když jsem byla malá, ... jsem často šaty pro panenku.

10. Petr si neumí .... ani knoflík.

3 Odpovězte (Answer):

a) Kdy jdeme do čistírny,
       do prádelny?
       k holiči?
       ke krejčímu?
       do opravny obuvi?
       k lékaři?
       k zubaři?

b) Kam jdeš, když si chceš nechat upéct dort?
       ušít kalhoty?
       opravit auto?
       spravit boty?
       vyprat prádlo?

c) Kam jdeš, když máš dlouhé vlasy?
       když máš špinavou bundu?
       když potřebuješ nový kostým?
       když chceš změnit barvu vlasů?
       když máš rozbitou televizi?

ROLEPLAY

Kamarád/kamarádka se bude ženit/vdávat. Potřebuješ nový oblek/nové šaty na jeho/její svatbu. Jdi ke krejčímu a vysvětli mu své přání. Potom se objednej u holiče/u kadeřníka a řekni, co si přeješ.
(Groups of three. Your friend is going to get married. You need a new suit/dress for his/her wedding and a new hairstyle. Go to tailor/dressmaker and explain what would you like. Then go to the hairdresser, make an appointment and explain what you want.)

U LÉKAŘE

Pamatujte:

Není mi dobře. (Necítím se dobře.)

Mám rýmu a kašel.	Bolí mě v krku.
horečku	hlava
chřipku	zub
angínu	žaludek...

Jsem zdravý/á.
Jsem nemocný/á.
Jsem nachlazený/á.

Dialog 6

Lékař, pacient

L: Jaké máte problémy?
P: Bolí mě v krku. Taky mám rýmu a kašel.
L: Máte horečku?
P: Ano, 38,2.
L: Svlékněte si košili. Prohlédnu vás. Dýchejte zhluboka. A teď ještě otevřete ústa. Máte chřipku. Musíte zůstat týden doma. Tady máte recept. Léky dostanete v lékárně.

U zubaře

Dialog 7

Zubař, pacient

Z: Který zub vás bolí?
P: Vlevo nahoře.
Z: Otevřete ústa. - Ano, máte tam kaz.
P: Budete muset ten zub vytrhnout?
Z: Ne, jenom ho zaplombuju.

Zdraví

Dialog 8

A: Co je ti?
B: Není mi dobře.
A. To je mi líto. A co tě bolí?
B: Bolí mě hlava.

Ve dvojicích procvičujte dialogy, mluvte o různých částech těla (In pairs, practise the conversation by choosing different parts of the body): záda, břicho, hlava, žaludek, noha, kotník.

ROLEPLAY

Dialog 9

A: Co je s tebou?
B: Mám kašel.
A: Měl bys jít domů.

Jste nemocný. Váš přítel vám radí, co máte dělat (In pairs, make up some kind of illness you have and your partner will give you some advice):

A: vzít si acylpyrin
jít k lékaři
lehnout si
jít domů

B: rýma
horečka
jsem nachlazený
je mi špatně
bolí mě v krku

Části těla (Parts of body):

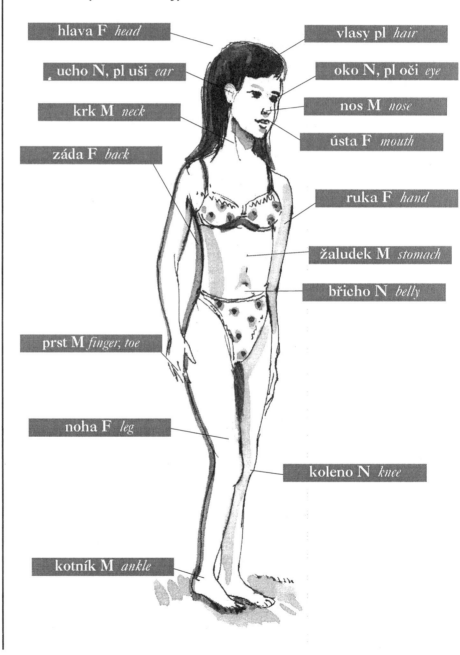

hlava F *head*

vlasy pl *hair*

ucho N, pl uši *ear*

oko N, pl oči *eye*

krk M *neck*

nos M *nose*

ústa F *mouth*

záda F *back*

ruka F *hand*

žaludek M *stomach*

břicho N *belly*

prst M *finger, toe*

noha F *leg*

koleno N *knee*

kotník M *ankle*

SPORT

Jirka Prokeš je hokejista. Musí se udržovat v kondici. Každé ráno cvičí a běhá v parku. Potom snídá, obvykle džus a vločky s jogurtem, někdy vajíčko a chleba. Po snídani má trénink až do oběda. Obědvá těstoviny, zeleninová jídla, někdy ryby. Odpoledne odpočívá, dělá něco doma. Před večeří chodí na hodinu do fitness centra. K večeři má ovoce, chléb, sýr a mléko. Chodí spát kolem desáté.

Úkoly

1. a) Napište otázky k textu (Write questions about the text):

....

....

....

....

....

b) Reprodukujte text (Retell the text).

2. Odpovězte na otázky (Answer the following questions):

a) Sladíš kávu a čaj? Jíš ovoce? Jíš koláče a sladká jídla? Piješ alkohol? Sportuješ? Chodíš běhat? Kouříš? Co děláš pro své zdraví?

b) Sportuješ aktivně? Který sport máš rád? Co k němu potřebuješ? Který sport je oblíbený v tvé zemi a který v ČR?

Druhy sportu

baseball
basketbal (košíková)
běh (jogging)
box
bruslení (krasobruslení)
cyklistika
fotbal
golf
hokej
horolezectví
jezdectví
lyžování
minigolf
pěší turistika
plachtění
plavání
rafting
tenis
veslování
volejbal
windsurfing

OPAKOVACÍ CVIČENÍ

1 a) Ptejte se na různá místa a v odpovědích použijte **vedle** a **naproti** (Ask about the places and answer with preposition vedle and naproti):

Kde je banka? Banka je vedle drogerie.
Kde je banka? Banka je naproti divadlu.

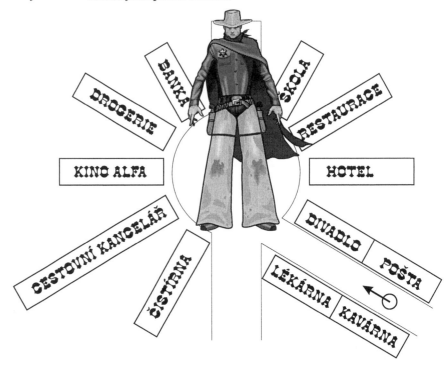

b) Jsi před kavárnou. Zeptej se, jak se dostaneš k bance, ke kinu Alfa ... (You are in front of a café and want to go to the bank, to the cinema Alfa ... . Ask your partner to give you directions).
A: Prosím vás, kde je kino Alfa?
B: Jděte rovně a potom zahněte doprava. Kino Alfa je naproti hotelu.

c) Ptejte se na údaje z tabulky a odpovídejte
(Look at the chart. Ask and answer):

V kolik hodin otvírá ...... ? V kolik hodin zavírá ..... ?
V kolik hodin začíná ...... ? V kolik hodin končí ...... ?
V kolik hodin přijíždí .....? V kolik hodin odjíždí .... ?

POŠTA	8,15 - 18,30
BANKA	8,45 - 16,00
FILM	19,30 - 20,00
DIVADLO	20,00 - 22,15
KONCERT	19,00 - 21,45

	odjezd	příjezd
VLAK	12,35	15,10
AUTOBUS	11,40	14,05

2 Doplňte perfektivní nebo imperfektivní sloveso v minulém čase nebo imperativu (Construct sentences with perfective or imperfective verb in the past tense or imperative):

1. (číst) jsem celý časopis.
2. (psát) jsem příteli každý den.
3. Večer jsme (tancovat).
4. Kde jste (kupovat) to kolo?
5. Celý večer jsem se (dívat se) na televizi.
6. O víkendu jsem (odjíždět) vlakem do Berlína.
7. (dívat se) na mě! *(imp)*
8. Jak často jste (navštěvovat) svého přítele v Bratislavě?
9. (čekat) na nás před domem. *(imp)*
10. Kdy jsi naposledy (navštěvovat) rodiče?

3 Ptejte se partnera. Užijte budoucí čas.
(Ask your partner using the future tense):

vařit
A: *Co budeš dělat o víkendu?*
B: *Nevím. Možná si uvařím něco dobrého.*
A: *A co budeš dělat o dovolené?*
B: *Asi budu každý den vařit.*

odpočívat   navštěvovat přátele
kupovat si hezké oblečení   číst nové knihy
večeřet v restauraci   učit se francouzsky
hrát tenis   jet na výlet

4 Co je dobře - a, b nebo c? (Multiple choice)

1. Pojedu za Janou do Prahy.
   Půjdu ..... do divadla.
   a) s ní, b) bez ní, c) k ní

2. Proč jste nepřišli?
   Byli tam všichni .....
   a) pro vás, b) kromě vás, c) k vám

3. Koupil jsem knihu.
   Dám ..... Petrovi k svátku.
   a) ho, b) jí, c) ji

4. Diskutovali jsme o filmu.
   Mluvíme ..... často
   a) o něm, b) o ní, c) jím

5. Jana a Pavel nepřišli.
   Čekali jsme ..... dlouho.
   a) pro ně, b) na ně, c) je

6. A: Koupila jsem si blůzu.
   B: Moc ..... sluší.
   a) mi, b) ti, c) tobě

7. Jak se máš?
   Dlouho jsem ..... neviděl.
   a) tebe, b) tě, c) tobě ☐

8. Potkali jsme přátele.
   Šli jsme ..... do kavárny.
   a) jim, b) jich, c) s nimi ☐

9. A: Kolik je vám roků?
   B: Je ..... roků.
   a) ti, b) mi, c) vás ☐

10. Mám ráda knihy Milana Kundery.
    Četl jsem ..... Žert.
    a) od něj, b) jemu, c) pro něho ☐

5 Tvořte věty (Construct sentences):

znát/umět
mluvit o
vědět o   **někdo**
sejít se s   **něco**
jít k   **nikdo**
líbit se   **nic**
starat se o
mít rád

6 Odpovězte negativně (Make negative answers):

1. Koho jsi viděl?
2. Od koho máš to auto?
3. Na kom ti záleží?
4. O čem jste mluvili?
5. S kým jsi šel do kina?
6. Komu jsi telefonoval?
7. Kam jdeš?
8. Kde jsi byl?
9. Kdy jsi byl v Ostravě?
10. Komu jsi to dal?

7 Co je dobře - a, b nebo c? (Multiple choice)

1. Kde jsi byl o víkendu?
   a) do Prahy, b) na výletě, c) na Moravu ☐

2. Jak dlouho se učíš česky?
   a) zítra, b) za týden, c) měsíc ☐

3. Kam půjdeš večer?
   a) do divadla, b) v restauraci, c) u kamarádky ☐

4. Jak často chodíš na diskotéku?
   a) večer, b) jednou za týden, c) v pátek ☐

5. Kdy přijede tvůj přítel?
   a) v 9 hodin večer, b) každý měsíc, c) občas ☐

6. Kam jedete v sobotu?
   a) v Praze, b) k sestře, c) na návštěvě ☐

7. Od koho máš ten dárek?
   a) pro babičku, b) od matky, c) kamarádovi ☐
8. O čem byl ten film?
   a) o lásce, b) v Kanadě, c) o tanec ☐
9. Kde jste byli v sobotu?
   a) na koncert, b) v divadle, c) k učitelce ☐
10. Komu jsi telefonoval?
    a) k bratrovi, b) lékaři, c) do lékaři ☐
11. S kým ses tam setkal?
    a) s jedním Američanem, b) u Jany, c) s jedním problémem ☐

8 Odpovězte a použijte správnou formu zájmena
(Answer using correct form of pronouns):

Znáš Prahu? Ano, znám ji.

1. Viděl jsi moje nové auto?
2. Mluvila jsi se svou kamarádkou?
3. Kolik je tvému bratrovi roků?
4. Líbila se Ireně ta kniha?
5. Půjdeš tam s přítelem?
6. Máš doma moji knihu?
7. Byl jsi včera u lékaře?
8. Píšeš dopis o Filipovi?
9. Je ten román od Irwinga?
10. Mluvili jste o literatuře?

9 Tvořte věty se slovesy v závorkách
(Construct sentences using the following words in brackets):

Já /plavat/ rád: Rád plavu.

On /lyžovat/ nerad: ....

Ona /chodit/ do divadla/ rád: ....

My /dívat se/ na televizi/ nerad: ....

Vy /hrát tenis/ rád: .... ?

Oni /číst knihy/ rád: ....

já /šít/ ráda: ....

ty /cestovat/ rád: .... ?

10 Doplňte otázku (Respond to the request):

a) *Líbí se mi Madonna. Můžeš mi dát její fotku?*

Líbí se mi Kevin Costner. ....

Líbí se mi Beatles. ....

Líbí se mi Julia Roberts. ....

Líbíš se mi. ....

b) *Petrovi se líbí Irena. Můžeš mu dát její fotku?*

Janě a Pavlovi se líbí Řím. ....

Kristýně se líbí Tomáš. ....

Davidovi se líbí Alena. ....

Naší rodině se líbí to dítě. ....

11 Byl jsi na návštěvě u kamaráda v jižních Čechách. Řekni, co se ti tam líbilo (nelíbilo), co ti tam chutnalo (nechutnalo). Používej tato slova. (You have visited your friend in South Bohemia. Speak about your likes and dislikes, you ate there and how you liked it. Use the following words):

města Jindřichův Hradec a České Budějovice
zámek Hluboká
náměstí v Třeboni
gotické domy v Českém Krumlově
les u Chlumu
Šumava
kapr v Třeboni
zmrzlina v Českém Krumlově
jihočeské koláče
smažené houby
borůvky

12 Dejte do správné formy (Put into the correct forms):

1. Čtu (kniha) o (Amerika). 2. Zítra jedeme do (Praha) navštívit (kamarád-pl.). 3. Bydlel jsem v (Londýn) ve (Velká Británie), ale teď žiju v (Česká republika). 4. Co si myslíš o (čeština)? 5. Po (večeře) jsme šli do (kino) blízko (park). 6. Rád se dívám na (televize). 7. Zajímám se o (klasická hudba a sport). 8. Na (hrad) v (pokoj) jsme viděli (starý obraz, židle a stůl-pl.). 9. Chtěl bych (káva a dort). 10. Celý večer jsem myslel na (matka a bratr). 11. Večer půjdeme na (navštěva) k (přítel). 12. Dám si trochu (čaj). 13. Na (zahrada) mají hodně (strom) a (květina). 14. V (ložnice) máme (nová postel a skříň - pl.). 15. Ve (skříň) je kabát a na (skříň) je váza s (květina). 16. V (Praha) rekonstruovali mnoho (historická památka-pl.). 17. Zabývá se (hudba). 18. Budeš mluvit s (náš ředitel)? 19. (Má kamarádka) se film nelíbil. 20. Nechci přemýšlet o (ten problém). 21. Nepojedu na (výlet) bez (kamarád -pl.). 22. Odpoledne půjdu k (Tomáš a Hana). 23. Kolik (přítel - pl.) pozvala? 24. Od (leden) bude pracovat na (univerzita). 25. Sejdeme se u (autobus). 26. Před (měsíc) jsem byl na (návštěva) u (rodiče) v (Itálie). 27. Nevěřil (ten cizí člověk). 28. Poslal nám pozdrav z (Vysoké Tatry). 29. Často myslím na (rodina) v (Amerika). 30. V (sobota) jsme v (Brno) viděli (zajímavá hra) od (Milan Kundera). 31. Není spokojený se (svůj plat). 32. Co jsi dostal k (svátek) od (manželka a dítě-pl.)? 33. Šel jsem do (samoobsluha) pro láhev (víno) a kilo (cukr).

13 Doplňte prepozice (Complete with prepositions):

1. V pátek jedeme .... Prahy. 2. V pátek jsme byli .... Praze. 3. Jsem .... Kanady a můj kamarád je .... České republiky. 4. Četla jsem knihu .... starém hradě. 5. Přemýšlím .... domácím úkolu. 6. Čekáme

.... kina .... kamarádku .... Brna. 7. Myslím .... syna a dceru. 8. Šli jsme .... výstavu a potom .... divadla. 9. .... restauraci jsme jedli ryby. 10. .... náměstí je pošta a banka, ... pošty je park. 11. Odpoledne půjdeme .... procházku .... parku a potom .... náměstí. 12. Chci jít .... Hrad a .... Hradě chci vidět výstavu. 13. Byl jsem .... výstavě .... Šternberském paláci. 14. Bydlíme .... městě .... náměstí .... školy........ velkém domě .... malém bytě. 15. Pojedeme .... Brna a budeme spát .... hotelu a jíst .... restauraci. 16. Půjdeme se podívat .... náměstí, ... divadla, ... koncert a .... výstavu. 17. Těšíme se .... výlet .... Českého Krumlova. 18. Půjdeme se tam podívat .... zámek a .... divadla. 19. Potřebuju koupit knihu .... České republice .... kamaráda .... Kanady. 20. Setkal jsem se .... Karlem. 21. Praha patří .... nejstarší města .... Evropě. 22. Mám rád maso .... zeleninou. 23. Nejez čokoládu .... obědem. 24. Co budeme mít .... večeři? 25. .... mého názoru je to správné. 26. Nezajímá se .... starou hudbu. 27. Moje auto je .... hotelem. 28. .... bance bydlí moje přítelkyně. 29. Koberec je .... stolem. 30. Nemohl jsem jet .... kamarádovi .... Slovensko. 31. .... jihu Španělska je velmi teplo. 32. Když tě bolí pořád .... krku, musíš jít .... lékaři. Neboj se, nemusíš .... nemocnice.

14 Doplňte časové prepozice, kde je to nutné
(Complete with time prepositions where necessary):

1. .... jak dlouho jsi tady? 2. Rodiče přijedou .... týden. 3. .... července budeme bydlet v novém bytě. 4. Můžu tady zůstat .... pátku. 5. Co budeš dělat .... příští týden? 6. ....jak dlouho potřebuješ to auto? 7. Musím se učit na zkoušku .... pondělí .... čtvrtka. 8. .... čtyři roky skončím studium na univerzitě. 9. .... lednu mám narozeniny. 10. Byla jsem na dovolené .... dva týdny. 11. .... víkendu jsem byl na Moravě. 12. Bratr mě přijede navštívit .... podzim. 13. .... zimě chceme jet na hory. 14. Přijeli už .... hodinou. 15. .... minulé pondělí jsem dělal zkoušku. 16. .... večeři chodíme ještě na procházku. 17. .... 23.září pojedu domů. 18. .... chvílí skončil dobrý film.

15 Tvořte věty z následujících slov
(Construct sentences using the words):

1. těšit se na /matka, bratr a sestra/

....

2. navštívit /kamarád a kamarádka/ v /Plzeň/

....

3. koupit /nová bunda, modrá košile a černé džíny/ /můj syn/

....

4. jít na /procházka/ na /Staroměstské náměstí/ a do /Valdštejnská zahrada/

....

5. číst /kniha/ od /Havel/ o /život/ v /Česká republika/

....

6. jíst v /hospoda/ /polévka, maso, rýže/ a pít /sodovka/

....

7. vidět film od /Forman/ o /Mozart a jeho život/ ve /Vídeň a Praha/

....

8. jet na /výlet/ na /sever/ /Slovensko/ a do /Bratislava/

....

9. bydlet na /jih/ /Kanada/ a kamarád bydlet na /západ/ /Velká Británie/

....

10. cestovat v /léto/ do /Francie/ a do /Německo/

....

11. poslat /kniha/ Ivana/ a /dopis/ /kamarádka/.

....

12. líbí se mi /katedrála/ /svatý Vít/ a /chrám/ /svatý Mikuláš/

....

DOPLŇUJÍCÍ AKTIVITY 2

1 Napište opozitum (Write antonyms):

1. <u>Za školou</u> je zahrada. .... je parkoviště.
2. Jdu <u>k řediteli</u>. Vracím se ....
3. Ten slovník mám <u>pro ně</u>. Tu knihu mám ....
4. <u>Před měsícem</u> jsem začal studovat. Skončím studium ....
5. Chceme tam jít <u>s kamarádkou Irenou</u>. .... tam nepůjdeme.
6. Obědval jsem <u>v restauraci</u>. Jdu domů ....
7. Letadlo letí <u>nad mostem</u>. .... teče řeka.
8. <u>Před koncertem</u> jsme byli v kavárně. .... půjdeme tancovat.
9. Přijdu <u>za hodinu</u>. Petr se vrátil už ....

2 Doplňte otázku (Find questions):

....? Za půl hodiny.
....? V 8 hodin.
....? Před hodinou.
....? Hodinu.
....? Po hodině češtiny.
....? Na tři týdny.
....? V létě.
....? Jednou týdně.
....? Celý den.
....? V poledne.

....? Někdy.

....? Na víkend.

....? O dovolené.

3 Spojte věty pomocí **když, až, protože**
(Connect sentences with když, až, protože):

1. Vrátil mi knihu a půjčil si jinou.

2. Přečtu ten časopis a půjdu ven.

3. Šel k lékaři. Bylo mu špatně.

4. Připravíme večeři a budeme se dívat na televizi.

5. Koupila si nové rukavice. Ty staré ztratila.

6. Napsal dopis a šel na poštu.

4 Dokončete následující věty (Complete the following sentences):

Až skončí škola, ...

Až budeme mít peníze, ...

Až se naobědvám, ...

Až bude pršet, ...

Až budu umět dobře česky, ...

Až se setkáme, ...

Až budou mít čas, ...

Až přijedou rodiče do Prahy, ...

5 Tvořte věty, dejte pozor na pořádek slov
(Construct sentences, note the word order):

1. nezeptal/to/mě/na/proč/ses?

....

2. bych/s/o/mluvit/ním/tom/chtěl.

....

3. si/myslíš/tom/co/o?

....

4. tu/koupil/kdy/šálu/sis?

....

5. s/nesetkali/nikdy/nimi/se/jsme.

....

6. ní/o/s/čem/diskutovali/jste?

....

7. sobě/včera/co/měla/na/jsi?

....

8. nové/na/s sebou/plavky/si/dovolenou/vezmu/ty.

....

6 Doplňte vždy jedno slovo
(Complete the following sentences with one suitable word for each one):
ložnice, lednička, postel, obývací, obraz, pokoj, lampa, vana, police, dítě, křeslo, stůl, kuchyň, skříň, knihovna, stolek

Koupili jsme krásný byt. Má tři .... a .... V .... jsou bílé skříňky a velká .... Do .... jsme dali novou ...., zrcadlo a velkou .... V .... pokoji máme gauč, dvě .... a malý .... Na stěnu jsme dali .... Naproti gauči je stolek s .... Máme taky pokoj pro .... Jsou tam dvě ...., dva psací ...., ... a .... na hračky. Koupelna je velká, s modrou ....

7 Váš přítel pojede lyžovat. Zeptejte se ho na nějaké informace.
(Your friend will go skiing. Ask him for some information.)

A: ....?
B: Do Rakouska, do Alp.

A: ....?
B: V pátek odpoledne.

A: ....?
B: Celý víkend.

A: ....?
B: Autobusem.

A: ....?
B: V penzionu.

A: ....?
B: Karel nemůže, tak jedu s Davidem.

A: ....?
B: Lyžovat a večer odpočívat.

8 Vyber si jedno z následujících témat:

a) Dopis - pozvání. Pozvi kamaráda/kamarádku na víkend k sobě na návštěvu. Popiš cestu z nádraží k sobě domů.

b) Popiš město, které jsi navštívil v ČR.

9 Vaše přítelkyně odjíždí na dlouhou cestu. Řekněte jí, ať nejezdí moc rychle, ať vám nezapomene psát, ať brzy zatelefonuje a popřejte jí hezký pobyt. Použijte imperativ.

10 Jste na návštěvě ve městě, které dobře neznáte. Zeptejte se na některá místa, kam musíte jít. (You are on a visit in a town which you don't know very well. Ask for directions.)

1. Potřebujete vyměnit peníze.
2. Chcete si jít zatancovat.
3. Chcete zatelefonovat příteli do Francie.
4. Máte žízeň.
5. Chcete si koupit plavky.
6. Chcete se jít koupat.

11 Erik měl včera udělat několik věcí. Měl:
a) být v práci do 8,00
b) koupit dárek manželce
c) zatelefonovat příteli
d) hrát se synem tenis.
Erik ale nic neudělal.

1. Vyberte nejlepší vysvětlení, proč to neudělal:
a) ztratil peněženku
b) bolela ho hlava
c) ztratil číslo
d) zaspal.

2. Jak se Erik omluvil
a) svému šéfovi
b) manželce
c) příteli
d) synovi?

12 Reagujte (Respond):

1. Můžeš mi půjčit slovník?
2. Co si dáte?
3. Promiň.
4. Včera jsem nemohl přijít, bylo mi špatně.
5. Chceš ještě?
6. Máte o číslo menší?
7. Zavolej mu, ať určitě přijde.

ROLEPLAY

Čtěte následující charakteristiky a každý si vyberte jednu z nich. Najděte si ve své skupině partnera, který má rád podobné věci jako vy. (Read the following informations. Decide which person you want to be. Each of you must choose a different person. Find a new friend in your group: someone who likes and does the same things as you do.)

Ombreta MUSTO
19 let, Italka
studentka na univerzitě
Řím, 2 pokojový byt
svobodná

má ráda: jazyky, historie, knihy, cesty, turistika
nemá ráda: populární hudba
oblíbené místo na dovolenou: Francouzská riviéra
oblíbené jídlo: pizza, zelenina, červené víno

Natalie TOŠEVA
24 let, Bulharka
žurnalistka
Sofie, 1 pokojový byt
svobodná

má ráda: lidé, práce, knihy, psychologické filmy, hory
nemá ráda: nuda, diskotéky
oblíbené místo na dovolenou: Černé moře
oblíbené jídlo: vločky, ovoce, kuře

Mária REZKOVÁ
32 let, Slovenka
kadeřnice
Bratislava, dům
vdaná
(manžel Miroslav, automechanik, 31 let)
2 synové (10 a 6 let)

má ráda: tenis, zahrada, chata, hory
nemá ráda: baseball, kino
oblíbené místo na dovolenou: Španělsko
oblíbené jídlo: jogurt, sýr, grilovaná jídla

John GREEN
28 let, Angličan
inženýr
u počítačové firmy
Liverpool, dům
rozvedený

má rád: technika, počítač, cesty, přátelé, příroda
nemá rád: velká města, alkohol, cigarety
oblíbené místo na dovolenou: hory, moře
oblíbené jídlo: řecká kuchyně

Lukáš SVOBODA
30 let, Čech
majitel restaurace
Brno, 4 pokojový byt
ženatý
(manželka Irena, učitelka, 29 let)

má rád: dobré filmy, divadlo, lyže, windsurfing
nemá rád: fotbal, televizní soutěže
oblíbené místo na dovolenou: řecké ostrovy
oblíbené jídlo: ovoce, zelenina, bílé víno

Kurt SCHWARZ
20 let, Němec
průvodce cestovní kanceláře
Norimberk, 3 pokojový byt
svobodný

má rád: cesty, sport (baseball, lyže), psi, klasická hudba
nemá rád: domácí práce, hloupé ženy
oblíbené místo na dovolenou: Itálie
oblíbené jídlo: francouzská kuchyně

ČTENÍ

1 Dopis z prázdnin

Liberec, 10.července

Milá Renato,

už jsi mi dlouho nenapsala. Doufám, že se máš dobře.
Já pracuju celé léto v hotelu jako servírka. Mám dost
práce, ale líbí se mi. Každý den potkávám nové lidi.
Obsluhuju v restauraci, ale někdy musím taky pomáhat
s úklidem pokojů a koupelen. To mě nebaví. Občas taky
sedím v recepci, ale to mi nevadí - je to docela zajímavé.
Seznámila jsem se tady s jedním Němcem, jmenuje se
Tom. Myslím si, že je báječný. Je vysoký a hezký. Je
trochu staromódní - vždycky, když mě vidí, políbí mi
ruku! Ale je moc milý a hodně si spolu povídáme. Rád
chodí plavat, jezdí na kole a taky rád chodí na dlouhé pro-
cházky. Zítra mám volno a půjdeme někam ven.
Mám nápad. Nechceš sem přijet na víkend? Poznáš tady
zajímavé lidi, vím, že se ti budou líbit. Půjdeme plavat a
na výlet. Těším se!
Měj se hezky.

Tvoje

Jana

Otázky

1. Kde Jana v létě pracuje?
2. Jakou práci dělá?
3. Jaká práce ji nebaví?
4. Jaká práce jí nevadí a proč?
5. Kdo je Tom?
6. Napiš 5 adjektiv, která charakterizují Toma
(Give 5 adjectives characterising Tom):

....

7. Co Tom rád dělá?
8. Co navrhuje Jana Renatě?
9. Co může Renata dělat, když přijede do Liberce?

2 Tenisová královna

Tenisová královna

Martina Navrátilová (1956, Praha)
nejlepší tenistka všech dob
20 let sportovní kariéry
7 let 1. místo v ženském tenisu (nyní 4. místo)
9 wimbledonských vítězství
171 vítězství ve světovém turnaji jednotlivců
(172 v turnaji dvojic)

Tenis hrála Martina od dětství. Jejím prvním trenérem byl nevlastní otec Mirek Navrátil. Také matka Martiny má sportovní talent, byla např. lyžařskou instruktorkou a s Martinou hrála tenis. Poprvé nad ní Martina vyhrála, když jí bylo jedenáct.

V roce 1975 odjela na mistrovství Ameriky a rozhodla se tam zůstat. Otec o jejím úmyslu věděl, ale pro matku to bylo velmi těžké: „*Byl to hrozný šok, ale věděla jsem, že se nemůže vrátit, některé věci prostě nejdou. A nejhorší bylo vědomí, že už ji možná nikdy neuvidím.*" Obě se setkaly až v roce 1980. Nedávno se Martina Navrátilová rozhodla s tenisem skončit. V jednom svém rozhovoru říká: „*Když je vám osmnáct, dvacet, myslíte si, že budete žít věčně. Neuvědomila jsem si tehdy, že ty roky, které ztratím tím, že nebudu žít doma, už nikdy nedostanu zpátky. Jinou možnost jsem však neměla, pro můj tenis to byla jediná šance. V roce 1974 jsem vyhrála turnaj v Orlandu a štěstím jsem objala sloup osvětlení - nebylo koho jiného obejmout. Byla jsem strašně sama... Pro mě byl Wimbledon všechno. Představovala jsem si, že když ho vyhraju, přestane se točit zeměkoule. Samozřejmě se nezastavila, svět se nezměnil. A tak si myslím, že se nezastaví, když skončím s tenisem. Ráda bych žila hodně dlouho, abych stihla udělat všechny věci, co jsem zmeškala tím, že jsem hrála tenis. Já jsem měla prázdniny asi třikrát v životě, protože když jsem měla volno, jela jsem domů. Chtěla bych vidět na vlastní oči všechny země, kde jsem hrála tenis - třeba v Paříži jsem byla asi dvacetkrát, ale Louvre jsem neviděla ani jednou.*"

podle Story (upraveno)

 Otázky

1. Kdy a proč Martina zůstala v zahraničí?
2. Co tomu říkali její rodiče?
3. Co bylo pro Martinu v cizině nejhorší?
4. Hraje ještě Martina závodně tenis?
5. Jaké má plány?

CVIČENÍ

1 Vysvětlete následující slovní spojení (Explain the following expressions):

sportovní <u>talent</u>　　　　　　　byla <u>to jediná šance</u>
některé věci <u>nejdou</u>　　　　　　svět <u>se nezměnil</u>
přišel <u>nedávno</u>　　　　　　　　<u>stihla</u> udělat všechny věci
rozhodla se <u>s tenisem skončit</u>　　vidět <u>na vlastní oči</u>
žít <u>věčně</u>　　　　　　　　　　<u>přestal</u> kouřit

2 Úvodní přehled Martininy sportovní kariéry dejte do vět
(Construct sentences from the list of Martina's career):

Martina Navrátilová se narodila roku 1956 v Praze. ....

....

....

....

....

3 Doplňte imperfektivní sloveso a substantivum
(Complete with imperfective verb and noun):

impf	pf	substantiva
....	odjet	....
....	vrátit se	....
....	ztratit	....
....	setkat se	....
....	vyhrát	....
....	rozhodnout	....

POSLECH

Vláďa a Jitka se potkávají na ulici.

Najděte ve slovníku:

znamenat, zapomenout, legrace, radost

Úkoly:

1. Odpovězte:
Kam jde Vláďa? Kdo hraje? Proč Jitka říká Vláďovi: „Nevěděla jsem, že jsi tak inteligentní." Odkud je babička Vládi? Na co zapomněl Vláďa? Posílá Vláďa obyčejný telegram?

2. Vysvětlete, co znamená:
Nedělej si legraci. Letím na poštu.

3. Přečtěte si telegram a řekněte, kolik za něj Vláďa zaplatí:

Vladimír Bartušek   *Anna Kantůrková*
Antala Staška 39   *Demlova 48*
Praha 4   *Karlovy Vary*

Milá babičko, přeju Ti všechno nejlepší k narozeninám, hlavně zdraví.
Vláďa

NOVÁ SLOVA

angína F *tonsillitis, sore throat*
automechanik M *motor mechanic*
báječný adj *fabulous, marvellous*
barvit/obarvit *to colour*
běh M *run*
bolet impf *to pain, to ache, to hurt*
borůvka F *bilberry*
bruslení N *skating*
být nachlazený, -á *to have a cold*
čistírna F *drycleaner's*
čistit/vyčistit *to clean*
dostat se (někam) pf *to get*
dýchat impf *to breathe*
foukat/vyfoukat (vlasy) *to blow*
gotický adj *Gothic*
grilovaný adj *grilled*
hokejista M *hockey-player*
holič M *barber*
holičství N *barber's*
horečka F *fever*
horolezectví N *(mountain-)climbing*
chrám M *temple, cathedral*
chřipka F *flu*
kadeřnictví N *hair dresser's*
kadeřník M *hair dresser*
kapr M *carp*
kašel M *cough*
kaz M *cavity*
knoflík M *button*
koláč M *cake, tart*
krasobruslení N *figure-skating*
krejčí M *tailor*
lehnout si pf *to lie down*
lék M *drug, medicine*
lyžování N *skiing*
majitel M *owner*
měl/a bys *you would better*
milý adj *nice, kind, pleasant, dear*
nakrátko adv *short*
narychlo adv *hurriedly, hastily*
navrhovat/navrhnout *to suggest*
nejlepší adj *the best*
nuda F *tedium, boredom*
obsluhovat impf *to serve*
opravna obuvi F *shoe repair shop*
ostrov M *island*
palác M *palace*
památka F *monument*
péct/upéct, peču *to bake*
penzion, M *pension, private hotel*
plachtění N *sailing*

plavání N *swimming*
podpatek M *heel*
políbit pf *to kiss*
prádelna F *laundry room*
prádlo N *laundry*
prát/vyprat *to wash*
prohlížet/prohlédnout *to check, to examine*
psychologický adj *psychological*
recept M *prescription*
rekonstruovat impf *to reconstruct*
rozvedený adj *divorced*
rýma F *cold*
řecký adj *Greek*
servírka F *waitress*
sešít pf *to sew together*
sladit/osladit *to sweeten*
služby F, pl *facilities*
soutěž F *competition*
stačit impf *to be enough*
staromódní adj *out-of-date*
stříhat/ostříhat *to cut*
šít/ušít *to sew, to make*
švadlena F *dressmaker*
těstoviny pl *pasta*
trvalá F *perm*
udržovat se v kondici impf *to keep in shape*
úklid M *cleaning, tidying up*
vysoký adj *tall, high*
vytrhnout pf *to pull a tooth*
zaspat pf *to oversleep*
zdraví N *health*
zhluboka adv (dýchat) *deep (breathe)*
zkrátit pf *to shorten*
ztratit pf *to lose*
zubař M *dentist*

TENISOVÁ KRÁLOVNA

dětství N *childhood*
hrozný adj *terrible*
instruktorka F *instructor*
jediný adj *only, sole*
jednotlivec M *individual*
kariéra F *career*
lyžařský adj *skiing*
mistrovství N *championship*
možná *perhaps, maybe*
možnost F *possibility*
nedávno adv *recently*
nejhorší adj *the worst*
nyní adv *now, nowadays*
objímat/obejmout *to embrace*
osvětlení N *illumination, lighting*
poprvé adv *for the first time*
představovat si/představit si *to imagine*
přestat, přestanu pf *to stop, to give up*
rozhodovat se/rozhodnout se *to decide*
rozhovor M *interview, conversation*
sloup M *lamp-post, standard, column*
stihnout pf *to catch, to make*
šance F *chance*
šok M *shock*
štěstí N *happiness*
talent M *talent*
tehdy adv *at that time*
točit se impf *to turn (round), to rotate*
turnaj M *championship*
úmysl M *intention, idea*
uvědomovat si/uvědomit si *to realize*
věčně adv *forever*
vědomí N *recognition, consciousness*
vítězství N *victory*
vlastní adj *own*
vyhrávat/vyhrát *to win*
závodně adv *professionally, in competitions*
zeměkoule F *globe, sphere*
zmeškat impf *to miss, to lose*

Příloha

Elementary Czech

Lekce 1

Cvičení B

1 1. je/není, 2. jsou/nejsou, 3. jsi, 4. je/není, není/ je; 5. jsem/nejsem, 6. jste, nejsme; 7. jste, jsem; 8. je/není, není/je

4 To je jedno nádraží, jeden obraz, jedna učebnice, jeden učitel, jedna holka, jedna židle, jedna třída, jeden sešit, jedno rádio, jedna skříň, jedno pero, jedna židle, jeden kluk, jedna televize, jeden slovník, jedna studentka, jedna banka, jeden pokoj, jedno náměstí, jedno auto, jedna žena.

Cvičení C

1 a) Stůl je vpředu. Okno je vzadu. Televize je napravo. Židle je vpředu/napravo. Koberec je dole. Skříň je nalevo. Lampa je nahoře. b) Vzadu je okno. Nahoře je lampa. Napravo je skříň/židle. Dole je koberec. Vpředu je stůl/židle. Nalevo je skříň.

2 Ne, stůl není vzadu, je vpředu. Ne, lampa není dole, je nahoře. Ne, okno není vpředu, je vzadu. Ne, skříň není napravo, je nalevo. Ne, koberec není nahoře, je dole. Ne, televize není nalevo, je napravo. Ne, židle není tam, je tady.

Cvičení D

1 1. naše, 2. jeho, 3. váš, 4. její, 5. moje/má, 6. jejich.

Doplňující aktivity

1 1. Co je to? 2. Kdo je to? 3. Čí je dům? 4. Kde je pošta? 5. Co je tady? 6. Jaký je ten slovník? Čí je to pero? 8. Jaká je ta kniha? 9. Kde je škola? 10. Kdo je tam?

Lekce 2

Opakování

1 kamarádka, učitelka, Američanka, lektorka, Francouzka, doktorka, prodavačka, Švédka, ředitelka, paní Nováková, inženýrka, paní Černá, Kanaďanka, paní Kudrnová

3 1. Němka, německy. 2. z Ruska, rusky. 3. Kanaďan, anglicky. 4. ze Slovenska, Slovenka. 5. Francouzka, francouzsky. 6. z Itálie, italsky. 7. Španěl, španělsky. 8. z Rakouska, německy. 9. Čech, česky. 10. Angličanka, anglicky.

4 z Velké Británie, z Německa, z Francie, z Bulharska, z Itálie, z Dánska, z Kanady, z Rakouska

5 Belgičan - belgický - Belgičanka, Francouz - francouzsky - z Francie, Kanada - anglicky, francouzsky - z Kanady - Kanaďanka, Ital - italsky - z Itálie - Italka, Maďar - maďarský - z Maďarska - Maďarka, Polsko - polsky - z Polska, rakouský - německy - z Rakouska, Rus - ruský - z Ruska - Ruska, Slovensko - slovensky - ze Slovenska, Španěl - španělský - Španělka, Švédsko - švédsky - ze Švédska, Švýcar - německy, francouzsky, italsky - Švýcarka, anglický - anglicky

Cvičení A

1 a) Mám slovník, auto, dům, obraz, byt, pero, pokoj, rádio. sešit. b) Mám nový slovník, moderní auto, velký dům, starý obraz, hezký byt, černé pero, malý pokoj, levné rádio, modrý sešit.

2 a) Znám kamaráda, učitele, studenta, Francouze, doktora, muže, lektora, přítele, kluka, prodavače, Američana. b) Znám dobrého kamaráda, hodného učitele, inteligentního studenta, milého Francouze, nového doktora, starého muže, anglického lektora, německého přítele, hezkého kluka, špatného prodavače, mladého Američana.

3 a) Těším se na (dívám se na) Prahu, učitelku, kamarádku, televizi, operu, banku, přítelkyni, restauraci, holku. b) Těším se na (dívám se na) starou Prahu, mladou učitelku, maďarskou kamarádku, českou televizi, ruskou operu, moderní banku, hezkou přítelkyni, italskou restauraci, chytrou holku.

5 a) 1. studujou a pracujou. 2. dělá, studuje a pracuje. 3. děláte, pracujeme. 4. dělá, studuje a pracuje.
b) 1. čtu, knihu, českou. 2. píšou, jaký, dopis.
3. Čteme knihu/ píšeme dopis, jakou knihu/jaký dopis, českou knihu/dlouhý dopis.

6 1. piju, 2. studujou, 3. jíme, 4. čteš, 5. žije,
6. umíte, 7. potřebujeme, 8. znáš, 9. jdou, 10. myslíš,
11. kupuju, 12. píše, 13. nevědí, 14. jedete, 15. opakuju, 16. spíme, 17. myju, 18. nese, 19. stojí,
20. víš.

8 tvoje/tvá, naše, jejich, vaše, její, jeho, jejich, jeho, tvůj, moje/má, váš, moje/má, náš

9 1. tvůj, tvého kamaráda; 2. naše, naši učitelku;
3. jeho, jeho doktora; 4. vaše, vaši kamarádku;
5. jejich, jejich učitele; 6. moje/má, moji/mou doktorku; 7. její, jejího muže.

10 1. Dívají se na hezkou ženu. 2. Čeká na mladého muže. 3. Máš jednu anglickou knihu.
4. Těším se na novou televizi. 5. Znáte mého nového učitele? 6. Vidí tvého kamaráda. 7. Myslíme na vaši milou kamarádku.

Doplňující aktivity

4 1. Na koho myslíš? 2. Koho neznáš? 3. Na koho čekáš? 4. Jaký dopis píšeš? 5. Jakou čteš knihu? 6. Pro koho máš dárek? 7. Na co se těšíš? 8. Co potřebuješ?
9. Na co se díváš? 10. Co studuješ? 11. Co kupuješ?
12. O co se zajímáš? 13. Čí je to auto?

Lekce 3

Cvičení A

1 b) V mlékárně kupuju (chtěl/a bych) dvě pařížské šlehačky, 4 čerstvá vejce, 3 plnotučná mléka, dva ovocné jogurty, dvě malá másla, 4 tavené sýry.

2 b) V ovoci a zelenině kupuju (chtěl/a bych)
3 žluté banány, dva sladké pomeranče, 4 malé okurky, 4 červená jablka, dva čerstvé saláty,
4 zelené papriky, 3 velká rajčata, dva žluté citrony,
3 měkké meruňky, dvě italské broskve.

3 b) V knihkupectví a papírnictví kupuju (chtěl/a bych) dvě velké mapy, 3 francouzské knihy, dva kapesní slovníky, 4 americké romány, 3 dobré učebnice, 4 modrá pera, 4 hnědé tužky, dva dopisní papíry, 3 hezké pohlednice, dva malé kalendáře.

4 b) V drogerii kupuju (chtěl/a bych) 3 malá mýdla, dva drahé krémy, 4 toaletní papíry, dvě růžové rtěnky, 3 velké šampony, dva francouzské parfémy,
4 zubní pasty, dva černé hřebeny.

5 1. velké housky, 2. české knihy a anglické slovníky, 3. velká okna, 4. ty hezké budovy, 5. čerstvé ryby,
6. ovocné koláče, 7. velké sešity a nová pera,
8. pomerančové džusy, 9. tvoje/tvé nové kamarádky,
10. vaše dopisy, 11. stará česká města, 12. cizí jazyky,
13. české romány

6 Jdeme na dlouhé procházky. 2. Těším se na nové české filmy. 3. Studuješ těžká cizí slova.
4. Přejete si žlutá nebo zelená jablka?
5. Potřebuje dobré rtěnky, růžové laky a drahé šampony. 6. Myslí na dlouhé domácí úkoly.

7 za; v, na; pro; na; na; pro; v, na; na, na; za; pro; na; na; o

Cvičení B

1 1. svoje/své, 2. svého, 3. svoje/své, 4. svoje/své, 5. svoje/své; 6. svůj, svou; 7. svůj, 8. svého, 9. svoje/své, 10. svoje/své

2 1. moji/mou, svoji/svou, moje/má. 2. jejího, svého, její. 3. svoji/svou, moji/mou, moje/má. 4. svoje/své, moje/mé, moje/mé. 5. svoji/svou, vaši, vaše. 6. svoje/své, moje/mé, svoje/své. 7. jejího, svého, jejího, její. 8. moje/má, svoji/svou, svoji/svou. 9. svoji/svou, tvoji/tvou, tvoje/tvá.

3 1. dobrý slovník pro svého nového studenta, 2. český román pro svoji/svou španělskou přítelkyni, 3. čerstvá jablka pro našeho anglického přítele, 4. ruskou knihu pro vaši českou učitelku, 5. červené víno pro jeho švýcarského kamaráda, 6. čerstvé pomeranče pro svého kanadského lektora, 7. čokoládu pro její německou lektorku, 8. dobrou kávu pro našeho českého učitele.

4 na mě, na ni; je, vás; na ni, na něho/něj; nás, je; ho, ji; na mě, na tebe; na něho/něj, na ni; na ně, na vás

5 1. pro něho/něj, 2. znáš ji, 3. ho, 4. na vás, 5. na ně, 6. na ni, 7. tě, 8. ji, 9. je, 10. ji, 11. na nás, 12. je.

Lekce 4

Cvičení A

1 b) Potřebujeme nové učitele, dobré kamarády, anglické lektory, milé prodavače, hodné ředitele, inteligentní inženýry, chytré prezidenty, mladé programátory, moderní politiky, sympatické studenty, věrné přátele, hezké herce, české konzultanty, americké ekology.

2 1. Vidím mladé lidi. 2. Těším se na zajímavé profesory. 3. Nepotřebuju špatné lékaře. 4. Ve škole znám Američany, Němce, Brity, Turky, Švédy, Vietnamce, Rakušany, Číňany, Belgičany, Maďary, Italy, Řeky, Rusy, Poláky, Kanaďany, Skoty,

Francouze, Nory. 5. Myslím na svoje/své rodiče. 6. Čekám na naše přátele.

Cvičení B

1 1. jde/půjde, 2. jdete/půjdete, 3. jedou/pojedou, 4. jdu/půjdu, 5. jdeš/půjdeš, 6. jedeme/pojedeme, 7. jdete/půjdete, 8. jdou/půjdou, 9. jdeme/půjdeme, 10. jdu/půjdu, 11. jde/půjde, 12. jdu/půjdu

3 1. Kam jedeš? 2. Kam jdete? 3. Kde jsi? 4. Kam jdeš? 5. Kde bydlíte? 6. Kam jdou? 7. Kde studujete? 8. Kam jdou? 9. Kde obědváte? 10. Kam jde Petr? 11. Kde večeříš? 12. Kam jedete? 13. Kde bydlíš? 14. Kam jdeš večer? 15. Kde je kostel? 16. Kde jsou? 17. Kam jde Helena? 18. Kde koupíš mléko?

4 1. na, 2. na, 3. na, do, 4. do, na, 5. v, 6. na, 7. na/pro, 8. ve, 9. do, pro, 10. na, 11. v, 12. pro, 13. na, 14. za, na, 15. z, 16. za, 17. v, pro, z, 18. na, 19. z, 20. na, 21. za, 22. na, 23. v, 24. pro, 25. za, na, 26. v, 27. o.

Cvičení C

1 1. Nikdo nemá rád... . 2. Nedívá se na žádný ... . 3. Netěší se na nikoho. 4. Nevědí nic. 5. Nejedou nikam... . 6. Nemáme žádné... . 7. Žádné slovníky nejsou... . 8. Nikdo nepotřebuje... . 9. Nejde na žádnou... . 10. Nikde v Praze není... . 11. Neznají žádného... . 12. Nikdo nevolá

2 1. Ne, nemáme žádný slovník. 2. Ne, nevím ještě nic. 3. Ne, nejede nikam. 4. Ne, není tady nikdo. 5. Ne, nemyslím na nikoho. 6. Ne, nečtu žádnou knihu. 7. Ne, tady nikde není. 8. Ne, nikdy je neposlouchám. 9. Ne, nečekáme na nikoho. 10. Ne, nepotřebuju nic.

Doplňující aktivity 1

2 Olomouce, návštěvu, Petr, rodiče, zahradu, město, Moravě, orloj, divadlo, operu, výstavu, americké, britské, učí, univerzitě, Moravu, zámek, přátele, víno

3 a) studovat, přítel, volat, holka, hezký, lektorka, kamarádka, malý slovník

b) levný, nudný, prodávat, hloupý, hezký, nic, žádný, doleva

Lekce 5

Cvičení A

7 a), b), a), c), c), a)

8 1d, 2e, 3a, 4b, 5c, 6f

12 1. Tomáši, 2. Petře, 3. Heleno, 4. pane vrchní, 5. Jano, 6. Filipe, 7. Davide, 8. Pavle, 9. paní doktorko, 10. pane řediteli, 11. slečno Moniko.

Cvičení B

4 Má Petr rád svou kamarádku? Ano, má ji rád. Má Irena ráda své přátele? Ano, má je ráda. Máš rád/a Českou republiku? Ano, mám ji rád/a. Má tě Adam rád? Ano, má mě rád. Máte rádi bílé víno? Ano, máme ho rádi. Má nás učitel rád? Ano, má vás rád. Máš mě rád/a? Ano, mám tě rád/a. Má Lenka ráda pomeranče? Ano, má je ráda. Má Pavel rád ten román? Ano, má ho rád.

6 Čteš rád/a? Píšeš rád/a dopisy? Učíš se rád/a češtinu? Nakupuješ rád/a? Hraješ rád/a tenis? Tancuješ rád/a? Díváš se rád/a na televizi? Vaříš rád/a?

7 Ráda se dívám na staré filmy. Rádi tancujou. Rád piju vídeňskou kávu. Ráda sportuje. Rád navštěvuju historická města. Rád hraje tenis.

8 1. příliš/moc, 2. trochu, 3. moc. 4. trochu, 5. moc, 6. moc/příliš, 7. málo, 8. málo, 9. moc/příliš.

9 1. Jíš rád banány? 2. Chutnají ti jablka? 3. Jíš rád papriky? 4. Máš rád rajskou polévku? 5. Máš rád červené víno? 6. Chutná ti zelenina? 7. Jíš rád zmrzlinu? 8. Chutná ti vepřové?

Lekce 6

Cvičení A

1 a) vysvětlovali jsme - včera jsme vysvětlovali, nejedl jsem polévku - včera jsem nejedl polévku, studovali - včera studovali, spali jste dobře - včera jste spali dobře, nepili jste víno - včera jste nepili víno, snídal jsi doma - včera jsi nesnídal doma, nečetl časopis - včera nečetl časopis, rozuměli jsme trochu - včera jsme trochu rozuměli, Eva nakupovala - včera Eva nakupovala, jel jsi do Brna - včera jsi jel do Brna, nemluvil jsem německy - včera jsem nemluvil německy, měl jsem práci - včera jsem měl práci, večeřel jsem pozdě - včera jsem večeřel pozdě, šel jsem na procházku - včera jsem šel na procházku, nenavštívili jsme kamarády - včera jsme nenavštívili kamarády, psal dopis - včera psal dopis

b) těšil jsem se na kamaráda, vzal jsem si to, měl jsem se dobře, vraceli jsme se domů, ráno ses oblékal, oblékal sis svetr, ptali jsme se, večer jsme se sprchovali, myl ses, díval ses na televizi, co sis objednal, líbila se mi Praha, jak se ti líbil ten film?, líbilo se mi historické město, líbily se mi staré kostely

2 a) Včera večer jsem četl knihu, ... jsem psal dopis, ... jsem pil víno, ... jsem se díval na televizi, ... jsem šel do kina.

b) V sobotu jeli do Prahy, kupovali dárky, šli na procházku, poslouchali hudbu, hráli tenis.

c) Odpoledne jsme byli doma, ... jsme studovali češtinu, ... jsme odpočívali, ... jsme opravovali domácí úkol, ...jsme učili angličtinu, ... jsme navštívili kamarády, ... jsme šli do obchodního domu.

d) Ráno vstávala v 7 hodin, ... se myla, jedla, ... se oblékala, šla do školy, ... se učila.

3 1. Šli jsme na procházku. 2. Pavel nemohl jet na výlet. 3. Snídal jsem doma, ale obědval (jsem) v restauraci. 4. Monika mluvila jenom česky. 5. Psal jsi dopis nebo (jsi) četl noviny? 6. Petře, co jsi dělal? 7. Jedli jsme ovoce. 8. Studovali jste gramatiku. 9. Chtěli jsme jet do Prahy. 10. Vzal jsem si ten čerstvý salát. 11. Neměl jsem čas tam jít. 12. Sešli jsme se u kina.

6 Petr a jeho kamarádka Iva chtěli jít na film Základní instinkt. Sešli se v 7 hodin u kina. Petr koupil lístky do deváté řady. Iva měla žízeň, a proto šli ještě do bufetu. Film začínal v 7,30. Byl to zajímavý příběh zlé a cynické ženy. Iva se trochu bála. Potom šli ještě do vinárny. Petr měl chuť na víno, ale Iva nemohla pít, protože řídila. Dala si jenom večeři. Jedla jenom rybu a Petr pil svařené červené víno. Bavili se spolu. Byl to hezký večer.

Cvičení B

1 b) Ptám se svého studenta, české ředitelky, tvé lektorky, jejího přítele, mladého cizince, milého Američana, toho Francouze, anglického lektora, vašeho muže, zajímavé ženy, toho číšníka, hezkého Němce, sympatického kluka, inteligentního člověka, nového profesora, jedné prodavačky, našeho ředitele.

2 b) Bojím se cynické ženy, svého muže, tvé učitelky, černé kočky, velkého psa, tmavé noci, českého diktátu, těžké zkoušky, té gramatiky, dlouhé cesty, vašeho ředitele, hloupé sekretářky.

3 a) Jdeme do nového kina, italské kavárny, jazykové školy, Národního divadla, Komerční banky, rockového klubu, oblíbené hospody, starého kostela, řecké restaurace, obchodního domu, Národní galerie, Botanické zahrady.

b) Jsem z Ameriky, z Německa, z Francie, z Kanady, ze Švédska, z Itálie, z České republiky, z Polska, z Kypru, z Číny, z Vietnamu, z Brazílie.

4 Je hotel vedle moře? Ne, je vedle parku.
Je park vedle koleje? Ne, je vedle divadla.
Je divadlo vedle kostela? Ne, je vedle kina.
Je kino vedle pošty? Ne, je vedle galerie.
Je galerie vedle banky? Ne, je vedle restaurace.
Je restaurace vedle obchodního domu? Ne, je vedle knihovny.
Je knihovna vedle drogerie? Ne, je vedle cukrárny.
Je cukrárna vedle lékárny? Ne, je vedle knihkupectví.
Je knihkupectví vedle náměstí? Ne, je vedle mostu.

5 1. od pondělí do pátku, 2. od rána do večera, 3. od ledna do září, 4. od středy do neděle, 5. od úterý do soboty, 6. od února do prosince, 7. od července do září, 8. od dubna do listopadu.

6 Byl jsi u Davida? Ne, byl jsem u Tomáše.
Byl jsi u Ireny? Ne, byl jsem u Petra.
Byl jsi u kamaráda? Ne, byl jsem u učitelky.
Byl jsi u Filipa? Ne, byl jsem u Pavla.
Byl jsi u přítele? Ne, byl jsem u ředitelky.
Byl jsi u kamarádky? Ne, byl jsem u lékaře.
Byl jsi u Matěje? Ne, byl jsem u Jakuba.
Byl jsi u Kristýny? Ne, byl jsem u Viktora.
Byl jsi u Milana? Ne, byl jsem u babičky.

7 do školy, do obchodu, vedle pošty, z české knihy, z Jihlavy, do Brna, do Bratislavy, uprostřed města, u kamaráda, z Rakouska, do večera, do kina, kromě Davida, blízko Národního divadla, bez slovníku, od Karla Čapka, od mého bratra, od Milana Kundery, kromě tenisu

8 a) polévku bez zeleniny, zmrzlinu bez šlehačky, rohlík bez marmelády, rýži bez soli, maso bez omáčky, chleba bez másla, čaj bez citronu

b) do kina bez kamarádky, do školy bez slovníku, na návštěvu bez květiny a dárku, do galerie bez přítele, na procházku bez psa, na koncert bez manžela, do divadla bez přítelkyně

9 a) balkánského sýra, tmavého chleba, soli, vepřového masa, toho koláče, červeného vína, šunkového salámu, hovězího masa, kuřecí šunky

b) zeleninové polévky, francouzského koňaku, ovocného jogurtu, hlávkového salátu, bílého vína, čokoládového dortu, sladkého čaje, vanilkové zmrzliny, černého piva, slaného sýra

10 fotka naší rodiny - fotku naší rodiny, fotka nového divadla - fotku nového divadla, fotka mé/mojí kamarádky - fotku mé/mojí kamarádky, fotka jejich přítele - fotku jejich přítele, fotka mého oblíbeného herce - fotku mého oblíbeného herce, fotka krásné ženy - fotku krásné ženy, fotka vašeho auta - fotku vašeho auta, fotka starého města - fotku starého města, fotka mé/mojí sestry - fotku mé/mojí sestry, fotka našeho bratra - fotku našeho bratra, fotka Vídně - fotku Vídně, fotka Českého Krumlova - fotku Českého Krumlova

12 1. Naší učitelky. 2. Mojí/mé kamarádky. 3. Toho studenta. 4. Petra. 5. Přítele Vladimíra. 6. Paní Novákové. 7. Naší přítelkyně. 8. Mojí/mé babičky. 9. Mladého Němce. 10. Sympatického kluka. 11. Kristýny. 12. Inženýra Novotného.

13 něco zajímavého, nic veselého, něco dobrého, co zajímavého, nic hezkého, nic důležitého, nic špatného, něco sladkého, co hezkého

14 a) 1. do, 2. vedle/u/blízko, 3. vedle/bez, 4. u, 5. do, 6. u, do, 7. vedle/u/blízko, 8. z, 9. od, 10. bez, 11. do, 12. od, 13. bez, 14. od

b) 1. na, do, 2. na, na, 3. od, z, 4. na, u, 5. do, vedle/blízko/u, 6. na, 7. pro, 8. o, 9. v, na, do, 10. v, vedle, 11. na, 12. pro, 13. v, do, 14. o

15 1. u našeho nového lektora, 2. české vlády, 3. toho zlého člověka, 4. prodavače, 5. Richarda Wagnera, 6. Národního divadla, 7. ovocného dortu, 8. mého kamaráda, 9. bílého vína, 10. do druhé řady, 11. šunkového salámu, 12. bílé kávy, 13. toho starého města, 14. od Miloše Formana, 15. koňaku, 16. své kamarádky, 17. španělštiny, 18. naší sekretářky, 19. bez sýra a zeleniny, 20. do Londýna a do Paříže, 21. na Tomáše do večera, 22. koho

Lekce 7

Cvičení A

1 b) Znám několik dobrých kamarádů, českých studentů, nových učitelů, mladých Němců, zajímavých mužů, milých Američanů, sympatických Čechů, inteligentních cizinců, oblíbených herců, italských režisérů, výborných přátel, šťastných lidí, líných prodavačů, starých doktorů, bohatých obchodníků

2 b) velkých domů, starých kostelů, moderních hotelů, zelených parků, malých pokojů, českých slovníků, krásných obrazů, velkých stolů

3 b) mladých žen, zajímavých knih, hnědých židlí, velkých map, bílých skříní, malých škol, hezkých zahrad, italských restaurací, starých kolejí, moderních ulic, světlých galerií, historických budov, barevných fotografií, měkkých postelí, krásných pohlednic, ošklivých kanceláří, rychlých aut, starých kin, hlavních nádraží, moderních měst, velkých náměstí, modrých per

4 b) německých studentek, dobrých lékařek, hezkých holek, chytrých kamarádek, slovenských učitelek, milých sester, mladých cizinek, sympatic-kých Američanek, zajímavých Češek, amerických konzultantek, elegantních Francouzek, starých hereček, rockových zpěvaček, anglických lektorek, českých prodavaček, italských inženýrek, krásných slečen

5 b) vegetariánských jídelen, italských kaváren, pražských vináren, malých cukráren, zeleninových polévek, nových mlékáren, španělských mandarinek, moderních továren, soukromých lékáren, modrých tužek, sladkých meruněk, gramofonových desek malých divadel, velkých oken, bílých triček, francouzských mýdel, moderních křesel

6 Jedu do Českých Budějovic, Poděbrad, Mariánských Lázní, Vysokých Tater, Orlických hor, Jeseníků, Luhačovic, Bílých Karpat, Rakouských Alp, Krkonoš, Beskyd, Nových Butovic, Dejvic

7 českých románů, dlouhých dopisů, krátkých pohádek, amerických filmů, historických měst, velkých náměstí, chytrých učitelů, anglických učebnic, domácích úkolů, moderních domů, zajímavých knih, mladých lékařek, hezkých Bulharek, cizích aut, starých aut, velkých obchodů, starých lidí, dobrých přátel, italských oper

8 a) českých režisérů, anglických dramatiků, těch našich kamarádek, mých přátel, těch Američanů, francouzských spisovatelů, těch nových studentek, těch cizinců, ruských skladatelů

Cvičení B

1 a) 1. od nich, 2. u něho/něj, 3. vedle nás, 4. blízko tebe, 5. bez ní, 6. jich, 7. vás, 8. u mě, 9. jí, 10. od vás, 11. od něho/něj

b) 1. Ne, od ní ne. 2. Ne, jeho ne. 3. Ne, u nich ne.
4. Ne, tebe ne. 5. Ne, u něho/u něj ne. 6. Ne, od vás
ne. 7. Ne, jich ne. 8. Ne, jí ne.

2 jí, vedle něho/něj, jich, mě, u nich, vedle nás, bez
vás, jich, kolem ní, ho, u mě

Cvičení C

1 několik hotelů a restaurací, mnoho obchodů, málo
parků, dost kaváren, 4 divadla, 2 knihovny, 3 obchod-
ní domy, 7 kin, moc ulic, 5 kostelů, 4 vinárny, 2
nemocnice, 6 galerií, 3 náměstí

2 a) 1. ... studuje mnoho studentů. 2. ... žije a pracu-
je hodně cizinců. 3. ... je 10 studentů. 4. ... jsou dvě
výstavy. 5. ... hraje několik známých herců. 6. ... pra-
cuje málo mužů. 7. ... je mnoho krásných zahrad. 8. ...
stojí 3 moje/mé kamarádky. 9. ... zpívají dvě Italky.
10. ... bydlí 4 rodiny. 11. ... prodává několik prodavačů
a prodavaček. 12. ... žije mnoho lidí.

b) 1. studovalo, 2. žilo a pracovalo, 3. bylo,
4. byly, 5. hrálo, 6. pracovalo, 7. bylo, 8. stáli,
9. zpívali, 10. bydlely, 11. prodávalo, 12. žilo.

Doplňující aktivity

2 na, líbí, mám, včera/večer, dávají/je, něj, odpoled-
ne/večer, půl, ně, hloupé/nudné..., moc/velmi,
hraje/hrají, ty/tyto, se, týden/víkend..., v, hrálo, dob-
rých/známých...

Lekce 8

Doplňující aktivity 1

2 Hrabalová - Hrabalovi, Štěpánková - Štěpánkovi,
Čapková - Čapkovi, Baarová - Baarovi, Hermannová -
Hermannovi, Štěrbová - Štěrbovi, Nová - Nových,
Procházková - Procházkovi, Hudečková - Hudečkovi,
Černá - Černých

Cvičení A

1 b) To jsou tví bratři, milí kluci, naši kamarádi, vaši
přátelé, špatní číšníci, známí inženýři, mladí Češi, její
synové, vaši lékaři, cizí páni, sympatičtí Němci, staří
profesoři, noví kameramani, dobří režiséři, svobodní
Angličané, ženatí Američané, jejich doktoři, francouz-
ští učitelé, tvoji/tví přátelé, chytří lidé/lidi, američtí
lektoři, čeští ekologové

3 Češi, Francouzi, Američané, Angličané, Rakušané,
Italové, Maďaři, Rusové, Slováci, Kanaďané, Švédové,
Bulhaři

5 1. každý, 2. žádný, 3. všichni, 4. žádné, 5. všechny,
6. každý, 7. žádné, 8. všechna, 9. od všech, 10. pro
všechny, 11. žádný, 12. za všechny, všichni.

Cvičení B

3 V kolik hodin se díváš na televizi?
Jak dlouho ses učil španělsky?
Jak často chodíš do kina?
Jak dlouho jsi tady?
Kdy jezdíš na hory?
Jak často se Eva chce učit anglicky?
Kolik je hodin?
Jak dlouho jsi tam byl?
Kdy většinou studuješ?
Jak často čteš noviny?
Kdy dávají ten film?
Jak často platíte nájemné?

Cvičení C

1 1. jdu/jedu, 2. jede, 3. chodí, 4. chodíme,
5. jdou/jedou, 6. jdeš, 7. chodíš, 8. jdeš, jedeš;
9. jezdíme, 10. chodím, 11. jít, 12. jedete, 13. chodí

2 ... jsem jel ..., ... jsem často chodil ..., ... jsem jezdil
..., ... jsem jel ..., šel jsem ..., šli jsme ..., ... jel ...,
... jsem chodil ..., ... jsem jezdil ...

Lekce 9

Cvičení A

1 Kde žije Pavel? Na Moravě. / Kde bydlí Irena? Na koleji. / Kde bydlí Kim? V bytě. / Kde žije Sára? V Rakousku. / Kde bydlí Tomáš? V Praze. / Kde bydlí David? Ve vile. / Kde žije Lenka? Na Slovensku. / Kde žije Karel? Ve Švédsku. / Kde žije Marie? V České republice. / Kde žije Hana? V Itálii. / Kde žije Marcela? V Kanadě. / Kde bydlí Michal? V hotelu. / Kde žije Kristýna? V Bulharsku. / Kde žije Adam? V Americe. / Kde bydlí Antonín? V Olomouci. / Kde bydlí Jirka? V domě.

2 Řecko je na jihu Evropy/v jižní Evropě. Cheb je na západě Čech/v západních Čechách. Orlické hory jsou na východě Čech/ve východních Čechách. Ostrava je na severu Moravy/na severní Moravě. Znojmo je na jihu Moravy/na jižní Moravě. Francie je na západě Evropy/v západní Evropě. Třeboň je na jihu Čech/v jižních Čechách. Košice jsou na východě Slovenska/na východním Slovensku.

3 Byl/a jsem v italské kavárně, v luxusním hotelu, ve svém pokoji, na Pražském hradě, na dobrém obědě, v našem bytě, v západní Anglii, v severní Americe, v Národním divadle, na jižní Moravě, na pražském letišti, na zajímavé výstavě, v moderním kině, v historickém městě, ve starém domě, ve Stavovském divadle, na americkém filmu, na dobré kávě, ve východní Francii.

4 a) Mluvím/přemýšlím o dobrém filmu, rockové hudbě, posledním prezidentovi/prezidentu, fotbalu/e, tenisu/e, koncertu/ě, zajímavé výstavě, divadle, politice, nové gramatice, dobré přítelkyni, nudné práci, české knize.

b) Záleží mi na novém kamarádovi/kamarádu, mé matce, mém bratrovi/u, dobré české učitelce, mé práci, naší rodině.

6 V pondělí jsem byl na dobrém koncertě/u. V úterý jsem byl v Praze. Ve středu jsem byl v Národním divadle. Ve čtvrtek jsem byl na nové výstavě. V pátek jsem byl na hlavní poště.

V sobotu jsem byl v čínské restauraci. V neděli jsem byl na dlouhé procházce. Večer jsem byl na zajímavé návštěvě. Dnes odpoledne jsem byl na Staroměstském náměstí.

7 1. ve, na, v, 2. na, 3. v, na, 4. o, 5. od, 6. po, na, 7. po, 8. o, 9. o, 10. o, na, 11. na, v, 12. po, na, do, 13. pro/od, 14. po, 15. o, v.

8 a) Na čem ti záleží? Na koho myslíš? O čem jsi četl román?/Jaký román jsi četl? Kde je? Od koho je ta opera? Co si myslíš o Bulharsku? Kde bydlí Paul? Bez koho tam nechceš jít? Kde jsi byl? Kam jsi jel? V kolik hodin/kdy ses vrátil? Odkud je Monika? Čí je to auto? O kom jsi přemýšlel?

Cvičení B

1 1. Ano, četl jsem o něm. 2. Ano, slyšel jsem o něm. 3. Ano, záleží mi na nich. 4. Ano, mluvili jsme o vás. 5. Ano, záleží mi na tobě. 6. Ano, přemýšlím o ní. 7. Ano, jsou na něm. 8. Ano, psal jsem o ní. 9. Ano, viděli jsme ten dokument o nich. 10. Ano, diskutovali jsme o ní. 11. Ano, přemýšlím někdy o tobě. 12. Ano, cestovali jsme po něm.

2 1. o nich, 2. o ní, 3. o něm, 4. o nás, 5. v něm, 6. na mně, 7. o něm, 8. v ní, 9. po vás, 10. o tobě.

3 mě; o ní, ji; na ni; o něm, od něho/něj; o něm; jich; na ně ; po ní.

Cvičení C

1 a) Budu se dívat, budu vstávat, bude si kupovat, bude studovat, budete navštěvovat, budou psát, budu ukazovat, budeme zvát, budu se učit, bude poslouchat, budeš číst.

b) Podívám se, skončím, přečtu, připravím, vezmu si, vstanu, koupím si, napíšu, vrátím se, půjdu, koupím si.

2 Nasnídám se, zatelefonuješ, řeknou, zvyknu si, ukáže, pozvou, začne, připraví, navštívím, počkáš, přečteš, naučíte se, vrátím se, uděláme, napíše, nakoupím, vezmeš si, přijdou, poslechnete si, projdou se, přijede, skončíme, vstanu, zeptá se, podíváš se, naobědvám se, zaplatíme, odejde, prohlédneme si, obléknou se.

3 1. a, 2. b, 3. c, 4. a, 5. a, 6. b, 7. a, 8. a, 9. c, 10. b

6 1. pojedou, 2. půjdeš, 3. budeme chodit, 4. budu jezdit, 5. půjdeš, 6. nepojedu, 7. bude jezdit, 8. budete chodit, 9. budeme jezdit, 10. půjdu, 11. budou jezdit/chodit, 12. budeme chodit.

7 Co budu dělat zítra. Zítra bude sobota. Proto nebudu vstávat už v 7 hodin, ale vstanu až v půl desáté. Nejdřív se umyju a pak si připravím snídani. Vezmu si džus, jogurt, chleba a marmeládu. Chvíli si budu číst noviny. V 11 hodin si udělám kávu a pak půjdu ven. Moje kamarádka už bude čekat na náměstí. Budeme spolu obědvat v restauraci. Odpoledne pojedeme na výlet. Podíváme se do Telče na zámek. Budeme večeřet u mé sestry. Zbytek večera budeme tancovat v klubu.

8 chodím; jezdím, chodím; chodím; jít; půjdu; pojedeme; jezdím; nechodím; budeme jezdit/pojedeme.

9 1. až, 2. když, 3. když, 4. až, 5. když, 6. až, 7.až/když, 8. když, 9. až, 10. když, 11. až, 12. až.

Cvičení D

1 1. chladno - chladný, 2. hezký - hezky, 3. veselý - vesele, 4. rychle - rychlé, 5. anglický - anglicky, 6. teplá - teplo, 7. smutně - smutná, 8. moderně - moderní, 9. dlouhý - dlouho, 10. španělský - španělsky.

2 Jak se máš? Jaký den byl včera? Jak se obléká Alena? Jaký je Pavel redaktor? Jak píše? Který slovník potřebuješ? Jak jel autobus? Do kterého divadla zítra půjdete? Jak mluví rusky? Jaký slovník máš? Jak mluví Antonín? Které filmy se ti líbí? Jaký román čteš? Který román čteš? Jak běhá Dana? Jaké holky máš rád?

Doplňující aktivity 2

2 příští víkend, vlak přijížděl brzy ráno, nakonec, Milan je svobodný, naposled, ptal se špatně, odpočíval celé odpoledne, čekali dlouho, levný dárek, jeli ..., je vdaná, dědeček je už v důchodu

4 cesta, příjezd, snídaně, studium, večeře, práce, sport, odjezd, oběd, jméno, návštěva, procházka, tanec, život, jídlo, chuť

Lekce 10

Cvičení A

1 b) Často telefonuju své/svojí mamince, českému kamarádovi, naší tetě, jejich synovi, vašemu učiteli, tvé/tvojí lektorce, své/svojí sestře, svému novému lékaři, sympatické kamarádce, hodnému příteli, jejímu otci, staré babičce, milé přítelkyni, jeho bratrovi.

2 b) Rozumím české gramatice, tvému příteli, našemu profesorovi, anglickému dopisu, těžkému problému, americkému filmu, té moderní hudbě, tomu textu, dlouhému románu, ruskému umění, staré literatuře, jejímu názoru.

3 a) Řeknu to tomu cizinci, Tomášovi, tatínkovi, naší učitelce, novému studentovi, tomu číšníkovi, té prodavačce, zdravotní sestře, Heleně, tomu inženýrovi, Pavlovi, svému příteli.

b) Zavolám panu Horákovi, Davidu Novákovi, Karlu Novému, panu doktorovi, Václavu Křížovi, panu Vlasákovi, studentu Romanu Hosovi, Aleně Horské, Lucii Tulisové, doktorce Zikmundové, inženýru Humlovi.

4 a) Muzeum je naproti staré škole, tomu krásnému parku, mé/mojí oblíbené kavárně, Národnímu divadlu, čínské restauraci, Komerční bance, novému kinu, Hlavnímu nádraží, malé poště, hotelu Zlatá Hvězda, našemu domu, divadlu Rokoko, hospodě U Jakuba, klubu Rock Café.

b) Jdu k/ke své/svojí kamarádce, jejímu bratrovi, české lektorce, svému řediteli, novému konzultantovi, tvé/tvojí sestře, naší sekretářce, svému lékaři, bulharské přítelkyni, své/svojí staré babičce, hlavnímu inženýrovi.

5 a) Patří tomu cizinci, mé/mojí kamarádce, mému bratrovi, kamarádovi Heleny, Alexandrovi, té nové studentce, otci Jany, tomu cizímu muži.

b) toho cizince, mé/mojí kamarádky, mého bratra, kamaráda Heleny, Alexandra, té nové studentky, otce Jany. toho cizího muže

6 Telefonuju mamince, svému českému příteli, malé sestře.
Píšu otci, dědečkovi a babičce, kamarádu Petrovi, své/svojí učitelce.
Nerozumím nové gramatice, domácímu úkolu, české opeře.
Věřím své/svojí přítelkyni, matce, Věře, Tomášovi.
Jdu k/ke lékaři, ředitelce, kamarádce Olze.

7 a) 1. dlouhý dopis příteli, 2. vašemu tatínkovi za pomoc, 3. komu ... tu krásnou knihu,
4. pohlednici kamarádce k svátku, 5. Aleně novou sukni, 6. Marii bílou blůzu a černý kostým, 7. Milanovi desku klasické hudby,
8. dobrou večeři své/svojí přítelkyni, 9. to tričko malému bratrovi, 10. tu kazetu kamarádce Marcele.

Cvičení B

1 1. Nerozumím vám. 2. Nerozuměl/a jsem jí.
3. Nerozumím jim. 4. Nerozumím mu.
5. Nerozuměl/a jsem jim. 6. Nerozuměl/a jsem mu.

2 1. mu, 2. jí, 3. jim, 4. mu, 5. mi, 6. ti, 7. nám, 8. vám.

3 1. mně, 2. jim, nám, 3. tobě, jemu, 4. jí, jemu, 5. tobě, 6. jí, 7. vám, 8. tobě, mně, 9. mně, jemu.

4 1. ke mně, 2. naproti ní, 3. k němu, 4. k nim, 5. k tobě, 6. proti němu.

5 1. jim, 2. ti, 3. vám, 4. jim, 5. mi, 6. jí, 7. mu, 8. nám.

6 1. na sebe, 2. pro sebe, 3. o sobě, 4. na sebe, 5. vedle sebe, 6. k sobě, 7. o sobě, 8. s sebou, 9. na sobě, 10. k sobě, 11. na sebe, 12. u sebe, 13. s sebou, 14. mezi sebou.

Cvičení C

1 a) 1. Jez! 2. Čti! 3. Tancuj! 4. Snídej!
5. Večeř! 6. Spi! 7. Pij! 8. Kuř! 9. Vezmi si to!
10. Dívej se!

c) 1. Nepij! 2. Neptej se! 3. Nedívej se!
4. Nejez! 5. Nesnídej! 6. Neber si to!
7. Neposílej to! 8. Nechoď tam! 9. Nekupuj si to!
10. Neprohlížej si to!

3 1. Nekupuj si ji, kup si... . 2. Nejezdi, jeď... .
3. Netelefonuj mu, zatelefonuj... . 4. Nechoď na něj, jdi na/do... . 5. Nečti je, přečti si... . 6. Nepiš jí, napiš ... . 7. Nechoď na něj, jdi na/do... . 8. Neber si ji, vezmi si ... . 9. Nejezdi tam, jeď... . 10. Nevař ji, uvař .... .

4 Nechoď ... . Nejezdi ... . Podívej se ... . Pošli ... .
Kup ... . Jdi ... . Zeptej se ... . Jeď ... . Měj se ... .
Nebuď ... . Vezmi si ... . Ukaž ... . Napiš ... .

Doplňující aktivity

2 jim; ode mě; pro ni; pro ni; mu; mu, pro něho/něj; o něm; jim; jim; mu, ho.

4 průmyslový, obchodní, kulturní, umělecký, moravský, sportovní, pracovní, brněnský.

Lekce 11

Cvičení A

1 b) Mluvil/a jsem s/se, seznámil/a jsem se s/se naší lékařkou, se svým bratrem, s chytrým právníkem, s milou překladatelkou, se zdravotní sestrou, se starým dědečkem, s ošklivou prodavačkou, s novým ředitelem, s americkou studentkou, s jejím manželem, s tvým synem, s jejich dcerou, s mladým inženýrem, s dobrým doktorem, se sympatickým konzultantem, s vaší přítelkyní.

2 Půjdu s/se Tomášem, se svou/svojí přítelkyní Irenou, se svou/svojí sestrou, s jeho malým synem, s naším českým přítelem, s panem Hrabákem, s bratrem Dany, s paní Novotnou, s babičkou, s jejich anglickým lektorem, s tím Italem, s tetou, s Mirkem a Ivanou, s panem Václavem Novákem, s naší novou sekretářkou.

3 a) Chci byt s malou kuchyní, garáží, pračkou a ledničkou, dětským pokojem, ústředním topením, televizí a videem, lodžií.

b) Chci kuře s bramborovou kaší, roštěnou s rýží, omeletu se zeleninou, kávu se šlehačkou, martini s citronem, párek s hořčicí, čaj s mlékem, palačinku s ovocem, rohlík s máslem a džemem.

5 a) Co jsi dělal/a, co budeš dělat před snídaní, hodinou češtiny, cestou do Afriky, obědem, zkouškou z historie, koncertem, návštěvou, večeří, dovolenou, víkendem?

b) Přišel/přišla jsem před chvílí, hodinou, rokem, měsícem, týdnem, obědem, polednem.

c) Co budeš dělat po obědě, škole, práci, večeři, víkendu, zkoušce, filmu, divadle, tréninku, nemoci, koncertu, dovolené, hodině češtiny?

6 Sejdeme se před kinem Jalta, novou restaurací, Národním divadlem, italskou kavárnou, rockovým klubem, obchodním domem, knihkupectvím Melantrich, jazykovou školou, právnickou fakultou, Pražským hradem, Státní operou, Palácem kultury, hotelem Forum, zoologickou zahradou, naší kolejí, hospodou U Jakuba.

7 Za galerií. Za Václavským náměstím. Pod obchodním domem. Mezi Prahou a Brnem. Mezi Alenou a Tomášem. Před filozofickou fakultou. Před velkým parkem.

8 b) k lékaři/za lékařem, k bratrovi/za bratrem, k matce/za matkou, k řediteli/za ředitelem, k sekretářce/za sekretářkou, k Monice/za Monikou, ke konzultantovi/za konzultantem, k profesorovi/za profesorem, k úřednici/za úřednicí, k otci/za otcem.

10 Čím byl dědeček? S kým jsi byl na koncertě? Kdy přijdeš? Čím pojedete? Kde se sejdeme/sejdete? S čím není spokojený? Čím je známý Pražský hrad? Za kým jdeš/kam jdeš? Kdy se vrátíte? Co chceš? S čím chceš kávu? Čím rád píšeš? S kým chodí Hana? Čím chce být?

S kým mluví ředitel? Kde je ten nový obraz? V které hospodě se sejdeme/sejdete?

Cvičení B

1 1. s tebou, 2. s ním, 3. s vámi, 4. s námi, 5. s nimi, 6. s ní, 7. s tebou, 8. se mnou, 9. před vámi, 10. se mnou, za ní.

2 1. s ním, 2. s tebou, 3. s ní, 4. před ním, 5. s námi, 6. s vámi/s ním, 7. s nimi, 8. se mnou.

Doplňující aktivity 2

5 1k, 2n, 3j, 4f, 5i, 6a, 7h, 8b, 9l, 10o, 11c, 12m, 13g, 14e, 15d.

6 zahraničí, studium, právo, divadlo, konzultace, život, banka, kvalita, věda, svět, jih, technika, ekonomika, obchod, umění.

Lekce 12

Doplňující aktivity 1

2 1. ušít, 2. přišít, 3. sešít, 4. šít, 5. zašít, 6. ušít, 7. zašít, 8. přišila, 9. šila, 10. přišít.

Opakovací cvičení

2 1. přečetl/a, 2. psal/a jsem, 3. tancovali, 4. koupil/koupili, 5. díval/a, 6. odjel/a. 7. podívej se, 8. navštěvoval/navštěvovali, 9. počkej, 10. navštívil/a.

3 ... si odpočinu/budu odpočívat, ... si koupím/budu kupovat, ... se navečeřím/budu večeřet, ... si zahraju/budu hrát, navštívím/budu navštěvovat, přečtu/budu číst, ... se naučím/budu se učit, pojedu/budu jezdit

4 1a), 2b), 3c), 4a), 5b), 6b), 7b), 8c), 9b), 10a).

5 Znám někoho, něco. Neznám nikoho, nic. Mluvím o někom, o něčem. Nemluvím o nikom, o ničem.

Vím o někom, o něčem. Nevím o nikom, o ničem.
Sejdu se s někým. Nesejdu se s nikým.
Jdu k někomu. Nejdu k nikomu.
Líbí se mi někdo, něco. Nelíbí se mi nikdo, nic.
Starám se o někoho, o něco. Nestarám se o nikoho, o nic.
Mám rád někoho, něco. Nemám rád nikoho, nic.

6 1. Neviděl jsem nikoho. 2. Nemám ho od nikoho. 3. Nezáleží mi na nikom. 4. Nemluvili jsme o ničem. 5. Nešel jsem s nikým. 6. Netelefonoval jsem nikomu. 7. Nejdu nikam. 8. Nebyl jsem nikde. 9. Nebyl jsem tam nikdy. 10. Nedal jsem to nikomu.

7 1b), 2c), 3a), 4b), 5a), 6b), 7b), 8a), 9b), 10b), 11a).

8 1. Ano, viděl jsem ho. 2. Ano, mluvila jsem s ní. 3. Je mu … . 4. Ano, líbila se jí. 5. Ano, půjdu tam s ním. 6. Ano, mám ji doma. 7. Ano, byl jsem u něho/něj. 8. Ano, píšu dopis o něm. 9. Ano, je od něj/něho. 10. Ano, mluvili jsme o ní.

9 Nerad lyžuje. Ráda chodí do divadla. Neradi se díváme na televizi. Hrajete rádi tenis. Rádi čtou knihy. Ráda šiju. Cestuješ rád?

10 a) Můžeš mi dát jeho fotku? Můžeš mi dát jejich fotku? Můžeš mi dát její fotku? Můžeš mi dát svou/svoji fotku?
b) Můžeš jim dát jeho fotku? Můžeš jí dát jeho fotku? Můžeš mu dát její fotku? Můžeš nám dát jeho fotku?

12 1. knihu, o Americe, 2. do Prahy, kamarády, 3. v Londýně, ve Velké Británii, v České republice, 4. o češtině, 5. po večeři, do kina, blízko parku, 6. na televizi, 7. o klasickou hudbu a sport, 8. na hradě, v pokoji, staré obrazy, židle a stoly, 9. kávu a dort, 10. na matku a bratra, 11. na návštěvu, k příteli, 12. čaje, 13. na zahradě, stromů, květin, 14. v ložnici, nové postele a skříně, 15. ve skříni, na skříni, s květinou, 16. v Praze, historických památek, 17. hudbou, 18. s naším ředitelem, 19. mé kamarádce, 20. o tom problému, 21. na výlet, bez kamarádů, 22. k Tomášovi a Haně, 23. přátel, 24. od ledna, na univerzitě, 25. u autobusu, 26. před měsícem, na návštěvě, u rodičů, v Itálii, 27. tomu cizímu člověku, 28. z Vysokých Tater, 29. na rodinu, v Americe, 30. v sobotu, v Brně, zajímavou hru, od Milana Kundery, 31. se svým platem, 32. k svátku, od manželky a dětí, 33. do samoobsluhy, vína, cukru.

13 1. do, 2. v, 3. z, z, 4. o, 5. o. 6. u/vedle, na, z, 7. na, 8. na, do, 9. v, 10. na, u/vedle, 11. na, do, na, 12. na, na, 13. na, ve, 14. ve, na, vedle/u, ve, v, 15. do, v, v, 16. na, do, na, na, 17. na, do, 18. na, do, 19. o, pro, z, 20. s, 21. mezi, v, 22. se, 23. před, 24. k, 25. podle, 26. o, 27. za/před, 28. naproti/proti, 29. pod, 30. ke, na, 31. na, 32. v, k, do.

14 1. na/-, 2. za/na, 3. od, 4. do, 5. -, 6. na, 7. od, do, 8. za, 9. v, 10. -, 11. o, 12. na, 13. v, 14. před, 15. -, 16. po, 17. -, 18. před.

15 1. Těším se na matku, bratra a sestru. 2. Navštívím kamaráda a kamarádku v Plzni. 3. Koupím novou bundu, modrou košili a černé džíny svému synovi. 4. Jdu na procházku na Staroměstské náměstí a do Valdštejnské zahrady. 5. Čtu knihu od Havla o životě v České republice. 6. Jedl/a jsem v hospodě polévku, maso s rýží a pil sodovku. 7. Viděl jsem film od Formana o Mozartovi a jeho životě ve Vídni a v Praze. 8. Pojedu na výlet na sever Slovenska a do Bratislavy. 9. Bydlím na jihu Kanady a kamarád bydlí na západě Velké Británie. 10. V létě budeme cestovat do Francie a do Německa. 11. Poslal jsem knihu Ivaně a dopis kamarádce. 12. Líbí se mi katedrála svatého Víta a chrám svatého Mikuláše.

Doplňující aktivity 2

1 1. před školou, 2. od ředitele, 3. od nich, 4. za měsíc, 5. bez kamarádky Ireny, 6. z restaurace, 7. pod mostem, 8. po koncertě, 9. před hodinou.

3 1. Když mi vrátil knihu, půjčil si jinou. 2. Až přečtu ten časopis, půjdu ven. 3. Šel k lékaři, protože mu bylo špatně. 4. Až připravíme večeři, budeme se dívat na televizi. 5. Koupila si nové rukavice, protože ty staré ztratila. 6. Když napsal dopis, šel na poštu.

5 1. Proč ses mě na to nezeptal? 2. Chtěl bych s ním o tom mluvit. 3. Co si o tom myslíš? 4. Kdy sis koupil tu šálu? 5. Nikdy jsme se s nimi nesetkali. 6. O čem jste s ní diskutovali? 7. Co jsi měla včera na

sobě? 8. Na dovolenou si vezmu s sebou ty nové plav-
ky.

6 pokoje, kuchyň; v kuchyni, lednička; do ložnice,
postel, skříň; v obývacím, křesla, stolek; obrazy;
s lampou; děti; postele, stoly, knihovna, police;
vanou.

7 Kam pojedeš lyžovat? Kdy jedeš? Jak dlouho tam
budeš? Čím/jak pojedeš? Kde budeš bydlet? Pojedeš
s Karlem? A co budeš celý den dělat?

Text 2

3 odjíždět - odjezd, vracet se - návrat, ztrácet - ztrá-
ta, setkávat se - setkání, vyhrávat - výhra, rozhodovat
- rozhodnutí

Lekce 2

J: Ahoj, Pavle!

P: Čau! Jak se máš?

J: Ujde to. Znáš moji kamarádku? Kristin, to je Pavel.

K: Těší mě. Já jsem Kristin.

P: Pavel, ahoj. Ty nejsi Češka, viď?

K: Ne, nejsem. Jsem z Francie. A ty?

P: Jsem Švéd. Studuju tady češtinu.

K: Jak se ti tady líbí?

P: Docela ano. Praha je krásná. .... Hele, tam je David, můj učitel! ... Dobrý večer! Jak se máte?

D: Dobře, a vy?

P: Děkuju, dobře. Nevíte, jestli je tady paní Novotná?

D: Myslím, že je tam vzadu. Je tam taky nějaký mladý muž.

P: Ano, vidím ho. To je její přítel. Je z Kanady. Je tady na návštěvě. ....

Lekce 3

1. A: Dejte mi dvacet deka šunkového.
   B: Ještě něco?
   A: Ty kuřecí párky - čtyři.

2. A: Ta kapusta je čerstvá?
   B: Ano, přivezli ji dneska.

3. A: Přejete si?
   B: Dvě mýdla Lux.
   A: Ještě něco?
   B: Pastu na zuby Signál.

4. A: Tak jakou si dáte?
   B: Jahodovou a vanilkovou. A ještě ten čokoládový dort - jeden kousek.

5. A: Máte nějaký nový plán Prahy?
   B: Máme. Vidíte, tady je jenom centrum a tady celá Praha.

6. A: Prosím.
   B: Čtyři makové housky a dva sýrové rohlíky.

26,90, 95,40, 12,60, 59,30, 225, 499,90, 1348, 905

Lekce 4

Pan Lewis: Promiňte, prosím, já neznám, kde jsem. Potřebuju jet nádraží, autobus.

Muž: Prosím? Sprechen Sie Deutsch?

Pan Lewis: No. Ne. Mluvím jen angličtinu a trochu češtinu.

Muž: Aha. ..... Máte mapu?

Pan Lewis: Ne, ne mapa. Potřebovám nádraží autobus.

Muž: Ano, rozumím, chcete na nádraží. Musíte jet tramvají číslo devět.

Pan Lewis: See, ... , tramvaj pět.

Muž: Ne pět, d e v ě t .

Pan Lewis: Rozumět. A kde je, prosím, stop tramvaj?

Muž: Zastávka je tam vzadu, vidíte?

Pan Lewis: Vidím. Děkuju. Děkuju moc.

Muž: Není zač. Na shledanou.

Pan Lewis: Na shledanou.

Lekce 5

Č: Dobrý večer.

E: Dobrý večer. Máme tady objednaný stůl pro čtyři na jméno Balcar.

Č: Ano. Prosím, pojďte za mnou. .... Tady je váš stůl. Hned přinesu jídelní lístky. .....
Dneska večer vám můžu doporučit krevety Lisette se zeleninovou omáčkou. Je to naše specialita.

P: Děkujeme. A jaká je ta chobotnice Palermo?

Č: To jsou smažené kousky chobotnice.

P: Aha. Tak já si dám tu chobotnici. A co vy? Vybrali jste si už?

K: Já nechci žádné ryby. Dám si telecí medailónky s hráškem. A brambory.

Č: Ano. Tak jednou Palermo, jednou medailónky.

E: Jano, nedáme si ty krevety? Já na ně mám chuť.

J: Tak si je dej. Já mám ráda kuře, a tak si dám kuřecí řízky se šunkou.

Č: A co si dáte k pití?

P: Přineste nám láhev Tramínu.

......

J: Já už mám hrozný hlad.

P: Tak si zatím připijeme. Na tvoje zdraví, Eriku!

Všichni: Na zdraví...

P: To víno je vynikající.

E: Můžeme si pak objednat ještě jednu láhev.

K: Hele, už nám to nesou.

Č: Prosím. ...... Dobrou chuť.
...... Děkujeme.

P: Ty krevety jsou moc dobré. A co chobotnice, Eriku?

E: Je výborná, trochu ostrá, ale chutná mi.

K: Já to mám taky dobré. A co ty, Jano?

J: Ale, měla jsem si dát něco jiného. To kuře je nějak suché. Moc mi to nechutná.

P: Když je suché, tak musíš víc pít!

....

Č: Budete si přát dezert?

K: Já si dám palačinku s čokoládou.

P: A ještě jednu láhev toho vína.

Č: Prosím. .... Dobrou chuť.

....

E: Zaplatíme.

Č: Chcete platit dohromady nebo zvlášť?

E: Dohromady.

Č: Tak je to 586 korun.

E: To je dobrý.

Č: Děkuji.

Lekce 6

T: Ahoj, Petře! Tak co, jak to jde?

P: Čau. Ani se neptej. Jsem hrozně unavený. Včera večer jsem se vrátil domů skoro o půlnoci. A dneska od osmi dělám.

T: Ale? A kde jsi včera byl?

P: Na služební cestě. Vstával jsem už v půl šesté a v šest už jsem seděl v autě na cestě do Bratislavy.

T: A jaká byla cesta?

P: Celkem dobrá. V deset jsme měli pozdní snídani v jednom bratislavském hotelu a v jedenáct začínalo jednání.

T: Měli jste nějakou přestávku?

P: Měli, ve dvě hodiny. Dali jsme si rychlý oběd a pokračovali až do půl čtvrté. Já jsem byl pak už volný, ale šéf ještě musel něco dělat. Domů jsme jeli v šest.

T: A proč jste se do Prahy vrátili tak pozdě?

P: Ale, to víš, šéf měl hrozný hlad, a tak jsme museli zastavit v restauraci Devět křížů na večeři. ......

Lekce 7

Vinohradské divadlo, Kočičí hra od maďarského dramatika Istvána Örkényho. Režisérem představení je Jaroslav Dudek, v hlavních rolích hrají Jiřina Bohdalová a Jana Štěpánková.
Hraje se 2., 5., 10., 12., 17., 23., 29. března, vždy večer ve 20:00.
Národní divadlo, opera Libuše od Bedřicha Smetany. Režisérem představení je Petr Novotný, dirigent Oliver Dohnányi. V hlavních rolích Eva Urbanová jako Libuše, Vratislav Kříž a Pavel Kamas jako Přemysl. Hraje se 11., 14., 19., 25., 30. března, vždy večer v 19:30.
Stavovské divadlo, Dva shakespearovští herci od amerického dramatika Richarda Nelsona. Režisérem představení je Ladislav Smoček. V hlavních rolích Boris Rösner a František Němec.
Hraje se 1., 4., 9., 15. a 28. března vždy ve 20:00, 7., 17. a 22. v 17:00.

Lekce 8

M: Prosím. Tady Němcová.

A: Ahoj, Mileno! Tady Alena. Hádej, odkud volám?

M: Ahoj. Nevím. Asi z práce?

A: Ne! Z nového bytu!

M: Cože? Tak jste ho přece jen koupili? Gratuluju. A kdy jste se přestěhovali?

A: O víkendu. Je tady ještě pořád hrozný nepořádek, ale byt je krásný. Kromě ložnice máme i dva dětské pokoje, samozřejmě obývák a velkou halu.

M: To je fakt velký byt. A kluci mají určitě radost, že má každý svůj pokoj.

A: To víš. - A máme i terasu, kde jsou schody na zahradu. A garáž je hned vedle. Ale máme teď hrozně práce. Taky musíme nakupovat. Potřebujeme psací stoly pro děti, nějaké skříně, křesla a stolek do obýváku. No a záclony, lampy, lustry, koberce ..... vždyť to znáš.

M: Ale do kuchyně máš všechno, viď?

A: Naštěstí. - Mileno, musíš určitě přijít, ty i Pavel.

M: Přijdeme moc rádi. Jsme zvědaví. A kdy?

A: Myslím, že příští pátek to půjde. Co myslíš? Hodí se vám to?

M: Dobře. A v kolik?

A: Kolem osmé. Moc se těším.

M: A co dárek do nového bytu? Máš nějaké přání?

A: Ale jdi. Nic nekupuj.

M: Já chci.

A: Tak třeba vázu? Víš, že jsem tu od maminky rozbila.

M: Dobře. Takže příští pátek v osm. Měj se.

A: Ty taky. Ahoj.

M: Ahoj.

Lekce 9

R: Tak co, Miloši, kam se letos chystáte?

M: Chci jet v červenci s kluky a s Marií někam blízko lesa a vody. Asi do jižních Čech.

R: Hm, to nemusí být špatné, tam to mám taky rád. A budete někde v penzionu?

M: Ne, chceme vzít stan. To víš, kluci se už hrozně těší - postavíme ho někde u rybníka, budeme chytat ryby ... . To je hrozně baví.

R: Doufám, že si vezmete s sebou kola. Tam jsou ideální podmínky pro cyklisty.

M: Jasně, že bez kol nejedeme. Ale máme problém. Slíbil jsem klukům stan, jenže do toho mého se nevejdeme. Ten je tak pro dva. A na nový teď nemám. Víš, že jsme nedávno koupili auto, taky nějaké věci do bytu, ...

R: Ale to není problém. Já ti stan půjčím. Mám velký, pro čtyři.

M: Fakt? Tak moc díky. A vlastně, co ty? Ty ho nebudeš o dovolené potřebovat? Vždycky jste přece jezdili se stanem?

R: Tentokrát je to jinak. Iveta a já pojedeme v srpnu do Řecka - víš, autobusem, spát budeme v hotelu. Bude to změna, ale co. Třeba se mi to bude líbit.

M: Proč ne? Počkej, až se vrátíš, budeš určitě vyprávět jenom o antice.

R: No, to jsem zvědavý.

Lekce 10

Vidíš, tady měla babička Marie sedmdesátiny. Jsme všichni u ní na zahradě. Ten obrovský dort jsme dali upéct v cukrárně. Babička sedí uprostřed. Vedle ní, v tom tmavém obleku s kravatou, je můj otec Pavel, syn babičky. Matka - jmenuje se Daniela - je ta usmívající se blondýnka v dlouhé sukni a bílé blůze. Sestra Lenka nerada nosí sukně, proto si ji nevzala

ani na ty narozeniny. Zato má svoji oblíbenou šálku. Je moc podobná mamince, nejen barvou vlasů. Její manžel Ludva je ten blonďák ve světlém svetru tady vzadu. No a jejich desetiměsíční Šárka, jak vidíš, je taky světlovlasá. Já a bratr Miloš jsme tady nalevo vpředu. Nejsme si vůbec podobní. Já tmavovlasý, on zrzavý. Já mám nejradši krátké vlasy, on je musí mít až na límec. On rád nosí sportovní věci, mně zase vůbec nevadí společenské oblečení.

Na fotce ještě chybí sestra tatínka - Markéta - ta fotila. No, a teď už znáš naši rodinu.

Lekce 11

S: Dobrý den. Já jsem Stephanie Glenning.

Ř: Dobrý den. Balcarová. - Těší mě.
Už na vás čekám. Sedněte si. Dáte si něco k pití ?

S: Ne, děkuju. Chtěla bych vědět něco víc o své práci.

Ř: Ano. Jistě vás zajímá, kolik hodin budete učit. Zatím to vypadá na 20 hodin týdně.

S: Mám nějaké hodiny také odpoledne ?

Ř: Jenom ve čtvrtek od dvou do čtyř. To budete mít kurz nepovinné angličtiny pro třetí a čtvrtou třídu.

S: Jak staré děti budu učit ?

Ř: Kromě těch dvou tříd to budou třinácti- a čtrnáctiletí žáci.

S: A kolik dětí je ve třídě ?

Ř: Na jazyky 10 až 15 dětí. Mám tady pro vás učebnice a kazety. Budete moct také používat video.

S: Přivezla jsem si nějaké svoje materiály. Hlavně obrázky a dvě videokazety.

Ř: To je výborné. A ještě musíme projednat finanční otázku. Nabízíme vám základní plat 5 500 měsíčně.

S: To je moc málo. Jenom za byt dávám měsíčně 2 000 korun.

Ř: Ale nepovinnou angličtinu vám budeme platit zvlášť. A jestli máte zájem, můžete vést ještě kurz konverzace pro naše učitele.

S: Ráda to zkusím. Myslím, že to bude pro mě zajímavé učit děti i dospělé.

Lekce 12

J: Ahoj! Kam jdeš?

V: Čau! Jdu si koupit lístky na fotbal. Zítra hraje Sparta a Slavie.

J: Aha, máš pravdu, zítra už je dvacátého. Můžeš mi taky koupit lístek?

V: Jasně. Ale, počkej, říkáš, že zítra je dvacátého, to znamená, že dneska je devatenáctého!

J: Nevěděla jsem, že jsi tak inteligentní.

V: Nedělej si legraci. Babička z Karlových Varů má dneska narozeniny a já na to úplně zapomněl. Ani pohled jsem jí neposlal. A teď je už pozdě.

J: Nebuď tak tragický. Tak jí zatelefonuj. A nebo mám jiný nápad. Pošli jí telegram. Nějaký hezký, to jí udělá radost.

V: Díky za radu. Hned letím na poštu.

      ....

V: Chtěl bych poslat telegram.

Ú: Vyplňte si tenhle blanket.

V: A máte nějaké lepší? Víte, je to k narozeninám.

Ú: Tak si tady vyberte.

V: Aha ...... Třeba tenhle. Kolik stojí?

Ú: Patnáct korun. Plus každé slovo telegramu platíte zvlášť. Jedno slovo korunu.

PŘEHLED ČESKÉ GRAMATIKY

Lesson 1

Czech genders

(Rody v češtině)

Czech nouns have three genders: **masculine, feminine** and **neuter. Adjectives and pronouns change according to the gender of the noun which they are specifying.** The gender is partly natural: human beings of male sex are masculine (masculine animate), those of female sex are feminine. Other nouns distinguish their gender by the ending.

1 Nouns

a) **Masculine nouns** mostly end in a hard or soft consonant (studen<u>t</u>, mu<u>ž</u>). Few of them have the ending -a (koleg<u>a</u>, turist<u>a</u>, předsed<u>a</u>) and their declension is partly feminine, partly masculine.
Masculine nouns are also divided into **hard** and **soft**: hard nouns end in hard or ambiguous consonants, soft nouns end in soft consonants. The nouns ending -tel (pří<u>tel</u>, uči<u>tel</u>) have declension like soft nouns.

b) **Feminine nouns** can have three endings: **-a, -e** and **a consonant**.

c) **Neuter nouns** end in **-o**, some in **-e** and some in **-í.**

Feminine and neuter nouns can also be divided into hard and soft.

2 Adjectives

There are two groups of adjectives: **hard** and **soft.** Hard adjectives end in hard consonants and vowels **-ý -á, -é.** Soft adjectives end in soft consonants and one ending **-í** for all genders in the nominative. Each adjective must agree with the nouns.

	hard adjective	soft adjective
M	český student	moderní dům
F	česká studentka	moderní škola
N	české město	moderní auto

3 Demonstrative pronouns

M	ten (tenhle tamten)	student
F	ta (tahle tamta)	studentka
N	to (tohle tamto)	město

Ten, ta, to (that) are used to point to things: Ta škola je nová.

Tenhle, tahle, tohle (this … here) are used to point at one object among others and what is near and we can see it: Vezmu si tuhle knihu.

Tamten, tamta, tamto (the … over there) are used to say that something is further away, or directly contrasts to **tenhle**: Líbí se mi tamta kniha. Tenhle slovník nechci, chci tamten.

Possessive pronouns

(Posesivní zájmena)

			M	F	N
sg	1.	já	můj	moje/má	moje/mé
	2.	ty	tvůj	tvoje/tvá	tvoje/tvé
	3.	on, ono	jeho	jeho	jeho
		ona	její	její	její
pl	1.	my	náš	naše	naše
	2.	vy	váš	vaše	vaše
	3.	oni, ony, ona	jejich	jejich	jejich

The forms *moje, tvoje* are very common in colloquial Czech.

Lesson 2

Feminine nouns derived from Masculine nouns

(Feminina odvozená od maskulin)

Feminine nouns denoting nationality or profession can be derived from masculine nouns

a) by the suffix **-ka**: Američan - Američan**ka**

student - student**ka**

b) by the suffix **-ice**: úředník - úřed**nice**

číšník - číš**nice**

c) by the suffix **-yně**: přítel - přítelk**yně**

ministr - ministr**yně**

A feminine surname is formed from a masculine surname

a) by the ending **-ová**: Horák - Horák**ová**

Havel - Havl**ová**

(surnames ending in -ek, -ec or -el lose the -e)

b) by the ending **-á**: Veselý - Vesel**á**

Černý - Čern**á**

The verbs znát - vědět - umět

(Slovesa znát - vědět - umět)

a) **znát** (to know st., sb.) is used with a noun in the accusative (direct object): Znám Tomáše. Neznám Itálii.

b) **vědět** (to know + another clause)

Vím, kdo je Petr. Víš, kde je pošta? Vím, že nemá čas.

Nevím, proč tady není.

c) **umět** (to know how to do st., to be able to do st.)

Umím hrát na kytaru. Umím vařit.

Neumím německy.   There is also: Znám to. Vím to. Umím to.

The accusative case

(Akuzativ)

The accusative expresses the direct object:

1 after some verbs:

mít:	Co máš? Mám knihu.
znát:	Co znáš? Znám Prahu.
potřebovat:	Co potřebuješ? Potřebuju českou učebnici.
vidět:	Koho vidíš? Vidím Janu.
studovat:	Co studuješ? Studuju češtinu.
číst:	Co čteš? Čtu zajímavou knihu.
psát:	Co píšeš? Píšu dopis.

2 after prepositions:

na   a) **čekat na:** Na koho čekáš? (Who are you waiting for ?) Čekám na učitele.

           těšit se na: Na koho se těšíš? (Whom are you looking forward to seeing?) Těším se na kamaráda.

           dívat se na: Na co se díváš? Dívám se na český film.

      b) jdu na koncert, na náměstí, na diskotéku, na poštu

           jedu na výlet, na hory

      c) šampón na vlasy

           lak na nehty

pro   dárek pro kamarádku

       jdu pro mýdlo

za   za hodinu (in an hour)

      kniha za padesát korun (a book at 50 crowns)

v   v jednu hodinu (at one), v poledne (at noon)

     v pondělí

     v úterý

     ve středu

     ve čtvrtek

     v pátek

     v sobotu

     v neděli

o   **zajímat se o** (to be interested in): Petr se zajímá o hudbu.

     starat se o (to take care of): Matka se stará o dítě.

Observe:

Jdu na kávu (to have it)

      na pivo

      na víno

Jdu pro kávu (to get it)

      pro pivo

      pro víno

Lesson 3

Accusative of personal pronouns

(Akuzativ osobních zájmen)

Personal pronouns appear in two forms: 1st, **unstressed**, 2nd, **after prepositions**.

a) The unstressed pronouns (short forms) cannot be at the beginning of a sentence. They stand after the first stressed word in a sentence: Znám <u>ho</u>. Helena <u>ho</u> nezná.

b) The pronoun <u>mě</u> may be used also in stressed positions and after prepositions: <u>Mě</u> to nezajímá. Čekáš na <u>mě</u>?

c) Long forms of pronouns of the second and third person sg <u>tebe</u> and <u>jeho</u> stand in the beginning of a sentence: <u>Jeho</u> neznám. <u>Tebe</u> nevidím.

Possessive pronoun „svůj"

(Posesivní zájmeno svůj)

This possessive pronoun points out that the object belonging to the subject is identical with the subject of the sentence. It expresses something like "one's own".

Compare: Čtu <u>tvoji</u> knihu. (I am reading your book.)

      (já) (tvoje)

      Čtu <u>svoji</u> knihu. (I am reading my book.)

      (já) + (moje) = svoje

Declension is the same as the possessive pronoun <u>můj</u>.

Lesson 4

The questions Kde? Kam? Prepositions v - na - do

(Otázky kde? kam? Prepozice v - na - do)

1. The Czech preposition <u>v/ve</u> corresponds to the English <u>in</u>, **na** to the English <u>on</u>, <u>at</u> and **do** to the English <u>to</u>.
2. The prepositions **na** and **v** combined with a noun in the **locative** answers the question kde? (where?).
3. The preposition **na** (plus a noun in the **accusative**) and **do** (plus a noun in the **genitive**) combined with the verbs of motion answer the question kam? (Where to? Where are you going?)

Remember:

Kde?	Kam?
location, place	destination, direction
jsem, žiju, studuju ...	jdu, jedu...
v/ve + locative	**do + genitive**
na + locative	**na + accusative**

The use of Czech prepositions **v**, **na**, **do**:

1 **na** is used for:

a) "open" spaces: na zahradu/na zahradě

na náměstí

b) public institutions: na poštu/na poště

na fakultu/na fakultě

na univerzitu/na univerzitě

na nádraží

2 **do** expresses destination:

Kam jedeš?/jdeš? Do Brna. Do školy.

3 **v/ve** usually denotes closed space or being inside:

Kde jsi byl? V Brně. Ve škole.

V is extended to **ve** because there are some difficulties in pronunciation: ve větě, ve škole, ve Francii, ve městě.

Lesson 5

Modal verbs

(Modální slovesa)

1 The modal verb **chtít** expresses:

a) wishes

Chci černou kávu. Chtěl bych černou kávu. (The Conditional form "chtěl bych" is more polite.)

b) requests

A: Chtěl bych Žert od Milana Kundery.

B: Bohužel, Žert nemáme. Chtěl byste jiný román?

A: Ne, děkuju.

2 The modal verbs **smět** a **moct** are used for requests and permission:

Smím odejít? Ano, smíš.

Můžu si vzít ještě dort? Ano, můžeš.

Můžu expresses informal request, **smím** is a little more formal than můžu. The conditional form **mohl bych** expresses formal request.

Moct is used to express:

a) possibility: V Krkonoších můžete lyžovat celou zimu. (Je tam dost sněhu.)

b) ability: Můžu přijít dnes nebo zítra.

3 The modal verb **muset** expresses:

a) obligation: Musíš vstávat brzy ráno.

b) emphatic advice: Ten film musíš vidět. (Doporučuju ti ho. Stojí za to.)

4 **Nemusím** expresses absence of obligation:

Nemusíš vyplňovat ten formulář dvakrát. Jednou stačí.

5 **Nesmím** expresses a negative obligation:

Nesmíte to nikomu říct.

Chtít can be followed directly by the noun or by the infinitive.

Moct, smět and **muset** are followed by the infinitive.

Likes and dislikes

1 **mám rád/a** + object in accusative

I like somebody/something (food, town, writer...)

	sg	pl
M	rád	rádi
F	ráda	rády
N	rádo	ráda

2 **rád/a** + verb

I like to do something

3 **jsem rád/a, že...**

I am glad that...

4 **jsem rád/a, když...**

I am glad when/if...

5 **líbí se mi** + subject in nominative

ti

mu   I like (the look, sound, feel of)

jí   I like it here = Líbí se mi tady.

nám

vám

jim

6 **chutná mi** + subject in nominative

I like ... appeals to my taste (only about meal)

Lesson 6

Past tense

(Minulý čas))

Form

the past participle + the present of the verb "být"

The past participle is formed from the infinitive replacing the ending -t by -l.

	sg	pl
1.	-l/-la jsem (se, si)	-li/-ly jsme (se, si)
2.	-l/-la jsi (ses, sis)	-li/-ly jste (se, si)
3.	-l, -la, -lo (se, si)	-li, -ly, -la (se, si)

Question

2nd person:	3nd person:
Co jsi dělal/a?	Co dělal Petr?
Co jste dělal/a?	Co dělala Helena?
Co jste dělali/y?	Co dělali studenti? Co dělaly studentky?

Negative

nedělal/a jsem, **ne**dělal/a jsi etc.

Notes

1. a) Past tense in the 1st, 2nd and 3rd person sg expresses the gender of the subject: dělal jsem, dělala jsem...
    b) In the plural the differences are important only in written language: Studenti psali. Studentky psaly.

2. 2nd person pl is used for formal addressing: Kde jste byl? Co jste dělala?

3. The verb **být** is not used in 3rd person sg and pl: Petr psal. Helena četla.

4. Reflexive verbs in the 2nd person sg combine **se** and **jsi** into **ses** or **si** and **jsi** into **sis**: Jak ses měl? Co sis vzal?

5. The forms of the verb být may be omitted when giving brief answers:
    Psala jsi dopis? Psala. (instead of Psala jsem.)
    Dívali jste se na televizi? Nedívali. (instead of Nedívali jsme se.)

Word order (Pořádek slov ve větě)

Observe:

Učil **jsem se** česky. Včera večer **jsem se** učil česky. Na co **ses** díval včera večer? Včera večer **jsem se** na ni díval. The forms of the verb být are always in the second place (after the first stressed word or phrase in sentence).

The Genitive case

(Genitiv)

Use of the genitive:

1 The genitive follows some verbs:

ptát se/zeptat se (to ask):	Ptám se učitele.
bát se, bojím se (to be afraid):	Bojím se té kočky.
všímat si/všimnout (to notice):	Všímá si každé mé chyby.
účastnit se/zúčastnit se (to take part):	Minulý týden jsem se zúčastnil konkursu. (Last week I took part in a competition.)

2 The genitive is used after the prepositions:

a) expressing place:

do (to):	Jdeme do kina.
u (at):	Zastávka tramvaje je u Národního divadla. Obědvám v restauraci U Jakuba.
z/ze (from):	Monika je z Ameriky.
blízko (near to):	Blízko školy je park.
kolem (around, past):	Rád se procházím kolem Vltavy.
uprostřed (in the middle):	Uprostřed náměstí je socha.

b) expressing time:

od - do (from - to):	Byl jsem tam od ledna do července.

c) the other:

bez (without):	Nemám rád kávu bez cukru.
kromě (besides, except):	Kromě češtiny studuju taky historii. Jsou tady všichni kromě Davida.
od (from, by):	Ten dárek mám od kamarádky.
	Četl jsem román od Milana Kundery.
	Mám rád hudbu od Antonína Dvořáka.

3 The genitive follows the expressions of quantity:

mnoho, moc, dost, hodně
málo, trochu
několik, kolik
metr, litr, kilo etc.
kilogram=kilo
dekagram=deko (10 deka šunky, coll.)
decilitr=deci (2 deci vína, coll.)
Nemám dost peněz. Mám málo času. Kolik cukru chcete? Chtěl bych kilo hovězího. Koupím litr červeného vína.

4 The genitive follows cardinal numerals above 5:

pět studentů (genitive pl), šest hodin, sedm korun

5 The genitive of adjectives follows the indeterminite pronouns **něco**, **nic** and the interrogative pronoun **co**:
Viděl jsi něco zajímavého? Nevím nic nového.

6 The genitive is used if a noun depends on another noun:

otec mého kamaráda, dům přítele, kniha Petra, román Kundery, obraz Picassa, sklenice mléka, šálek kávy

7 The genitive expresses time by giving an answer to the question kdy? (when?), kolikátého (at what time?)
if a date is given:

Má narozeniny 15.4. (=patnáctého dubna)
Štědrý den je 24.12. (= dvácátého čtvrtého prosince)

Months

(Měsíce)

Nominative	Genitive
leden, M (January)	ledna
únor, M (February)	února
březen, M (March)	března
duben, M (April)	dubna
květen, M (May)	května
červen, M (June)	června
červenec, M (July)	července
srpen, M (August)	srpna
září, N (September)	září
říjen, M (October)	října
listopad, M (November)	listopadu
prosinec, M (December)	prosince

What time is it?

(Kolik je hodin?)	**At what time?** (V kolik hodin?)
Je jedna (hodina).	v jednu (hodinu)
Jsou dvě (hodiny).	ve dvě (hodiny)
Jsou tři (hodiny).	ve tři (hodiny)
Jsou čtyři (hodiny).	ve čtyři (hodiny)
Je pět (hodin).	v pět (hodin)
Je šest (hodin).	v šest (hodin)
Je sedm (hodin).	v sedm (hodin)
Je osm (hodin).	v osm (hodin)
Je devět (hodin).	v devět (hodin)
Je deset (hodin).	v deset (hodin)
Je jedenáct (hodin).	v jedenáct (hodin)
Je dvanáct (hodin).	ve dvanáct (hodin)

Lesson 8

The verbs jít - chodit, jet - jezdit

(Slovesa jít - chodit, jet - jezdit)

In Czech there are pairs of verbs: **determinate** and **indeterminate** verbs (both are imperfective).

An **indeterminate** verb expresses the motion in general or in repetition:

Chodím do školy každý den.

V létě jezdíme do Itálie.

A **determinate** verb expresses single action in a definite time:

Dnes večer jdu do kina.

Za chvíli jede náš vlak.

Indeterminate verbs

Infinitive	Present	Past	Future
chodit	chodím	chodil/a jsem	budu chodit
jezdit	jezdím	jezdil/a jsem	budu jezdit

Determinate verbs

Infinitive	Present	Past	Future
jít	jdu	šel/šla jsem	půjdu
jet	jedu	jel/a jsem	pojedu

Indefinite pronoun všichni, všechny, všechna

(Zájmena všichni, všechny, všechna)

	M	F	N
Nom	všichni (Ma) / všechny (Mi)	všechny	všechna
Gen		všech	
Dat		všem	
Acc	všechny	všechny	všechna
Loc		o všech	
Instr		všemi	

Lesson 9

Future tense

(Budoucí čas)

Czech verbs are divided into two groups:

1. the **imperfective verbs** - číst, psát, dělat ...

2. the **perfective verbs** - přečíst, napsat, udělat ...

Verbs are mostly in pairs (číst - přečíst, psát - napsat, dělat - udělat) with a similar meaning, however with different viewing of actions or states. **Imperfective verbs** refer to actions or states going without limitation, in progress or being repeated. **Perfective verbs** refer to limited actions or states, they carry a sense of completion. Past tense of perfective verbs always expresses completed action:

Přečetl jsem knihu.

(I read a book.)

Četl jsem knihu.

(I have read a book.)

Včera jsem navštívil rodiče.　　Každý měsíc jsem navštěvoval rodiče.
(I visited my parents yesterday.)　(I have visited my parents every month.)

Remember:

Imperfective verbs	Perfective verbs
1. Continuing action	1. Completed action
Budu číst knihu.	Přečtu knihu.
2. Repeated action	2. One action
Každý den bude škola končit ve dvanáct.	Zítra škola skončí v jednu.

The Locative case

(Lokál)

The locative is always used after prepositions. It can express:

1 the object after some verbs and prepositions **o** and **na**:

mluvit o:	Mluvili jsme o novém filmu.
psát o:	Psal jsem dopis o životě v Praze.
číst o:	Četl jsem článek o Pražském hradě.
slyšet o:	Už jsi slyšel o tom novém klubu?
přemýšlet o (to think about):	Přemýšlí o své práci.
myslet si o (to think of):	Co si myslíš o novém prezidentovi? Myslím si, že je dobrý politik.
but: **myslet na**:	Často myslím na svou rodinu.
záležet na (to depend on):	To záleží na tobě.

2 place, answer the question „kde?"

v/ve　Bydlím v Praze. Nakupuju v obchodě

na　Byl jsem na Moravě. Studuje na univerzitě.

For more samples with prepositions v/ve and na see lesson 3, page .

po　Auto jede po ulici. (A car goes down the street.)
　　　Rád se procházím po Praze. (I like walking around Prague.)
　　　V létě cestoval po Francii. (In the summer he travelled in France.)

3 time, answer the question „kdy?"

v + months, some seasons:
　　　Přijel jsem v červnu. V zimě lyžuju, v létě plavu.

po　Po obědě půjdeme ven. (=Až se naobědváme, půjdeme ven.)

při　Při práci potřebuju klid.
　　　Při lyžování potřebuju rukavice. (=Když lyžuju, potřebuju rukavice.)

o　Co jsi dělal o víkendu? O přestávce pijeme kávu. Vzbudili mě o půlnoci.

Lesson 10

The Dative case

(Dativ)

The use of the Dative:

1 the object after some verbs

rozumět/porozumět (to understand):	Rozumím své učitelce.
děkovat/poděkovat (to thank):	Děkuju vám.
pomáhat/pomoct (to help):	Pomáhám kamarádovi.
radit/poradit (to advise):	Otec radí synovi.
telefonovat/zatelefonovat (to phone):	Zatelefonuju ti večer.
patřit (to belong to):	Ta kniha patří Petrovi.
patřit k (to be counted among):	Praha patří k nejstarším městům (dative pl) v Evropě.
věřit/uvěřit (to believe):	Věřím ti.
dávat přednost/dát přednost něčemu (dat) před čím (instr) (to prefer):	
	Dává přednost divadlu před kinem.

2 after certain prepositions

Here are the most common:

k/ke (to, towards, up to):	a) Šel k lékaři.
	b) Jedu k moři. Jdu k hotelu.
	c) Co máme k obědu? (for lunch) K obědu máme zeleninu.
	d) **hodit se k**: Kravata se hodí k obleku.
proti (against, opposite):	Co máš proti mně? Proti naší škole je velký park.
naproti (opposite):	Bydlím naproti nádraží.
jít naproti (to meet):	Půjdu mamince naproti na nádraží.

3 the indirect object

Some Czech verbs are complemented by two objects. The **direct** object is expressed by the accusative case. The **indirect** object is expressed by the dative case.

Observe:

Koupil jsem	kamarádce	knihu.
	indirect object	direct object
	(dative)	(accusative)

Similarly:

Petr mi děkoval za pomoc. Poslal dopis svému příteli.

Remember some verbs are followed by two objects:

kupovat/koupit (to buy)
dávat/dát (to give)
posílat/poslat (to send)
nabízet/nabídnout (to offer)
přinášet/přinést (to bring)
ukazovat/ukázat (to show)
říkat/říct (to tell)

4 the expressions with dative

Pay attention to different structures in Czech and English:

a **Líbí se mi** Praha. (I like Prague.)

    Tomášovi se tady nelíbí. (Tomáš does not like it here.)

b) **Chutná mi** jogurt. (I like yogurt.)

    Chutnají vám rajčata?

c) **Je mi líto, že ...** (I am sorry that...)

d) Kolik je ti roků (let)? (How old are you?)

    Je mi ... roků (let).

e) Jak je ti? (How do you feel?)

    Je mi horko. (I am hot.) **Je mi špatně.** (I feel bad.) **Je mi smutno.** (I feel sad.)

f) Kdo/co ti chybí? (Do you lack anybody/anything?)

    Chybí mi moje rodina.

g) Co ti vadí? (What do you mind?)

    Vadí mi kouř.

h) **Sluší ti** to. (It becomes you well.)

In the past tense all of these sentences use the neuter form of the verb: Bylo mi špatně.

Word order

Kupuju knihu kamarádovi.   or: Kupuju kamarádovi knihu.

but only: Kupuju ji kamarádovi.

      Kupuju mu ji.

Observe:

Potřeboval jsem nový kabát. Včera odpoledne jsem si ho koupil.

1. stressed word or phrase
2. jsem, jsi (in past tense)

se, si

personal pronoun in dative

personal pronoun in accusative

Lesson 11

The Instrumental case

(Instrumentál)

The Instrumental is used:

1 as an instrument or means of doing something

píšu perem, zamykám klíčem, jedu metrem (autem, autobusem, tramvají)

2 after some verbs

být + profession:	Otec je učitelem. Budu překladatelkou.

We can use the nominative after „být" too. It is more common:

	Otec je učitel. Budu překladatelka.
stát se (to become):	Až skončím univerzitu, stanu se právníkem.
zabývat se (to be engaged in):	Zabývám se hudbou.
seznámit se s (get acquainted with):	Seznámil jsem se s Václavem Havlem.
setkat se s (to meet):	Setkal jsem se se svým přítelem.
jít za (go to see sb) = jít k (dat):	Jdu za sestrou.

3 in connection with some adjectives

být známý (to be well known)	Mozart je známý operou „Don Giovanni".
být překvapený (to be surprised)	Byl jsem překvapený tím filmem.
být spokojený s (to be satisfied with)	Jak jsi spokojený se svým platem?

4 after some prepositions

s/se (with)	Šla jsem s Petrem do kina. Včera jsem mluvil se svým bratrem. Každý den piju kávu s mlékem. Máme dům se zahradou.
nad (above)	Nad garáží je byt.
pod (under)	Pod televizí je malý stůl.
před (in front of, before)	Auto stojí před domem.
	Přijel před hodinou.
za (behind)	Za domem je zahrada.
mezi (between, among)	Ve třídě sedím mezi Antonínem a Alenou.
	Přijdu mezi druhou a třetí (hodinou).

The prepositions **nad**, **pod**, **před**, **za** and **mezi** can take accusative case too:

Pověsím lampu **nad** stůl.

Položím tašku **pod** stůl.

Dej auto **před** dům!

Podívali se **za** skříň.

Dáme ten obraz **mezi** stůl a okno.

PŘEHLED ČESKÉ DEKLINACE

A Declension of Masculine Nouns

sg — Masculine animate

	hard	soft	ending -a
Nom	student	muž	předseda
Gen	studenta	muže	předsedy
Dat	studentu, -ovi	muži, -ovi	předsedovi
Acc	studenta	muže	předsedu
Loc	o studentu, -ovi	muži, -ovi	předsedovi
Instr	studentem	mužem	předsedou

pl

Nom	studenti	muži	předsedové
Gen	studentů	mužů	předsedů
Dat	studentům	mužům	předsedům
Acc	studenty	muže	předsedy
Loc	o studentech	mužích	předsedech
Instr	studenty	muži	předsedy

sg — Masculine inanimate

	hard	soft
Nom	sešit	pokoj
Gen	sešitu/sýra	pokoje
Dat	sešitu	pokoji
Acc	sešit	pokoj
Loc	o sešitu, -ě	pokoji
Instr	sešitem	pokojem

pl

Nom	sešity	pokoje
Gen	sešitů	pokojů
Dat	sešitům	pokojům
Acc	sešity	pokoje
Loc	o sešitech	pokojích
Instr	sešity	pokoji

Nom. pl.: -i, -ové are sometimes parallel endings: páni - pánové, nouns ending with suffix -an, -tel take -é: Američané, učitelé

Loc. pl.: nouns ending in k,g,h,ch have the ending -ích which changes the consonant:
o slovnících, o ekolozích, o Češích, -ga: kolega, o kolezích

B Declension of Feminine Nouns

sg

Nom	žena	židle	skříň	místnost
Gen	ženy	židle	skříně/koleje	místnosti
Dat	ženě	židli	skříni	místnosti
Acc	ženu	židli	skříň	místnost
Loc	o ženě	židli	skříni	místnosti
Instr	ženou	židlí	skříní	místností

pl

Nom	ženy	židle	skříně/koleje	místnosti
Gen	žen	židlí	skříní	místností
Dat	ženám	židlím	skříním	místnostem
Acc	ženy	židle	skříně/koleje	místnosti
Loc	ženách	židlích	skříních	místnostech
Instr	ženami	židlemi	skříněmi/kolejemi	místnostmi

Dat. and Loc.:
-ha → -ze: Praha - v Praze
-cha → -še: sprcha - ve sprše
-ka → -ce: studentka - o studentce
-ra → -ře: sestra - o sestře
-ga → -ze: Olga - o Olze

C Declension of Neuter Nouns

sg

Nom	město	moře	náměstí
Gen	města	moře	náměstí
Dat	městu	moři	náměstí
Acc	město	moře	náměstí
Loc	o městě/na kole	moři	náměstí
Instr	městem	mořem	náměstím

Loc.: Names of countries use the ending -u:
v Rakousk<u>u</u>, v Polsk<u>u</u>

pl

Nom	města	moře	náměstí
Gen	měst	moří	náměstí
Dat	městům	mořím	náměstím
Acc	města	moře	náměstí
Loc	městech	mořích	náměstích
Instr	městy	moři	náměstími

D Declension of Adjectives

sg

	Masculine animate/inanimate		Feminine		Neuter	
Nom	český	moderní	česká	moderní	české	moderní
Gen	českého	moderního	české	moderní	českého	moderního
Dat	českému	modernímu	české	moderní	českému	modernímu
Acc	českého/český	moderního/moderní	českou	moderní	české	moderní
Loc	českém	moderním	české	moderní	českém	moderním
Instr	českým	moderním	českou	moderní	českým	moderním

pl

Nom	čeští/české	moderní	české	moderní	česká	moderní
Gen			českých	moderních		
Dat			českým	moderním		
Acc			české	moderní		
Loc			českých	moderních		
Instr			českými	moderními		

Nom. of masculine animate:
-ký → -cí: hezcí muži
-hý → -zí: drazí přátelé
-chý → -ší: plaší ptáci
-rý → -ří: dobří lidé
-ský → -ští: rumunští politici
-cký → -čtí: američtí studenti

E Declension of Demonstrative Pronouns

sg

	M	F	N
Nom	**ten**	**ta**	**to**
Gen	toho	té	toho
Dat	tomu	té	tomu
Acc	ten/toho	tu	to
Loc	tom	té	tom
Instr	tím	tou	tím

pl

	Ma	Mi, F	N
Nom	ti	ty	ta
Gen		těch	
Dat		těm	
Acc	ty	ty	ta
Loc		těch	
Instr		těmi	

F Declension of Possessive Pronouns

sg

	M	F	N
Nom	**můj**	**má/moje**	**mé/moje**
Gen	mého	mé/mojí	mého
Dat	mému	mé/mojí	mému
Acc	můj/mého (Ma)	mou/moji	mé/moje
Loc	mém	mé/mojí	mém
Instr	mým	mou/mojí	mým

	M	F	N
Nom	**tvůj**	**tvá/tvoje**	**tvé/tvoje**
Gen	tvého	tvé/tvojí	tvého
Dat	tvému	tvé/tvojí	tvému
Acc	tvůj/tvého (Ma)	tvou/tvoji	tvé/tvoje
Loc	tvém	tvé/tvojí	tvém
Instr	tvým	tvou/tvojí	tvým

pl

	M	F	N
Nom	mí/moji (Ma) mé/moje (Mi)	mé/moje	má/moje
Gen		mých	
Dat		mým	
Acc	mé/moje	mé/moje	má/moje
Loc		mých	
Instr		mými	

	M	F	N
Nom	tví/tvoji (Ma) tvé/tvoje	tvé/tvoje	tvá/tvoje
Gen		tvých	
Dat		tvým	
Acc	tvé/tvoje	tvé/tvoje	tvá/tvoje
Loc		tvých	
Instr		tvými	

sg

	M, N	F
Nom	**její**	**její**
Gen	jejího	její
Dat	jejímu	její
Acc	její/jejího (Ma)	její
Loc	jejím	její
Instr	jejím	její

pl

její
jejích
jejím
její
jejích
jejími

JEHO, JEJICH: same forms for all cases

sg

	M	F	N		M	F	N
Nom	**náš**	**naše**	**naše**		**váš**	**vaše**	**vaše**
Gen	našeho	naší	našeho		vašeho	vaší	vašeho
Dat	našemu	naší	našemu		vašemu	vaší	vašemu
Acc	náš/našeho (Ma)	naši	naše		váš/vašeho (Ma)	vaši	vaše
Loc	našem	naší	našem		vašem	vaší	vašem
Instr	naším	naší	naším		vaším	vaší	vašem

pl

	M	F	N		M	F	N
Nom	naši (Ma)/naše (Mi)	naše	naše		vaši (Ma)/vaše (Mi)	vaše	vaše
Gen		našich				vašich	
Dat		našim				vašim	
Acc		naše				vaše	
Loc		našich				vašich	
Instr		našimi				vašimi	

G Declension of Personal Pronouns

sg

Nom	**já**	**ty**	**on**	**ona**	**ono**
Gen	mě/mne	tě/tebe	jeho/ho/jej něho/něj	jí/ní	jeho/ho/jej něho/něj
Dat	mi/mně	ti/tobě	mu/jemu němu	jí/ní	mu/jemu němu
Acc	mě/mne	tě/tebe	jeho/ho/jej něho/něj	ji/ni	ho/je/jej ně/něj
Loc	mně	tobě	něm	ní	něm
Instr	mnou	tebou	jím/ním	jí/ní	jím/ním

pl

Nom	**my**	**vy**	**oni**	**ony**	**ona**
Gen	nás	vás		jich/nich	
Dat	nám	vám		jim/nim	
Acc	nás	vás		je/ně	
Loc	nás	vás		nich	
Instr	námi	vámi		jimi/nimi	

H Declension of Interrogative Pronouns Kdo, Co

Nom	kdo	co
Gen	koho	čeho
Dat	komu	čemu
Acc	koho	co
Loc	(o) kom	(o) čem
Instr	kým	čím

I Declension of Ordinal Numerals

Nom	dva (M), dvě (F,N)	tři	čtyři	pět
Gen	dvou	tří	čtyř	pěti
Dat	dvěma	třem	čtyřem	pěti
Acc	dva, dvě	tři	čtyři	pět
Loc	dvou	třech	čtyřech	pěti
Instr	dvěma	třemi	čtyřmi	pěti

Jeden, jedna, jedno is declined like ten, ta, to.
6, 7 etc. are declined like the numeral 5.
Sto, tisíc and milion are declined like nouns.

SLOVNÍK

A

absolvovat impf, pf *to graduate, to get through*, L11

adresa F *address*, L5

Američan M, Američanka F *American*, L2

angína F *tonsillitis, sore throat*, L12

Angličan M, Angličanka F *Englishman, Englishwoman*, L2

aperitiv M *coctail, aperitif*, L5

asistent M *assistent*, L11

auto N *car*, L1

automechanik M *motor mechanic*, L12

autor M *author, writer*, L3

B

báječný adj *fabulous, marvellous*, L12

Balkán M *Balkan*, L9

balkon M *balcony*, L6

banka F *bank*, L1

barevný adj *colourful*, L7

barvit impf *to paint*, L9

barvit/obarvit *to colour*, L12

bát se, bojím se impf *to be afraid*, L6

bavit se impf *to talk, to have a good time, to enjoy*, L6

bavit se *to talk, to chat*, L7

bavit impf *to attract, to interest*, L8

bavlna F *cotton*, L10

bavlněný adj *(made of) cotton*, L10

bazén M *swimming pool*, L9

běh M *run*, L12

Belgičan M, Belgičanka F *Belgian*, L2

Belgie F *Belgium*, L2

bez prep *without*, L6

biftek M *steak*, L5

bílý adj *white*, L1

blízko prep *near, close*, L6

blůza F *blouse*, L10

bohatý adj *rich*, L7

bolet impf *to pain, to ache, to hurt*, L12

borůvka F *bilberry*, L12

botanická zahrada F *botanic gardens*, L6

bouřka F *storm*, L9

bramborák M *potato pancake*, L6

brát, beru impf *to take*, L2

bruslení N *skating*, L12

bruslit impf *to skate*, L9

brýle pl *glasses*, L7

bunda F *anorak, jacket*, L10

bydlet impf *to live, to reside, to stay*, L4

být nachlazený, -á *to have a cold*, L12

být v domácnosti *to be a housewife*, L8

být v důchodu *to be retired*, L8

být, jsem *to be*, L1

C

celkem *in the main general, roughly speaking*, L8

centrum N *centre*, L8

cesta F *way, road, journey, tour*, L6

cestovat impf *to travel*, L9

cizí adj *foreign*, L1

cizinec M *foreigner*, L1

cizinka F *foreigner*, L1

co pron *what*, L1

cukrárna F *candy store*, L3

cvičit impf *to exercise*, L5

cynický adj *cynical*, L6

Č

časopis M *magazine*, L9

část F *part*, L6

Čech M, Češka F *Czech*, L2

čekat, -ám impf *to wait*, L2

čepice F *cap*, L10

černobílý adj *black-and-white*, L10

černý adj *black*, L1

Česká republika F *Czech Republic*, L2

český adj *Czech*, L1

čí pron *whose*, L1

činohra F *play, drama*, L10

číslo N *number, size*, L10

čistírna F *drycleaner's*, L12

čistit/vyčistit *to clean*, L12

číst, čtu impf *to read*, L2

číšník M *waiter*, L5

člověk M *man, human being*, L7

čtvrt *quarter*, L6

D

dárek M *present, gift*, L2

datum N *date*, L5

dávat impf (v divadle) *to show, to be on*, L6

dávat/dát přednost *to prefer*, L10

decilitr **M**, coll. deci *decilitre*, L6
dekagram **M**, coll. deko *10 grames*, L6
deska **F** *disc, record*, L3
detail **M** *detail*, L11
detektivka **F** *thriller*, L7
dětství **N** *childhood*, L12
díky *thanks*, L6
díl **M** *part*, L6
divadlo **N** *theatre*, L1
dívat se, -ám impf *to look at, to watch*, L2
divit se impf *to wonder, to be surprised*, L5
do prep *to, into*, L6
docela adv *quite*, L1
doklad **M** *document, paper*, L10
dokument **M** *documentary*, L6
doleva adv *to the left*, L4
domluvit se pf *to arrange*, L9
doporučený dopis **M** *registered letter*, L4
doprava adv *to the right*, L4
dost adv *enough*, L3
dostat se (někam) pf *to get*, L12
dostat, dostanu pf *to get*, L6
dostávat impf *to get*, L8
doufat impf *to hope*, L4
dovolená **F** *holiday*, L9
drahý adj *expensive*, L1
drak **M** *dragon*, L10
drobné pl *change*, L4
drogerie **F** *drugstore, chemist's, pharmacy*, L3
dřez **M** *sink*, L8
dům **M** *house*, L1
dvakrát *twice*, L5
dvojčata pl (sg dvojče **N**) *twins*, L10
dvoulůžkový pokoj **M** *double room*, L5
dýchat impf *to breathe*, L12
džíny pl *jeans*, L5

E

elegantní adj *elegant, smart*, L7
elektřina **F** *electricity, power*, L8
expozice **F** *exhibition*, L10

F

Filozofická fakulta **F** *Faculty of Philosophy*, L11
formulář **M** *form*, L5
fotografie **F**, coll. fotka *photograph*, L6
foukat impf *to blow*, L9

foukat/vyfoukat (vlasy) *to blow*, L12
Francie **F** *France*, L2
Francouz **M**, Francouzka **F** *Frenchman, Frenchwoman*, L2

G

galerie **F** *gallery*, L4
gauč **M** *bet-setee, day bed*, L8
genetik **M** *geneticist*, L10
germanistika **F** *German studies*, L11
gotický adj *Gothic*, L12
grilovaný adj *grilled*, L12
guláš **M** *goulash*, L5
gymnázium **N** *gymnasium*, L11

H

hádat se impf *to quarrel, to argue*, L5
hezký adj *nice, pretty, handsome*, L1
historie **F** *history*, L6
hlad **M** *hunger*, L5
hlavně adv *mainly*, L9
hlavní role **F** *heading role*, L6
hledat impf *to look for*, L8
hluboký adj *deep*, L10
hodit se impf *to match*, L10
hodně adv *plenty, a lot, a deal*, L5
hodný adj *kind, nice, good*, L2
hokejista **M** *hockey-player*, L12
holič **M** *barber*, L12
holičství **N** *barber's*, L12
holka **F** *girl*, L1
horečka **F** *fever*, L12
horký adj *hot*, L7
horolezectví **N** *(mountain-)climbing*, L12
host **M** *guest, customer*, L5
houba **F** *mushroom*, L9
hra **F** *play, drama*, L6
hrad **M** *(fortified) castle*, L9
hranolky pl *French fries*, L5
hrozný adj *terrible*, L12
hrubý plat **M** *gross income*, L11
hřeben **M** *comb*, L3

CH

chata **F** *cottage, weekend house*, L9
chlebíček **M** *(open) sandwich*, L7
chodit indeterm. of „jít" *to go on foot, to walk*, L6

chodit (s holkou, klukem) *to go out with sb*, L11

chrám M *temple, cathedral*, L12

chřipka F *flu*, L12

chtít se *to feel like*, L7

chtít, chci *want*, L5

chuť F *taste*, L5

chutnat impf *to taste*, L5

chybět impf *to be missing, to absent*, L10

chytrý adj *clever*, L2

I

ilustrace F *illustration*, L9

Indián M *Indian*, L10

instruktorka F *instructor*, L12

inteligentní adj *intelligent, clever*, L4

inzerát M *advertisement, classified ad*, L8

Ital M, Italka F *Italian*, L2

Itálie, F *Italy*, L2

italská kuchyně F *Italian cuisine*, L8

J

jahodový adj *strawberry*, L5

jaký, -á, -é pron *what ... like*, L1

jaro N *spring*, L8

jasno N *clear weather*, L9

jazyk M *language, tongue*, L3

jediný adj *only, sole*, L12

jednání N *negotiation*, L11

jednolůžkový pokoj M *single room*, L5

jednotlivec M *individual*, L12

jednou *once*, L5

jeskyně F *cave*, L10

jet k moři *to go to the seaside*, L9

jet, jedu impf *to go*, L2

jezdit indeterm. of "jet" *to go*, L6

jezero N *lake*, L9

jídelní lístek M *menu*, L5

jih M *south*, L9

jinde adv *elsewhere*, L11

jiný adj *other, different*, L11

jít na koledu *to carol*, L9

jít naproti *to go to meet sb.*, L10

jít pozdě *to be late*, L7

jít na procházku *to go for a walk*, L2

jít, jdu impf *to go (on foot), walk*, L2

jižní adj *southern*, L9

jméno N *name*, L5

K

kabelka F *handbag*, L10

kabina F *cabin, booth*, L10

kadeřnictví N *hair dresser's*, L12

kadeřník M *hair dresser*, L12

kalendář M *calendar*, L3

kamarád M *friend*, L1

kamarádka F *friend*, L1

kameraman M *cameraman*, L8

Kanada F *Canada*, L2

Kanaďan M, Kanaďanka F *Canadian*, L2

kapesní adj *pocket*, L3

kapr M *carp*, L12

karafiát M *carnation*, L7

kariéra F *career*, L12

kašel M *cough*, L12

katedra F *department, faculty institute*, L11

katedrála F *cathedral*, L10

kavárna F *café, cafeteria*, L1

kaz M *cavity*, L12

kazeta F *tape, cassette*, L3

kde adv *where*, L1

kdo pron *who*, L1

kino N *cinema*, L1

klasický adj *classic*, L6

klášter M *monastery*, L4

klíč M *key*, L5

klobouk M *hat*, L10

klub M *club*, L4

kluk M *boy*, L1

knedlík M *dumpling*, L5

kniha F *book*, L1

knihkupectví N *bookstore*, L2

knihovna F *bookcase, library*, L8

knoflík M *button*, L12

koberec M *carpet*, L1

kočka F *cat*, L6

koláč M *cake, tart*, L12

kolem prep *around, by, past*, L6

kolo N *bicykle*, L9

komedie F *comedy*, L7

komponovat/zkomponovat impf *to compose*, L10

koňak M *cognac*, L5

konat se impf *to hold*, L10

končit impf *to end, to finish*, L6

Konzultační středisko pro podnikatele *The Entrepreneurship Center*, L11

kostel M *church*, L4

kostým M *two-piece, separates*, L10
košile F *shirt*, L10
koupat se impf *to bathe*, L9
koupelna F *bathroom*, L5
koupit, -ím pf *to buy*, L3
kouřit impf *to smoke*, L5
kousek M *piece*, L6
kožený adj *(made of) leather*, L10
kras M *karst*, L10
krasobruslení N *figure-skating*, L12
kravata F *tie*, L10
krejčí M *tailor*, L12
kromě prep *besides, except*, L6
křeslo N *arm-chair*, L8
který pron *which*, L3
kuchyň F *kitchen*, L8
kuchyňská linka F *kitchen unit*, L8
kupovat, uju impf *to buy*, L2
kurz M *course*, L9
kůže F *leather*, L10
kvést, 3rd pers sg kvete impf *to bloom*, L9
květina F *flower*, L6
k/ke prep *to, towards*, L10

L

láhev F *bottle*, L7
led M *ice*, L5
lednička F *refrigerator*, L8
lehnout si pf *to lie down*, L12
lék M *drug, medicine*, L12
lektor M *lector*, L2
les M *forest*, L9
letecky adv *air-mail*, L4
léto N *summer*, L8
levný adj *cheap*, L1
levný adj *cheap*, L2
líbit se, -ím impf *to like*, L1
líný adj *lazy*, L7
lístek M *ticket*, L6
listí N *leaves*, L9
literatura F *literature*, L10
litr M *litre*, L6
loď F *ship, boat*, L8
ložnice F *bedroom*, L8
lyžařský adj *skiing*, L12
lyže F *ski*, L6
lyžování N *skiing*, L12
lyžovat impf *to ski*, L9

M

Maďar M, Maďarka F *Hungarian*, L2
Maďarsko N *Hungary*, L2
majitel M *owner*, L12
malíř M *painter*, L6
málo adv *little*, L5
malý adj *small*, L1
manažer M *manager*, L8
manžel M *husband*, L8
manželka F *wife*, L6
maso N *meat*, L3
měkký adj *soft*, L7
měl/a bys *you would better*, L12
menší comp *smaller*, L10
metropole F *metropolis*, L10
mezi prep *among, between*, L10
milý adj *nice, kind, pleasant, dear*, L2
minulý adj *last, past*, L6
mírný adj *mild*, L9
místenka F *seat-reservation ticket*, L9
místo N *place*, L9
mistrovství N *championship*, L12
mít radost *to have pleasure*, L9
mít hlad *to be hungry*, L5
mít žízeň *to be thirsty*, L5
mít na sobě *to have on*, L10
mít něčeho dost *to be fed up with*, L11
mladý adj *young*, L1
mlčet impf *to be silent*, L10
mlékárna F *dairy*, L3
mlha F *fog*, L9
mlýn M, coll.mlejn *mill*, L10
mnoho adv *much, many*, L5
moc adv *very, very much, a lot*, L5
moct, mohu (můžu) *can*, L5
model M *model*, L10
moderní adj *modern*, L1
moře N *see*, L1
most M *bridge*, L6
motocyklový závod M *motorcycle race*, L10
možná *perhaps, maybe*, L12
možnost F *possibility*, L12
mráz M *frost*, L9
muset *must*, L5
muzeum M *museum*, L4
muž M *man*, L1
myčka nádobí F *dishwasher*, L8
mýdlo N *soap*, L3
myslet, -ím impf *to think*, L2

mýt se, myju se impf *to wash*, L6

N

nabídka F *to offer*, L8

nabízet/nabídnout *to offer*, L10

nádraží N *station*, L1

náhoda F *chance*, L11

nakonec adv *in the end*, L5

nakrátko adv *short*, L12

nakupování N *shopping*, L3

nakupovat, -uju impf *to shop*, L3

nalevo, vlevo adv *on the left*, L1

náměstí N *square*, L1

nápad M *idea*, L3

nápoj M *beverage*, L3

naposledy adv *last, for the last time*, L6

napravo, vpravo adv *on the right*, L1

naproti prep *opposite*, L5

například *for example*, L4

národní adj *national*, L9

narozeniny pl *birthday*, L2

narychlo adv *hurriedly, hastily*, L12

nastoupit (do práce) pf *to enter (a job)*, L11

navrhovat/navrhnout *to suggest*, L12

návštěva F *visit*, L4

navštívit pf *to visit*, L4

názor M *opinion*, L10

nechat si pf *to keep, to retain*, L5

nechat vzkaz pf *to leave a message*, L11

něco pron *something/anything*, L4

nedávno adv *recently*, L11

nedávno adv *recently*, L12

nějaký pron *some, any*, L3

nejdříve adv *first (of all)*, L6

nejhorší adj *the worst*, L12

nejlepší adj *the best*, L12

nejvíc adv *most*, L8

někam adv *somewhere/anywhere*, L4

někde adv *somewhere/anywhere*, L4

někdo pron *somebody/anybody*, L4

někdy adv *sometimes*, L4

Němec M, Němka F *German*, L2

Německo N *Germany*, L2

nemocnice F *hospital*, L2

nemocný adj *sick, ill*, L9

nést, nesu impf *to carry, to bring*, L2

neznámý adj *unknown*, L9

nic pron *nothing*, L4

nikam adv *nowhere*, L4

nikde adv *nowhere*, L4

nikdo pron *nobody*, L4

nikdy adv *never*, L4

nosit impf *to wear*, L10

noviny pl *newspaper*, L6

nuda F *tedium, boredom*, L12

nyní adv *now, nowadays*, L12

O

oba M, obě F, N *both*, L5

obchodní dům M *department store*, L3

obchodník M *business man*, L7

občas adv *from time to time, occasionally*, L8

oběd M *lunch*, L4

obědvat impf *to have lunch*, L4

objednaný adj *ordered, booked*, L5

objednávat/objednat *to order*, L5

objímat/obejmout *to embrace*, L12

oblek M *suit*, L10

oblékat se/obléknout se *to put on, to clothe, to dress*, L10

oblékat se impf *to put on*, L6

oblíbený adj *favourite*, L6

obor M *branch, field*, L11

obsluhovat impf *to serve*, L12

obvykle adv *usually*, L6

obývací pokoj M (obývák) *living room*, L8

ochutnat pf *to taste*, L9

od prep *from*, L6

odborný adj *professional, special*, L11

odcházet impf *to leave*, L5

oddělení N *department*, L11

odepsat pf *to write back*, L9

odkud adv *where from*, L1

odložit si pf *to take off*, L7

odpočívat impf *to rest*, L6

odpovědět pf *to answer*, L7

ohníček M, dim. *fire*, L9

okurkový adj *cucumber*, L5

omlouvat se impf *to apologize*, L5

opakovat, -uju impf *to repeat, to revise*, L2

opalovat se/opálit se *to get tanned, sunbathe*, L9

opera F *opera, opera-house*, L4

opereta F *comic opera*, L10

opravit pf *to correct, to emend*, L11

opravna obuvi F *shoe repair shop*, L12

opravovat impf *to correct*, L6

oříškový adj *hazelnut*, L5
oslava F *celebration*, L7
ostrov M *island*, L12
osvětlení N *illumination, lighting*, L12
ošklivý adj *ugly*, L1
ovládat impf *to have mastered*, L11
ovoce N *fruit*, L3

P

padat impf *to fall*, L9
palác M *palace*, L12
palačinka F *pancake*, L5
památka F *monument*, L12
památník M *monument*, L10
pamatovat se impf *to remember*, L7
panenka F *doll*, L10
park M *park*, L1
pas M (cestovní) *passport*, L4
pasta F *tooth paste*, L3
patřit impf *to belong to*, L10
péct/upéct, peču *to bake*, L12
pekařství N *baker's, bakery*, L3
penzion, M *pension, private hotel*, L12
pero N *pen*, L1
pes M *dog*, L6
pěší turistika F *hiking*, L9
pěšky adv *on foot*, L9
pivo N *beer*, L1
plachtění N *sailing*, L12
plakát M *poster*, L6
plat M *pay, salary*, L11
platit/zaplatit *to pay*, L5
plavání N *swimming*, L12
plavat impf *to swim*, L9
plavky F, pl *swimsuit*, L10
pláž F *beach*, L8
pobyt M *stay*, L11
počasí N *weather*, L9
počítač M *computer*, L8
podací lístek M *certificate of mailing*, L4
podle prep *according to*, L6
podnebí N *climate*, L9
podnikatel M *entrepreneur*, L11
podpatek M *heel*, L12
podpis M *signature*, L5
podzim M *autumn, fall*, L8
poezie F *poetry*, L5
pohádka F *fairy tale*, L10
pohled M (na město) *view*, L9
pohlednice F, coll.pohled *postcard*, L4

pokladna F *ticket-office*, L6
pokoj M *room*, L1
Polák M, Polka F *Pole*, L2
políbit pf *to kiss*, L12
police F *shelf*, L8
Polsko N *Poland*, L2
ponožky F, pl *socks*, L10
poprvé adv *first, for the first time*, L9
poradce F *adviser, consultant*, L11
pořád adv *to go on -ing, all the time, always*, L9
posadit se pf *to sit down*, L11
poschodí N *floor*, L6
posílat/poslat *to send, to mail*, L4
poslední adj *last*, L7
pospíchat impf *to be in a hurry*, L9
pošta F *post office*, L1
poštovní poukázka F *money-order*, L4
poštovní průvodka F *dispatch note*, L4
potkat pf *to run into*, L11
potraviny pl *food-stuffs*, L3
potřebovat, -uju impf *to need*, L2
pouštět draky, impf *to fly a kite*, L9
použít pf *to use*, L11
povídat si impf *to talk*, L7
pozvání N *invitation*, L6
pracovat, -uju impf *to work*, L2
pračka F *washing machine*, L8
prádelna F *laundry room*, L12
prádlo N *laundry*, L12
prát/vyprat *to wash*, L12
pravidelně adv *regularly*, L9
právník M *lawyer*, L11
prázdniny pl *holiday, vacation*, L6
princezna F *princess*, L10
procházet se/projít se *to walk, to go for a walk*, L9
programátor M *programmer*, L8
prohlížet si impf *to have a look*, L6
prohlížet/prohlédnout *to check, to examine*, L12
projekt M *project*, L11
promluvit si pf *to speak, to talk*, L11
promoce F *graduation ceremony*, L11
propast F *abyss*, L10
prostředí N *background, setting*, L11
proti prep *opposite, against*, L10
pršet impf *to rain*, L9
průmysl M *industry*, L10
průvodkyně F *guide*, L8
prý adv *the say (that)..., he is said to*, L4

přát si, přeju impf *to wish*, L3
předpokládat impf *to presuppose, to assume*, L11
představení N *performance, house*, L6
představit pf *to introduce*, L9
představovat si/představit si *to imagine*, L12
předtím adv *before*, L11
překladatelka F *translator*, L8
přemýšlet impf *to think about*, L9
přepojit pf *to switch through*, L11
přestat, přestanu pf *to stop, to give up*, L12
příběh M *story*, L6
přicházet impf *to come, to arrive*, L5
přijet pf *to arrive*, L8
příjmení N *surname*, L5
přinášet impf *to bring, to serve*, L5
přišít pf *to sew on*, L10
příště adv *next time*, L4
přítel M *friend*, L5
přízemí N *groundfloor, am. first floor*, L6
psát, píšu impf *to write*, L2
psychologický adj *psychological*, L12
ptát se, -ám impf *to ask*, L3
půjčit si, -ím pf *to borrow*, L3
půjčit, -ím pf *to lend*, L3
půl *half*, L6
punčocháče M, pl *pantie hose*, L10

R

rádio N *radio*, L1
radit/poradit *to advise*, L9
radnice F *city hall*, L10
rajčatový adj *tomato*, L5
rajský adj *tomato*, L5
Rakousko N *Austria*, L2
Rakušan M, Rakušanka F *Austrian*, L2
realitní kancelář F *real estate agent's, realtor*, L8
recepční M, F *receptionist, desk clerk*, L5
recept M *prescription*, L12
reklamace F *claim*, L10
rekonstruovat impf *to reconstruct*, L12
repríza F *subsequent show, re-turn*, L6
restaurace F *restaurant*, L4
rezervovat impf *to book*, L5
režie F *direction, production*, L6
režisér M *director, producer*, L6
roční období N *season*, L9

rodiče pl *parents*, L4
roláda F *sweet roll*, L5
román M *novel*, L3
rozbitý adj *broken*, L10
rozhodovat se/rozhodnout se *to decide*, L12
rozhovor M *interview, conversation*, L12
rozměnit pf *to change*, L4
rozumět, -ím impf *to understand*, L2
rozvedený adj *divorced*, L12
rtěnka F *lipstick*, L3
rukavice F *glove*, L10
Rus M, Ruska F *Russian*, L2
Rusko N *Russia*, L2
růže F *rose*, L7
rybník M *pond*, L9
rýma F *cold*, L12

Ř

řada F *row*, L6
Řecko N *Greece*, L2
řecký adj *Greek*, L12
Řek M, Řekyně F *Greek*, L2
řeka F *river*, L2
řídit impf *to drive*, L6
Řím M *Roma*, L8
řízek M *chop, schnitzel*, L5

S

sako N *jacket*, L10
samoobsluha F *self-service, supermarket*, L3
sám, sama, samo pron *alone*, L6
sáňkovat impf *to sled, to coast*, L9
sbírat impf *to collect*, L9
scéna F *stage*, L10
scházet se impf *to meet*, L7
sedací souprava F *sitting set*, L8
sednout si pf *sit down*, L9
sejít se pf *to meet*, L6
semestr M *semester, term*, L8
servírka F *waitress*, L12
sešit M *notebook*, L1
sešít pf *to sew together*, L12
sever M *north*, L9
severní adj *northern*, L9
seznámení N *introduce*, L2
skoro adv *almost*, L6
skříň F *wardrobe*, L1

skříňka F *cupboard*, L8

skutečný adj *real*, L9

sladit/osladit *to sweeten*, L12

sloup M *lamp-post, standard, column*, L12

Slovák M, Slovenka F *Slovakian*, L2

Slovensko N *Slovakia*, L2

slovník M *dictionary*, L1

slunce N *sun*, L1

slušet impf *to suit*, L10

služby F, pl *facilities*, L12

služebně adv *on (official) business*, L11

slyšet impf *to hear*, L9

smažený adj *fried*, L5

směnárna F *exchange-office*, L4

Směšné lásky *Laughable loves*, L3

smět, smím *may*, L5

smlouva F *contract*, L11

smutný adj *sad*, L2

snídaně F *breakfast*, L4

snídat impf *to have breakfast*, L4

sníh M *snow*, L9

současnost F *present*, L11

soukromý adj *private*, L7

soutěž F *competition*, L12

soutok M *confluence*, L10

spát, spím impf *to sleep*, L2

spisovatel M *writer, author*, L4

Spojené státy americké pl (USA) *The United States of America*, L2

společně adv *together*, L9

sporák M *stove*, L8

sportovat impf *to go in for sports*, L5

sprchovat se impf *to take a shower*, L6

spropitné N *tip*, L5

srdce N *heart*, L6

stačit impf *to be enough*, L12

staromódní adj *out-of-date*, L12

starý adj *old*, L1

stát M *state*, L5

stát za *be worth*, L10

státní zkouška F *state examination, finals*, L11

stavební inženýr M *civil engineer*, L8

stáž F *short-term attachment/affiliation*, L11

stejnojmenný adj *of the same name*, L6

stihnout pf *to catch, to make*, L12

století N *century*, L6

strana, stránka F *page*, L6

strašně adv *terribly*, L11

strom M *tree*, L9

střední adj *middle, central*, L9

střední škola F *secondary school, high school*, L9

stříhat/ostříhat *to cut*, L12

student M *student*, L1

studentka F *student*, L1

studio N *studio*, L10

sucho N, je sucho *the weather is dry*, L9

sukně F *skirt*, L10

svařené víno N *mulled wine*, L6

svatba F *wedding*, L8

svátek M *holiday, feast*, L9

světlemodrý adj *light-blue*, L10

světlý adj *light*, L7

svetr M *jumper, sweater*, L10

svítit impf *to shine*, L9

svlékat se/svléknout se *to take off, to undress*, L10

svobodný adj *single*, L8

sympatický adj *likeable, nice, pleasant*, L4

Š

šála F *wrapper, comforter*, L10

šance F *chance*, L12

šaty M, pl *clothes. dress*, L10

šít/ušít *to sew, to make*, L12

škola F *school*, L1

školství N *education system*, L10

šok M *shock*, L12

šortky F, pl *shorts*, L10

Španěl M, Španělka F *Spaniard*, L2

Španělsko N *Spain*, L2

šťastný adj *happy, lucky*, L7

štěstí N *happiness*, L12

švadlena F *dressmaker*, L12

Švéd M, Švédka F *Swede*, L2

Švédsko N *Sweden*, L2

Švýcar M, Švýcarka F *Swiss*, L2

Švýcarsko N *Switzerland*, L2

T

tady adv *here*, L1

taky adv *also*, L1

talent M *talent*, L12

tam adv *there*, L1

tatarská omáčka F *tartar sauce*, L5

tát, 3rd pers sg taje, impf *to melt*, L9

tehdy adv *at that time*, L12

televize F *TV set*, L1

ten, ta, to pron *the, this*, L1
teprve adv *only (if...)*, L9
těstoviny pl *pasta*, L12
těšit se, -ím impf *to look forward to*, L2
tlustý adj *fat*, L5
tmavomodrý adj *dark-blue*, L10
tmavý adj *dark*, L6
točit se impf *to turn (round), to rotate*, L12
trochu adv *a little*, L5
trouba F *oven*, L8
trpělivý adj *patient*, L11
trvalá F *perm*, L12
trvat impf *to last, to take*, L9
třída F *classroom*, L1
turista M *tourist*, L10
turnaj M *championship*, L12

U

u prep *at, by*, L6
učebnice F *textbook*, L2
učebnice F *textbook*, L1
účet M *bill*, L5
učitel M *teacher*, L1
učitelka F *teacher*, L1
udržovat se v kondici impf *to keep in shape*, L12
ukazovat/ukázat *to show*, L9
úklid M *cleaning, tidying up*, L12
ulice F *street*, L1
umění N *art*, L10
umět, -ím *to know how*, L2
úmysl M *intention, idea*, L12
univerzita F *university*, L2
uprostřed prep *in the middle*, L6
upřímný adj *sincere, frank*, L10
uvádět/uvést *to state, to mention*, L11
uvědomovat si/uvědomit si *to realize*, L12
úvěr M *credit*, L11
uzenina F *smoked goods*, L3

V

vadit impf *to mind, to matter*, L6
vadný adj *bad, faulty*, L10
vana F *bath-tub*, L8
Vánoce M, pl *Christmas*, L9
vařit, -ím impf *to cook*, L2
vdaná adj *married (woman)*, L8

vdávat se impf *to get married*, L8
večeře F *dinner*, L4
večeřet impf *to have dinner*, L4
věčně adv *forever*, L12
věda F *science*, L10
vědět, vím impf *to know*, L2
vedle prep *next to*, L6
vědomí N *recognition, consciousness*, L12
vedoucí M, F *manager, chief*, L10
veletrh M *fair*, L10
Velikonoce M, pl *Easter*, L9
velikonoční adj *Easter*, L9
Velká Británie F *Great Britain*, L2
velký adj *big*, L1
velmi adv *very*, L5
věrný adj *faithful*, L4
věřit impf *to believe*, L5
věřit/uvěřit *to believe*, L10
většinou adv *mostly*, L9
vidět, -ím impf *to see*, L2
vinárna F *wine bar*, L6
viset impf *to hang*, L7
vítězství N *victory*, L12
vítr M *wind*, L9
vláda F *government*, L6
vlastní adj *own*, L12
vlna F *wool*, L10
vlněný adj *(made of) woollen*, L10
vojenská služba F *military service*, L11
volat/zavolat *to call, to phone*, L10
volný adj *free*, L2
vpředu adv *in front of*, L1
vracet se/vrátit se *to come back*, L9
vracet se impf *to come back, to return*, L5
vracet impf *to repay*, L5
vrchní M *headwaiter*, L5
vstávat impf *to get up*, L6
vstupenka F *entrance ticket*, L9
vstupné N *entrance fee/money*, L6
všechno pron *all, everything*, L3
vybírat si/vybrat si *to choose, to pick out*, L10
výborný adj *excellent, delicious* L4
východ M *east, exit, sunrise*, L9
východní adj *eastern*, L9
vyhovovat impf *to be convenient*, L8
vyhrávat/vyhrát *to win*, L12
výlet M *trip*, L4
vyměnit pf (zboží) *to barter*, L10
vyměnit pf *to exchange*, L4
vypadat impf *to look (like), to seem (to be)*,

L7

vyplnit pf *to fill in*, L11
vyprávět impf *to tell, to narrate*, L9
Vysoká škola ekonomická F *School of Economics*, L11
vysoká škola F *university*, L11
vysoký adj *tall, high*, L12
výstaviště N *exhibition grounds*, L10
vytrhnout pf *to pull a tooth*, L12
vyučování N *lessons*, L6
využít pf *to take advantage*, L11
významný adj *meaningful*, L10
vzadu adv *behind*, L1
vzdělání N *education*, L11
vzít si taxi *to take a cab/taxi*, L9
vzít si na sebe pf *to put on*, L10
vzít si, vezmu pf *to take*, L3
vzpomínat (si) impf *remember*, L8

Z

záclona F *(window) lace curtain*, L8
začátek M *beginning*, L6
začínat impf *to start, to begin*, L6
zahrada F *garden*, L4
Zahradní slavnost F *Garden party*, L6
zahraniční obchod M *foreign trade*, L11
zájem M *interest*, L8
zajímat se, -ám impf *to be interested*, L2
zajímavý adj *interesting*, L2
zákusek M *sweet pastry, dessert*, L5
záležet impf *to depend*, L9
záloha F *advance(ment), paid-on*, L4
zaměstnání N *employment*, L11
zaměstnavatel M *employer*, L11
západ M *west, sunset*, L9
západní adj *western*, L9
zapomenout pf *to forget*, L7
zařízený adj *furnished, fully equipped*, L8
zataženo adv *overcast*, L9
zatím adv *for the moment*, L8
závěs M *draps*, L8
závodně adv *professionally, in competitions*, L12
zboží N *goods*, L10
zdát se impf *to dream*, L9
zdraví N *health*, L12
zdravotní sestra F *nurse*, L8
zejména adv *especially*, L10
zelenina F *vegetable*, L3

Země a národnosti *Countries and nationalities*, L2
zeměkoule F *globe, sphere*, L12
zhluboka adv (dýchat) *deep (breathe)*, L12
zima F *winter*, L8
zip M *zipper*, L10
zjistit pf *to find out*, L10
zkouška F *exam*, L9
zkrátit pf *to shorten*, L12
zkusit si pf *to try on*, L10
zkušební doba F *probationary period*, L11
zkušenost F *experience*, L11
zlý adj *evil, wicked*, L6
zmeškat impf *to miss, to lose*, L12
zmínit se pf *to mention*, L11
zmrzlina F *ice cream*, L5
znalost F *knowledge*, L11
známka F *stamp, grade*, L4
známý adj *(well-)known*, L10
znát, -ám impf *to know*, L2
znovu adv *again, once more*, L7
zpěvák M *singer*, L8
zrát, 3rd pers sg zraje, impf *to become ripe*, L9
zrcadlo N *mirror*, L8
ztratit pf *to lose*, L12
zubař M *dentist*, L12
zůstávat/zůstat *to stay*, L9
zvát/pozvat *to invite*, L6
zvědavý adj *curious*, L9
zvykat si/zvyknout si *to get used to*, L9
zvýšit pf *to raise, to increase*, L11
z/ze prep *from*, L1

Ž

žádný pron *no, none*, L4
žádost F *application*, L11
žena F *woman*, L1
ženatý adj *married (man)*, L8
ženit se impf *to get married*, L8
žert M *joke*, L3
židle F *chair*, L1
žít, žiju impf *to live*, L2
životopis M *biography, CV*, L11
žízeň F *thirst*, L5